21世纪 任务驱动型
高职高专国际商务专业规划教材

丛书主编　韩玉珍

International Trade Documents Operation

国际贸易单证操作

王慧敏　主编

北京大学出版社
PEKING UNIVERSITY PRESS

图书在版编目(CIP)数据

国际贸易单证操作/王慧敏主编. —北京:北京大学出版社,2014.3
(21世纪任务驱动型高职高专国际商务专业规划教材)
ISBN 978-7-301-23748-9

Ⅰ. ①国… Ⅱ. ①王… Ⅲ. ①国际贸易-原始凭证-高等职业教育-教材
Ⅳ. ①F740.44

中国版本图书馆CIP数据核字(2014)第011514号

书　　　名:国际贸易单证操作
著作责任者:王慧敏　主编
责 任 编 辑:姚大悦
标 准 书 号:ISBN 978-7-301-23748-9/F·3830
出 版 发 行:北京大学出版社
地　　　址:北京市海淀区成府路205号　100871
网　　　址:http://www.pup.cn
电 子 信 箱:em@pup.cn　　　QQ:552063295
新 浪 微 博:@北京大学出版社　@北京大学出版社经管图书
电　　　话:邮购部62752015　发行部62750672　编辑部62752926　出版部62754962
印　刷　者:北京鑫海金澳胶印有限公司
经　销　者:新华书店
730毫米×980毫米　16开本　20.5印张　352千字
2014年3月第1版　2014年3月第1次印刷
印　　　数:0001—3000册
定　　　价:39.00元

作 者 简 介

王慧敏,女,副教授,毕业于中国人民大学,现任教于北京经济管理职业学院商务学院,主要讲授《国际贸易实务》《出口业务操作》《国际商务单证操作》《国际贸易英语》《外贸函电》等课程。近年来主编了《国际贸易实务》《外贸函电》《报关实务》《商务沟通》等多本教材。

内 容 简 介

本书是在分析外贸单证员典型工作任务和职业能力的基础上，融合相关职业资格证书对知识、技能的要求，以外贸单证员工作过程为主线，以项目导向、任务驱动的模式设计的。全书分为十个单元，每一个单元都包括学习目标、工作任务、操作过程、知识链接与归纳以及实训练习五部分内容。设计这种教材编写模式的最终目的就是要以学生为主体，引导学生主动学习、自主学习，培养学生的操作能力。

本书可作为高等职业院校国际贸易、国际商务、国际货运代理等专业的教学用书，也可作为社会从业人员的业务参考用书。

总　　序

高等职业教育肩负着培养生产、建设、服务和管理第一线高端技能型专门人才的重要使命。为此，高等职业院校在教学过程中，应以能力为本位、以就业为导向，把立德树人作为根本任务，着力对学生进行职业道德和职业素质培养，强化职业技能训练，促进学生全面发展。

北京经济管理职业学院的国际商务专业是北京市高职高专教育教学改革试点专业和高职示范专业建设项目，也是教育部《新世纪高职高专教育人才培养模式和教学内容体系改革与建设项目计划》第二批批准立项的《高职高专教育财经类专业人才培养规格和课程体系改革、建设的研究与实践》（Ⅱ15-1）项目中重点研究和推广的优秀专业。该专业教学团队具有较高的教学科研能力和创新精神，2007 年被北京市教委誉为优秀教学团队，2008 年被誉为北京市职业院校创新团队，2009 年被誉为首都教育教学先锋号集体。该团队承担的市级课题《高职国际商务市级试点专业教育教学改革的研究与实践》，获北京市教育教学成果一等奖、教育部国家级教学成果二等奖；《高职国际商务专业系列教材建设与开发》研究成果，获北京市教育教学成果二等奖、院级突出科研成果奖；《“基于职业导向”的高职国际商务专业教学模式创新研究》，获院级科研成果一等奖。在“十一五”期间编写的“21 世纪全国高职高专国际商务专业规划教材（共计 13 本，北京大学出版社出版）”，已印刷超过 40 万册，社会反响强烈，影响力极大，解决了当时的市场急需，填补了本专业系列教材空白，创造了很好的社会效益和经济效益。随着我国高等职业教育的改革与发展，国际商务专业教学内容、教学方法及课程改革不断深化。为满足课程改革的需要，该专业教学团队又与北京大学出版社联手合作，编写出版“21 世纪任务驱动型高职高专国际商务专业规划教材”。

这套教材是在我们重新对北京地区国际商务人才需求状况进行调研，分析了国际商务专业特定岗位的典型工作任务及职业能力，并以此构建了以职业能力培养为目标、以国际贸易业务流程为导向、以工作任务（工作项目）为驱动、以工作岗位为模块、以专业技能为基础且兼顾“课”“证”融合的新的课程体系的基础上编写的。在新的课程体系思想的指导下，该套教材涵盖了国际商务或国际贸易专业的骨干课程，且教材体例突出项目引导、任务驱动，每一个工作项目为一个学习单元，每一个单元中又有若干个工作任务，在完成工作任务及学习中，引导学生主动参与、自主学习；每一个单元后面，又设有“实训练习”，以便学生能反复训练，举一反三，提高业务操作和知识掌握的熟练度，提高学生考取相关职业资格证书的能力。

这套教材在编写手法上，吸收和保持了前套教材的体例新颖、内容丰富、图表规范、语言精练、通俗易懂、结构完整、引证准确的特点。我们认为高职教育对学生的培养能否取得实效，除教师能力之外，很重要的是有一本好教材。正如一部好电影，首先取决于剧本。“剧本，剧本，一剧之本”。为了突出实用性，我们要求教材开门见山，干净利索，不要拖泥带水；淡化“为什么”，说清“是什么”，强化“怎么做”，突出实用、重在好用。

“21 世纪任务驱动型高职高专国际商务专业规划教材”是身处教学第一线的教师在深入研究高等职业教育思想与本质特征、广泛吸取国内外优秀教材精华的基础上，以创新的意识、大胆的改革和勇于实践的精神，整合优秀的教改成果和自己最熟悉且具有引导力的案例、最擅长且具有实效性的实训方法等，经过集体研讨、反复征求企业专家意见后编写完成的。我们期待这一成果能为推动我国的高职教育作出贡献！国际商务专业教学改革还在不断深入，这套教材的适应性还有待实践检验，我们真诚希望广大读者提出宝贵意见，以促进高职高专国际商务专业建设与改革，以促进这套教材的不断完善。

韩玉珍

2012 年 1 月

前　言

国际贸易单证是国际贸易活动的媒介。一般情况下，从买卖双方贸易磋商、签订合同，直到一方交货装船、另一方提货交款的整个过程，每个环节都有相应的单证需要缮制、交接和传递，以满足有关各方的要求，并协同企业顺利完成进出口交易。大多数国际贸易交易中，买卖双方都以单证为交货付款的依据，所以，单证工作与企业完成进出口业务并获取一定经济效益有着密切的关系。因此，以单证的流转与运作为研究对象的“国际贸易单证操作”课程就成为国际商务、国际贸易专业的一门主干专业课程。

“国际贸易单证操作”课程的主要教学任务是使本专业的学生较全面地掌握外贸单证的基本专业知识，熟悉单证业务的流转程序，掌握单证的操作与管理，具备外贸单证的缮制技能和良好的综合职业素质。

本书内容体系的安排是以专业领域各岗位的职业能力为导向，依据国际商务活动发展的逻辑顺序及环节展开，整合、序化教学内容，突出实践性和应用性。本书提炼出三项核心能力，即根据贸易合同以及信用证的有关要求正确缮制全套单证的能力、国际贸易单证的审核能力、根据有关业务规定传递和处理单证的能力。且三项能力并列存在于各项目中，通过课程整体设计和一系列教学实践过程，使教、学、做相结合，来实现课程教学目标。

全书以项目导向、业务流程引导、任务驱动的模式设计教材内容，让学生在完成具体工作项目的过程中来构建相关知识体系，训练其单证操作能力。本书体例新颖、内容丰富、语言精练。

参加本书编写的人员有王慧敏、魏彩慧两位老师以及成都凌天通讯网络有限公司的杨竣杰总经理和北京安惠达科技有限公司的高奉涛经理。在本书编写过程中，我们参考了国内一些高校精品课程的建设成果，在此表示诚挚的感谢。

对于书中的疏漏或不妥之处，敬请有关专家和读者批评指正。

编　者

2014 年 3 月

目　　录

导　论

一、国际贸易单证的含义

所谓国际贸易单证,就是在进出口业务中应用的单据与证书,买卖双方凭借这些单证来处理货物的交收、运输、保险、商检、结汇等。狭义的单证是指单据和信用证。广义的单证则指各种文件和凭证。

国际贸易单证的种类繁多,可以按照以下方法进行划分:

(一) 按单据的性质划分

(1) 资金单据(Financial Documents)。资金单据是指具有货币的属性、用于收款的单据。资金单据严格来讲属于票据,包括汇票、本票、支票等。

(2) 商业单据(Commercial Documents)。商业单据是用以说明或证明有关商品情况的单据。它包括商业发票、装箱单、各种运输单据、保险单等。

(二) 按使用频率划分

(1) 基本单据(Basic Document)。基本单据是指在交易中基本都需要提供的单据,包括发票、提单和保险单这三大单据。

(2) 附属单据(Additional Document)。附属单据是指在某种特殊情况下,买方要求卖方协助提供的单据。这些单据又可分为两类:一类是进口国官方要求的单据,如领事发票、海关发票、产地证、检疫证、黑名单证明、出口许可证以及装船证明等;另一类是买方要求说明货物详细情况的单据,如装箱单、重量单和品质证等。

(三) 按《UCP600》划分

《UCP600》(《跟单信用证统一惯例》第 600 号出版物)将信用证项下的单据(汇票除外)分为四大类:

(1) 运输单据(Transport Documents),包括:海运提单;非转让海运单;租船合约提单;多式联运单据;空运单据;公路、铁路和内陆水运单据;快邮和邮包收据;运输代理人的运输单据等。

(2) 保险单据(Insurance Documents),包括:保险单;保险凭证;承保证明;预约保单等。

(3) 商业发票(Commercial Invoice)。

(4) 其他单据(Other Documents),包括:装箱单和重量单;各种证明书。

二、外贸单证工作的重要性

国际贸易业务是跨国界、跨市场的商品流动,要顺利完成一笔国际贸易业务,从买卖双方贸易磋商、签订合同,直到一方交货装运、另一方提货缴款的整个过程,涉及多个环节,这些环节一般都有相应的单据和证书需要缮制(如商业发票、提单、保险单、检验检疫证书等),以满足有关各方的要求,并协同企业顺利完成进出口交易。因此,单证工作是企业进行对外贸易业务的一个重要组成部分。

单证工作主要有开证审证、制单、审单、交单和归档五个方面,它贯穿于进出口合同履行的全过程,具有工作量大、涉及面广、时间性强和要求高等特点,在进出口业务中具有重要的作用。具体来说,其作用有以下几点:

1. 单证是货款结算的基本工具

随着国际贸易结算方式的变化,跟单托收和跟单信用证成为国际贸易主要的支付方式。在这种支付条件下,随附的单据成为货款支付的主要凭据。由此,国际货物买卖便转化为单据的买卖,货物与货币的对流就演变为单据与货款的交换,卖方以单据代替对货物的交付,买方则以付款赎单表示对货物的收取。正如《UCP600》第4条中所指出的:"在信用证业务中,各有关方面当事人处理的是单据,而不是与单据有关的货物、劳务及/或其他行为。"如单据中有不符合信用证要求的地方,即使货物与合同规定的完全一致,开证行也可拒绝承担付款责任,买方可拒付货款。在托收条件下,进口商的付款赎单也是要求该单据必须与买卖合同条款相符,否则,进口商有权拒付。因此,只有正确、及时地缮制单据,才能保证收汇的安全。在国际结算中,单证是基础也是依据。

2. 单证是履行合同的凭证

在合同签订以后,随之而来其他各个环节,如备货、装运、收取货款都需要卖方有相应单据的缮制、处理、交接和传递,以满足运输、银行、保险、商检、海关及政府有关部门对出口贸易的管理等多方面的要求。在国际贸易业务中,无论是使用信用证支付,还是使用其他如托收、汇付等支付方式,出口商不仅有交付货物的义务,同时也有移交单据的义务,因此,出口商递交有关单据,是其履行合同义务的一个方面。进口商缮制、获取有关单证也是其履行合同中相应义务的证明。

3. 单证是企业经营管理水平的重要标志

单证工作是进出口业务的重要环节,合同内容、信用证条款、商品品质、数量、运输安排等业务管理上的问题，都会在单证上反映出来。因此，单证工作既是为贸易全过程服务，也是为争取迅速安全收汇而进行的细致而又烦琐的工作。外贸企业经营管理的好坏与单证工作组织管理的优劣有很大的关系。管理得好，就能保障经营成果，加快结算速度，也能得到利息上的外汇收益；管理得差，就会导致延迟交单，必然有暗耗、利息等损失，甚至可能会导致无法收汇，给企业带来更大的经济损失。

三、外贸单证工作人员的素质要求

外贸单证员是指外贸业务履行中，根据销售合同、信用证条款进行缮制和出具各种单据、证书的工作人员。对单证员的要求如下：

1. 政治思想与职业道德素质方面

（1）坚持四项基本原则，自觉维护国家利益。

（2）热爱本职工作，具有良好的团队精神和解决问题的能力，能保证及时安全收汇。

（3）遵守外贸工作纪律，责任心强，工作努力，积极进取。

2. 专业素质方面

（1）明确我国相关外贸政策、法规和国际贸易惯例。

（2）熟悉买卖合同和信用证条款的主要内容以及国际结算、汇兑等专业知识。

（3）掌握本企业外贸业务的内容、特点和银行对单证的要求，以及运输、保险、报关等工作程序。

（4）了解进出口贸易业务的一般程序和世界主要港口、航线，以及主要贸易国海关对单证的特殊要求。

3. 技能素质方面

（1）能阅读英文商务函电和信用证，准确理解有关内容。

（2）具有独立缮制、操作和管理单证的能力，做到各种单据的准确、完整、及时、简明和整洁，保证证同一致、单证一致、单单一致、单货一致，并能进行单据分类归档。

（3）正确掌握价格、运价、保险费和汇率等运算。

（4）熟练掌握计算机英文打字、制单技能，以及电子报验、电子报关等 EDI 操作方法。

四、制单的具体要求

单证缮制应做到正确、完整、及时、简明和整洁。

1. 正确

正确是单证工作的前提,信用证项下单据必须符合单证一致、单单一致、单货一致的要求。托收项下单据也须做到单同一致、单单一致和单货一致。同时,应密切关注国际贸易惯例和进口国有关法规的规定与变化。否则,有可能因疏忽而被进口商借故拒付或延期付款。

2. 完整

完整是指单据的内容、种类及其份数的完备。每种单据都有其特定作用,它通过特定的格式、栏目、文字和签章等得以体现。如果格式使用不当、项目漏填、内容不完整、签章不符要求,就不能构成一份有效文件,就会遭到银行拒收。同时,银行在议付或委托付款时,一般都要求出口企业提供相应的全套单据。全套单据是指单据的种类齐全以及每种单据的份数符合有关规定。如 CIF 交易中,出口商提供议付单据至少包括发票、提单、保险单,其中发票、提单的份数不能短缺,如果信用证或合同未作规定,也应按惯例如数交齐。

3. 及时

单证工作的及时性主要体现在两个方面:一是出单及时。具体来说,每种单据的出单日期不能超过信用证、合同规定的时间或商业习惯的合理日期。例如,海运提单不能晚于信用证规定的装运期;按照国际惯例,保险单与检验检疫证书不能晚于提单签发日期。二是交单及时。在信用证支付条件下,应在信用证有效期和交单期内,向银行递交办理结汇,如果信用证未做交单时间的规定,应在信用证有效期内,不得晚于提单签发日后第 21 天交单。

4. 简明

单证内容要力求简洁明了,各项内容布局合理,层次分明,重点项目醒目突出,避免复杂烦琐。这样不仅可以减少工作量和提高工作效率,而且也有利于提高单证质量,减少差错。例如,商品名称,除非信用证有特别规定,只要发票使用商品的具体名称即可,其他所有单据均可使用统称。

5. 整洁

单证是否整洁、美观,不仅反映单证的外在质量,而且也反映一个企业的业务技术水平。单证的整洁主要从以下几个方面反映出来:

（1）单证的表面整洁、清晰。

（2）单证的内容排列整齐。

（3）单证上的字迹清楚、易认。

（4）单证无更改或涂改。

（5）单证应尽量减少或避免差错，即使允许更改的，也不得随意更改。涂改、多次涂改会影响出单效果。对于一些重要的单证，如汇票、提单，以及单据的主要项目如货物的数量、重量、金额等则不能改动，如有差错，最好重新制作。

五、单证工作的基本程序

（一）信用证项下出口单证的工作程序

1. 收发订单与备货

本阶段进口商应按销售合同或销售确认书规定的时间和方式向出口商发送订单，出口商在收到订单后一般需发送订单回执予以确认，然后向国内的供应商或生产商订货，签订购货合同，生产商或供应商发货的同时向出口商和税务部门提供增值税发票或相应的证明，税务部门凭借该增值税发票或证明向出口商提供出口退税专用税票。生产商在向外贸仓库发货的同时，要求仓库签收送货单，外贸仓库收到货物后，向出口商签发进仓单，然后由出口商根据仓单向外经贸主管部门和国税局进行购货库存申报，以作为在该批货物出口以后向以上两个部门进行退税申报的依据。

2. 催证、审证与改证

在备货的同时，出口商应对外抓紧催开信用证，收到信用证后，必须立即对信用证号码、合同号码、开征申请人、开证银行、总金额、装运期、有效期等进行登记。之后，在银行审证的基础上，对信用证进行全面、认真、仔细的审核，若发现信用证中有与合同规定不符或与我国相关制度不符或其他影响及时安全收汇的条款，必须立即要求对方进行修改，在确保收到修改书后再组织发货。

3. 缮制商业发票和箱单

商业发票是出口单据的核心，其他单据的主要内容都是根据发票制作的。箱单指装箱单、重量单、尺码单等，是商业发票的补充单据。发票缮制好了之后，根据需要可以缮制与本批货物有关的出口许可证或配额许可证以及外汇核销单等，供出口报关备用。

4. 缮制出口报检单

出口商备齐货物，将货物按照合同规定包装并刷制好运输标志准备装运，在装运之前，若属法定检验或双方约定检验的商品，应在出口货物装运前至少 7 天向当地出入境检验检疫机构申报检验，报检时，应缮制"出境货物报检单"，并随附有关合同、商业发票、装箱单或重量单和信用证副本。若检验合格，则由商检机构签发通关单或出境货物换证凭单(条)以及信用证中规定的商检证书。

5. 缮制托运单据

出口商填写海运货物委托书，委托货运代理公司向船运公司(承运人)办理租船订舱。货运代理公司向船运公司递交海运出口托运单，办理租船订舱手续。船运公司确认后，向货运代理公司签发配舱回单和装货单。出口商获悉托运确认后，将装货单、填制好的报关单以及发票等相关单证向海关进行出口报关。海关核准无误后，收讫关税，准予出口放行，在装货单上盖放行章。货代凭此装货单要求船运公司将货物装船。装船后，由船长或大副签发大副收据。船运公司凭大副收据，或通过货运代理公司向出口商签发海运提单。

海运提单是出口商向银行议付的最重要的单据之一，应严格按合同、信用证的规定缮制，同时，在货物装运后，出口商应及时向进口商发出装运通知，使对方及时掌握装运信息，做好相关准备。

6. 缮制保险单证

以 CIF 或 CIP 条件成交的合同，在货物集港之前出口商应该缮制投保单，凭此向保险公司申请办理保险，并取得相应的保险单。保险单由保险公司缮制和签发，在实际操作中，大多由出口企业按要求制好后交给保险公司签发。

7. 缮制出口货物报关单并报关

货物出运前至少 24 小时内，出口企业应填写"出口货物报关单"，并随附合同、商业发票、装箱单、装运单或运单、出境货物通关单，如有需要，还需提供出口许可证等特殊管理证件。

8. 审单与交单结汇

各种单证缮制或获取完毕后，单证员要对所有单证全部审核一遍。单证的审核方法有纵横审单法、先数字后文字审单法、按装运日期审单法、分地区客户审单法、先读后审法、先审后读法等几种方法。在确认单证完备、单证一致、单单一致、单同一致后，就应在信用证的有效期和交单期内向当地银行交单议付。

（二）信用证项下进口单证的工作程序

1. 申请开立信用证

进口合同签订后，进口商应该按合同规定的时间向银行申请开立信用证，到开证行填写开证申请书。

在进口业务实践中，银行会按照开证申请人在银行的信用情况，对其提出的开证申请按比例收取开证保证金，以此降低银行的风险，确保开证申请人在银行付款后会及时付款赎单。对于资信良好的开证申请人，银行会按照事先与其签订的授信合同的规定，在其申请开证时按比例减免开证保证金，最高可减免100%。

2. 开证和改证

银行应开证申请人的申请开出信用证并寄交国外通知行，通知行对信用证审核后将其转交给出口商，若信用证需要修改，应立即由开证申请人向开证行递交修改申请书，要求开证行办理修改手续。

3. 租船定舱与投保

（1）租船定舱

以FCA或FOB价格条件成交的进口合同，进口商在接到卖方预计装运日期的通知后及时办理租船定舱手续，并将船名、航次及船期通知出口商，以便出口商备货装运。

（2）投保

按FOB、CFR、FCA和CPT条件成交的进口货物，由进口企业自行办理保险。为简化投保手续和避免漏保，一般采用预约保险的做法，即被保险人（投保人）和保险人就保险标的物的范围、险别、责任、费率以及赔款处理等条款签订长期性的保险合同。投保人在获悉每批货物起运时，应将船名、开船日期及航线、货物品名及数量、保险金额等内容，书面定期通知保险公司。保险公司对属于预约保险合同范围内的商品，一经起运，即自动承担保险责任。

未与保险公司签订预约保险合同的进口企业，则采用逐笔投保的方式，在接到国外出口方的装船通知或发货通知后，应立即填写"装货通知"或投保单，注明有关保险标的物的内容、装运情况、保险金额和险别等，交与保险公司，保险公司接受投保后签发保险单。

4. 审单付汇

信用证项下的全套单据经进口方银行审核后送交进口企业，再经进口企业审核认可后，银行即对外付款或承兑。托收（D/P、D/A等付款方式）项下的货运单据也由银行转交给进口企业，但不管是出口方的托收银行还是进口方的代收银行均不负单据审核之责，进口企业更有必要加强审核。

无论是信用证还是托收，就我国的情况来看，进口企业的审核结果就是最终定论。经过审核，若发现单据不符或有异状，应通过银行及时提出或说明拒绝承兑的理由。

5. 进口报关

货物运达进口方指定目的地后，进口企业应立即缮制“进口货物报关单”并附进口许可证（或类似性质的文件）正本、贸易合同、进口发票、装箱单和运输单据等副本，向进口地海关申报进口，经海关查验单据和货物相符、核定进口关税、进口企业付清关税及附加税后即可凭正本运输单据或有关证明向承运企业或其代理办理提货。

6. 货物到达后的检验

货物到达后，进口企业应抓紧做好数量和质量的检验工作，属于法定检验商品的必须由商检局检验，在合同索赔有效期内取得商检局检验证书。列入国家规定的动植物检疫范围的进口货物，应申请进行消毒和检疫，货物卸下后发现有残损的，须及时通知保险公司做残损检验并协商赔款事宜。

7. 索赔

进口货物经过检验后若发现属于卖主责任的数量短缺或质量不符等情况，须在合同索赔有效期内向卖方提出索赔，索赔时须提供检验证明书和发票、提单等货运单据的副本。

实训练习

一、单项选择题

1. 单证缮制必须做到正确、完整、及时、简洁和清晰，其中（　　）是单证工作的前提。

A. 正确　　B. 完整　　C. 及时　　D. 简洁和清晰

2. 各种单据的签发日期应符合逻辑性和国际惯例，通常（　　）日期是确定各单据日期的关键。

A. 发票　　B. 提单　　C. 许可证　　D. 报关单

3. 各种单据的签发日期应符合逻辑性和国际惯例，通常（　　）日期是议付单据出单最早的时间。

A. 发票　　B. 提单　　C. 保险单　　D. 报关单

4. 各种单据的签发日期应符合逻辑性和国际惯例，通常（　　）日期是议付单据出单最晚的时间。

A. 发票　　B. 报关单　　C. 保险单　　D. 汇票

5. 根据联合国设计推荐使用的用英文字母表示的货币代码,如下表述不正确的是(　　)。

A. CNY 65.00　　B. GBP 65.00　　C. USD 65.00　　D. RMB 65.00

6. 在信用证业务中,有关当事方处理的是(　　)。

A. 服务　　B. 货物　　C. 单据　　D. 其他行为

7. 狭义的单证是指(　　)。

A. 单据和文件　　B. 信用证和证书

C. 单据和信用证　　D. 信用证和文件

8. 按照贸易双方涉及的单证划分,进口单证包括(　　)。

A. 商业发票　　B. 汇票　　C. 信用证　　D. 产地证

9. 根据联合国推广使用的国际标准,以下日期代码表示正确的是(　　)。

A. 2005/8/4　　B. 2005-08-04　　C. 04/08/2005　　D. 08/04/2005

二、多项选择题

1. 所谓单证是指进口业务中使用的各种(　　),如商业发票和提单等,买卖双方凭借这些单据来处理货物的交付、运输、保险、商检和结汇等。

A. 单据　　B. 证书　　C. 检验检疫证书　　D. 保险单

2. 外贸单证工作主要有(　　)等方面的内容,它贯穿于进口合同履行的全过程。

A. 审证　　B. 制单　　C. 审单　　D. 交单

3. 外贸单证工作具有(　　)等特点,必须仔细、认真、及时地做好这项工作。

A. 工作量大　　B. 涉及面广　　C. 时间性强　　D. 要求高

4. 单证缮制的具体要求是(　　)。

A. 正确　　B. 完整　　C. 及时　　D. 简洁和清晰

5. 根据推广使用的国际标准,运输标志由(　　)组成。

A. 收货人简称　　B. 目的地　　C. 参考号　　D. 件号

6. 货运单据包括(　　)。

A. 装运通知　　B. 租船合约提单　　C. 报关单　　D. 船舱证明

7. 制单中"三相符"的要求包括(　　)。

A. 单证相符　　B. 单单相符　　C. 单货相符　　D. 货同相符

8. 国际商务单证的工作意义有(　　)。

A. 单证是国际结算的工具　　B. 单证是经营管理的重要环节

C. 单证是企业业务和素质的体现　　D. 单证是政策性很强的涉外工作

9. 下列选项中哪些是商业单据?(　　)

A. 发票　　B. 运输单据　　C. 契据　　D. 保险单

三、判断题

1. 单证工作能及时反映货、船、证等业务的管理现状，为了杜绝差错事故的发生，避免带来不必要的经济损失，因此外贸单证员必须加强工作责任心。(　　)

2. 外贸单证员是指在外贸业务履行中，根据销售合同、信用证条款进行缮制和出具各种单据、证书的工作人员。(　　)

3. 广义的单证指各种文件和凭证。(　　)

4. 在国际结算中，货物是贸易双方进行结算的基础和依据。(　　)

5. 从商业观点来看，可以说 CFR 合同的目的不是货物本身，而是与货物有关的单据的买卖。(　　)

6. 单证“三相符”中最主要的是“单货相符”。(　　)

7. 银行在审单时，若信用证无特殊规定，都是以《UCP600》作为审单的依据。(　　)

8. 单证的完整性是指成套单证的群体的完整性。(　　)

9. 除交单到期日以外，每个要求运输单据的信用证还应规定一个运输单据出单日期后必须交单付款、承兑的特定期限，银行一般拒收迟于运输单据出单日期 21 天提交的单据。(　　)

10. 根据单证的用途，单证可划分为商业单据和银行单据。(　　)

第一单元　审证和改证业务

学习目标

1. **知识目标**

熟悉《UCP600》相关条款。

掌握信用证的内容、审证依据与原则;熟悉审证步骤。

熟悉改证的原则与程序。

2. **能力目标**

能读懂外贸合同条款。

能读懂信用证并能分析信用证条款,能依据合同审核信用证。

能拟写改证函。

工作任务

2012 年 5 月 20 日,北京蓝天贸易有限公司与安哥拉的 FERREIRA 贸易有限公司签订了一份童毯出口的销售合同,具体内容如下:

SALES CONTRACT

S/C No.:LW20120006　　　　Date:May 20,2012

THE SELLER:BEIJING BLUE SKY TRADING CO.,LTD.

ADDRESS:NO.6 CHAOWAI STREET,BEIJING CHINA

TEL:010-85270011　　FAX:010-85270012

THE BUYER:FERREIRA TRADING CO.,LTD.

ADD:RUA 21 DE JANEIRO N.21,LUANDA ANGOLA

TEL:00244-924687599/924687588

FAX:00244-222-442682

This Contract is made by and between the Buyer and Seller, whereby the Buyer agrees to buy and the Seller agrees to sell the under-mentioned commodity according to the terms and conditions stipulated below:

Commodity & Specifications	Quantity	Unit Price	Amount
Baby Blanket(100% polyester)		CIF LUANDA	
Style No. GL03	1 000 PCS	USD 13.00/PC	USD 13 000.00
Style No. GS06	1 000 PCS	USD 13.00/PC	USD 13 000.00
As per the confirmed Sample of Mar. 21, 2012			
Total	2 000 PCS		USD 26 000.00
TOTAL CONTRACT VALUE: SAY U.S. DOLLARS TWENTY-SIX THOUSAND ONLY			

Size/Color Assortment:

Color	blue	green	red	purple	white
Style No. GL03	200	200	200	200	200
Style No. GS06	200	200	200	200	200

PACKING:

10 pieces of Baby Blankets are to be packed in one export standard carton, solid size and color in the same carton, total 200 cartons.

MARKS:

Shipping mark includes FERREIRA, S/C No., style No., port of destination and carton No..
Side mark must show the color, the size of carton and pieces per carton.

TIME OF SHIPMENT:

Within a month after receipt of the L/C which accord with relevant clause of the Contract.

PORT OF LOADING AND DESTTINATION:

From Tianjin, China to Luanda Angola.

Transhipment is allowed and partial shipment is prohibited.

PAYMENT:

The buyer shall open through a bank acceptable to the seller an Irrevocable Letter of Credit, stipulating that 100% of the contract value payable at 60 days' after sight which should reach the seller by the end of June 2012 and remain valid for negotiation in china until 15th day after the date of shipment. In case of late arrival of L/C, the seller shall not be liable for any delay in shipment and shall have the right to rescind the contract and/or claim for damages.

INSURANCE:

The seller shall cover insurance against all risks and war risk for 110% of the total invoice value as per the relevant ocean marine cargo clauses of the People's Insurance Company of China dated 1/1/1981.

DOCUMENTS:

+ Signed Commercial Invoice in triplicate.

+ Full set of clean on board ocean Bill of Lading made out to order and blank endorsed, marked "freight prepaid" and notifying the buyer.

+ Insurance Policy/Certificate in duplicate endorsed in blank.

+ Certificate of Origin certified by Chamber of Commerce or CCPIT.

+ Packing list in triplicate.

+ Seller's Certified Copy of Fax dispatched to the Buyer within three days after shipment advising B/L No., name, quantity and amount of goods, number of packages, name of vessel and voyage No., and date of shipment.

INSPECTION:

The Certificate of Quality and Quantity issued by the China Exit and Entry Inspection and Quarantine Bureau at the port of shipment shall be part of the documents to be presented for negotiation under the relevant L/C. The Buyers shall have the right to reinspect the quality and quantity of the cargo. The reinspection fee shall be borne by the Buyers. Should the quality and/or quantity be fount not in conformity with that of the contract, the Buyers are entitled to lodge with the sellers a claim which should be supported by survey reports issued by a recognized surveyor approved by the Sellers.

CLAIM:

In case of any discrepancy in Quality/Quantity, claim should be filed by the Buyer within 30 days after the arrival of the goods at port of destination. The seller shall reply to the buyer within 30 days after receipt of the claim.

PENALTY:

Should the Buyer for its own sake fail to open the Letter of Credit on time stipulated in the contract, the Buyer shall pay a penalty to the Seller. The penalty shall be charge at the rate 0.5% of the amount of Letter of Credit for every 10 days of delay in opening the Letter of Credit; however the penalty shall not exceed 5% of the total value of the Letter of Credit which the Buyer should have opened.

Except Force Majeure, In case of late delivery, the Buyer shall have the right to lodge a claim against the Seller. The Seller must pay a penalty. The rate of penalty is charged at 0.1% of the shipment value for every day. The total penalty amount will not exceed 5% of the shipment value. The penalty shall be deducted by the paying bank or the Buyer from the payment.

FORCE MAJEURE:

If the shipment of the contract goods is or delayed in whole or in part by reason of earthquake, flood, fire, storm, heavy snow or other cause of Force Majeure, the Seller shall not be liable for non - shipment or late shipment of the goods of this contract. However, the Seller shall notify the Buyer by telex and furnish the latter within 15 days by registered airmail with a certificate issued by the China Council for the Promotion of International Trade attesting such event or events.

ARBITRATION:

All disputes arising out of performance of, or relating to this contract, shall be settled through friendly negotiation. In case no settlement can be reached through negotiation, the case shall then be submitted to China International Economic and Trade Arbitration Commission for arbitration, in accordance with its rule of arbitration. The arbitration shall take place in Beijing. The arbitral award is final and binding upon both parties. The fees for arbitration shall be borne by the losing party unless otherwise awarded.

This contract is made in two original copies and becomes valid after signature, one copy to be held by each party.

Signed by:

THE SELLER	THE BUYER
BEIJING BLUE SKY TRADING CO. ,LTD.	FERREIRA TRADING CO. LTD
李 彬	

2012年6月15日,北京蓝天贸易有限公司外贸单证员王芳收到了中国银行北京分行(BANK OF CHINA,BEIJING BRANCH)国际业务部的信用证通知函,告知FERREIRA贸易有限公司已经通过汇丰银行安哥拉分行(HSBC, ANGOLA BRANCH)开来信用证。信用证通知书和信用证内容如下:

1. 信用证通知书

BEIJING BRANCH

ADDRESS: No. 2 Chao Yang Men Nei Da Jie, Dong Cheng District, Beijing 100010, China

TELEX: 22254 BCHO CN

SWIFT: BKCH CNBJ 110

FAX: 010-85122419

信用证通知书

Notification of Documentary Credit

DATE: 2012/06/15

To: 致: BEIJING BLUE SKY TRADING CO. ,LTD. NO.6 CHAOWAI STREET, DONGCHENG DIS.	WHEN CORRESPONDING PLEASE QUOTE OUR REF. NO. : BCBJ20120614001
ISSUING BANK HSBC BANK, ANGOLA BRANCH. No. 21 JANERIO STREET,ROOM 102,LUANDA, ANGOLA	TRANSMITTED TO US THROUGH 转递行
L/C NO. 信用证号 DBLC20124501 DATED 开证日期 JUNE 14TH 2011	AMOUNT 金额 USD 23 000. 00

DEAR SIRS,迳启者:

We have pleasure in advising you that we have received from the a/m bank a(n)

兹通知贵公司,我行收自上述银行

(✓) issuing by telex/SWIFT	电传/SWIFT 开立	( ) ineffective	未生效
( ) issuing by mail	信开		
( ) pre-advising of	预先通知	( ) mail confirmation of	证实书
(✓) original	正本	( ) duplicate	副本

Letter of Credit, contents of which are as per attached sheet(s).

This advice and the attached sheet(s) must accompany the relative documents when presented.

信用证一份，现随附通知。贵公司交单时，请将本通知及信用证一并提示。

(✓) Please note that this advice dose not constitute our confirmation of the above L/C nor dose it convey any engagement or obligation on our part.

本通知并不构成我行对该信用证之保兑及其他任何责任。

(   ) Please note that we have added our confirmation to the above L/C, which is available with ourselves only.

上述信用证已由我行加具保兑，并限向我行交单。

REMARKS 备注：

THIS L/C CONSISTS OF TWO SHEET(S), INCLUDING THE COVERING LETTER AND ATTACHMENT(S).

本信用证连同面函及附件共2页纸。

IF YOU FIND ANY TERMS AND CONDITIONS IN THE L/C WHICH YOU ARE UNABLE TO COMPLY WITH AND OR ANY ERROR(S), IT IS SUGGESTED THAT YOU CONTACT APPLICANT DIRECTLY FOR NECESSARY AMENDMENT(S) SO AS TO AVOID ANY DIFFICULTIES WHICH MAY ARISE WHEN DOCUMENTS ARE PRESENED.

如本信用证中有无法办到的条款及/或错误，请迳与开证申请人联系，进行必要的修改，以排除交单时可能发生的问题。

THIS L/C IS ADVISED SUBJECTED TO ICC UCP PUBLICATION NO. 600.

本信用证之通知系遵循国际商会跟单信用证统一惯例第600号出版物办理。

YOURS FAITHFULLY,

FOR BANK OF CHINA, BEIJING

2. 信用证

MT 700		ISSUE OF A DOCUMENTARY CREDIT
SENDER		HSBC BANK, ANGOLA BRANCH
RECEIVER		BANK OF CHINA BEIJING BRANCH, BEIJING, CHINA
SEQUENCE OF TOTAL	27:	1/1
FORM OF DOC. CREDIT	40A:	IRREVOCABLE
DOC. CREDIT NUMBER	20:	DBLC20124501
DATE OF ISSUE	31C:	120614
APPLICABLE RULES	40E:	UCP LATEST VERSION
DATE AND PLACE OF EXPIRY.	31D:	DATE 120628 PLACE IN ANGELA

APPLICANT	50:	FERREIRA TRADING CO. ,LTD. ADD:RUA 21 DE JANEIRO N. 21, LUANDA ANGOLA
BENEFICIARY	59:	BEIJING BLUE SKY TRADING CO. ,LTD. ADDRESS: NO. 6 CHAOWAI STREET, BEIJING CHINA
AMOUNT	32B:	CURRENCY USD AMOUNT 23 000.00
AVAILABLE WITH/BY	41D:	ANY BANK IN CHINA, BY NEGOTIATION
DRAFTS AT...	42C:	150 DAYS AFTER SIGHT
DRAWEE	42A:	APPLICANT
PORT OF LOADING	44E:	MAIN PORT IN CHINA
PORT OF DISCHARGE	44F:	LUANDA,ANGOLA
PARTIAL SHIPMENT	43P:	PROHIBITED
TRANSHIPMENT	43T:	PROHIBITED
SHIPMENT PERIOD	44D:	WITHIN A MONTH AFTER RECEIPT OF THE L/C
DESCRIPTION OF GOODS AND/OR SERVICES	45A:	2 000 pcs Baby Blanket(100% polyester) AT CIF LUANDA STYLE NO. QUANTITY UNIT PRICE AMOUNT STYLE NO. LG03 1 000 USD 13.00/PC USD 13 000.00 STYLE NO. SG06 1 000 USD 13.00/PC USD 13 000.00 BLUE GREEN RED PURPLE WHITE EACH 100 PCS PACKED IN EXPORT STANDARD CARTONS OF 20 PCS EACH.
DOCUMENTS REQUIRED	46A:	+ SIGNED COMMERCIAL INVOICE IN FOUR COPIES. + PACKING LIST IN TRIPLICATE. + CERTIFICATE OF CHINESE ORIGIN CERTIFIED BY CHAMBER OF COMMERCE. + INSURANCE POLICY/CERTIFICATE IN DUPLICATE ENDORSED IN BLANK FOR 120% INVOICE VALUE, COVERING ALL RISKS AND WAR RISK OF PICC (1/1/1981), SHOWING CLAIMS IF ANY, PAYABLE AT THE PORT OF DESTINATION IN CURRENCY OF THE DRAFT. + FULL SET OF CLEAN 'ON BOARD' OCEAN BILLS OF LADING MADE OUT TO APPLICANT MARKED FREIGHT COLLECT AND NOTIFY APPLICANT. + BENEFICIARY'S CERTIFIED COPY OF FAX DISPATCHED TO THE BUYER WITHIN THREE DAYS AFTER SHIPMENT ADVISING B/L NO., NAME, QUANTITY AND AMOUNT OF GOODS NUMBER OF PACKAGE, NAME OF VESSEL AND VOYAGE NO., AND DATE OF SHIPMENT.

ADDITIONAL CONDITION	47A:	+ ALL PRESENTATIONS CONTAINING DISCREPANCIES WILL ATTRACT A DISCREPANCY FEE OF USD 50.00. THIS CHARGE WILL BE DEDUCTED FROM THE BILL AMOUNT WHETHER OR NOT WE ELECT TO CONSULT THE APPLICANT FOR A WAIVER. + THE NUMBER AND THE DATE OF THIS CREDIT AND THE NAME OF ISSUING BANK MUST BE QUOTED ON ALL DOCUMENTS. + SHORT FORM, BLANK BACK, CLAUSED, STALE, AND THIRD PARTY B/L, MASTER AIRWAY BILL OR FORWARDING CARGO RECEIPT NOT ACCEPTABLE. + H. S. CODE NO. 63014000 MUST APPEAR ON ALL INVOICES.
CHARGES	71B:	ALL CHARGES AND COMMISSIONS ARE FOR ACCOUNT OF BENEFICIARY.
PERIOD FOR PRESENTATION	48	WITHIN 5 DAYS AFTER THE DATE OF SHIPMENT, BUT WITHIN THE VALIDITY OF THIS CREDIT.
CONFIRMATION INSTRUCTION	49:	WITHOUT
INSTRUCTIONS	78	(AA) IN REIMBURSEMENT ON DUE DATE REMITTANCE WILL BE MADE AS PER YOUR INSRUCTION. (BB) DUE DATE WILL BE COUNTED FROM THE DATE OF NEGOTIATION. (CC) DOCUMENTS TO BE FORWAREDED TO US BY AIRMAIL IN TWO CONSECUTIVE LOTS. ALL ORIGINALS BY 1ST MAIL PREFERABLY BY COURIER AND DUPLICATE BY SUBSEQUENT 2ND MAIL. (DD) THE AMOUNT(S) DRAWN MUST BE ENDORSED ON THE REVERSE OF THIS LETTER OF CREDIT.
ADVISE THROUGH	57A	BKCHCNBJ110 * BANK OF CHINA * BEIJING * (BEIJING BRANCH)
SEND. TO REC. INFO	72	EXCEPT SO FAR AS OTHERWISE EXPRESSLY STATED THIS CREDIT IS SUBJECT TO UNIFORM CUSTOMS AND PRACTICE FOR DOCUMENTARY CREDITS(2007 REVISION) I. C. C. PUBLICATION NO. 600.

此时,单证员王芳的工作任务是:

任务1:分析合同条款

任务 2:审证

任务 3:改证

任务 1:分析合同条款

操作过程

合同一般由合同首部(Preamble)、合同条款(Body)和合同尾部(Witness Clause)三部分组成。

一、合同首部(约首)

约首是指合同的序言部分,包括合同名称、缔约双方的名称和地址、合同编号、签订合同的日期等。

(一) 合同名称

在国际贸易中,没有固定形式的书面合同。合同的名称可以是“合同”(Contract)、“销货确认书”(Sales Confirmation,简称 S/C)、“协议”(Agreement)、“订单”(Order)或者“备忘录”(Memorandum)等。我国出口企业一般采用“合同”和“销货确认书”,两者的法律效力相同。

△本合同名称是:SALES CONTRACT,即售货合同。

(二) 缔约双方的名称和地址

缔约双方的名称和地址,即买卖双方的名称和地址。

△本合同缔约双方的名称和地址是:

买方:(1) 名称——FERREIRA TRADING CO. ,LTD.

(2) 地址——RUA 21 DE JANEIRO N. 21, LUANDA ANGOLA

卖方:(1) 名称——BEIJING BLUE SKY TRADING CO. ,LTD.

(2) 地址——NO.6 CHAOWAI STREET, BEIJING CHINA

(3) 电话和传真号码——TEL: 010-85270011 FAX: 010-85270012

(三) 合同编号

△本合同编号是:LW20120006。

(四) 签订合同的日期

△本合同签订的日期是:2012/05/20。

二、合同条款

这是合同的主要部分,具体列明买卖双方的各项交易条件或条款,如商品的名称、品质、数量、价格、包装、交货时间与地点、运输与保险条件、支付方式及检验检疫、索赔、仲裁、不可抗力等。这些条款体现了买卖双方当事人的权利和义务。

(一) 品名品质条款

合同中品名要正确,品质表示方法要恰当。

△本合同品名品质条款规定为:

品名:Baby Blanket (100% polyester),100%涤纶童毯;

品质:as per the confirmed sample of Mar. 21, 2012,用样品确定商品的品质。

(二) 数量条款

数量条款一般包括数字和计量单位两部分,有时还包括溢短装条款。例如:

数量500公吨,卖方可溢短装5%。

500 M/T, with 5% more or less at the Seller's option.

△本合同数量条款规定为:

Style No. GL03:1 000 PCS,

Style No. GS06:1 000 PCS。

(三) 包装条款

包装条款一般包括包装材料、包装方式、包装规格等内容。例如:

纸箱装,每箱10打。

Packing in cartons of 10 dozen each.

△本合同包装条款规定为:

PACKING: 10 pieces of Baby Blankets are to be packed in one export standard carton, solid size and color in the same carton, total 200 cartons.

其大意是:用出口纸箱包装,10条/纸箱,单色单码,总计200箱。

(四) 价格条款

价格条款包括单价(Unit Price)和总值(Total Amount)两项内容。

单价包括货币名称、单位价格金额、计价数量单位、价格条件。例如,价格中包括佣金的,单价中应该用含佣价表示;价格中有折扣的,需要合同中明确规定的,也要明确表示。总值是单价与数量的乘积。常见的单价条款有:

(1) USD 100.00 per dozen CIF London;

(2) USD 100.00 per dozen CIFC3 London;

(3) USD 100.00 per dozen CIF London including 3% commission;

(4) USD 100.00 per dozen CIF London less 3% discount。

△本合同价格条款规定为:

单价:每条 13 美元 CIF 罗安达;

总值:USD 26 000。

(五) 装运条款

装运条款一般包括装运时间、装运地点、装运方式、是否允许分批装运和转运等内容。例如:

2009 年 3 月份装船,从上海到伦敦,允许分批装运和转运。

Shipment from Shanghai to London during March 2009, allowing partial shipments and transhipment.

△本合同装运条款规定为:

SHIPMENT FROM: Tianjin, China.

TO: Luanda Angola.

TIME OF SHIPMENT: Within a month after receipt of the L/C which accord with relevant clauses of the contract.

PARTIAL SHIPMENTS: Prohibited.

TRANSHIPMENT: Allowed.

其大意是:

装运港:中国天津港口;

目的港:安哥拉罗安达港;

装运时间:收到与合同相符的信用证后 1 个月内;

分批装运:不允许;

转运:允许。

(六) 保险条款

保险条款视价格条件的不同而不同。

以 FOB、CFR 或 FCA、CPT 价格条件成交的合同,应订明保险由买方负责投保。例如:

Insurance: To be covered by the Buyer.

以 CIF 或 CIP 价格条件成交的合同：保险条款包括谁负责、保险金额、投保险别、适用的保险条款等内容。例如：

保险由卖方按发票金额的 110% 投保一切险和战争险，以中国人民保险公司 1981 年 1 月 1 日的海洋运输货物保险条款为准。

Insurance: To be covered by the Seller for 110% of invoice value against All Risks and War Risk as per and subject to the Ocean Marine Cargo Clauses of PICC dated 1/1/1981.

△本合同保险条款规定为：

INSURANCE: The seller shall cover insurance against All Risks and war risk for 110% of invoice value as per and subject to the ocean marine cargo clauses of PICC dated 1/1/1981.

其大意是：

保险由卖方按发票金额的 110% 投保一切险和战争险，以中国人民保险公司 1981 年 1 月 1 日的海洋运输货物保险条款为准。

（七）支付条款

支付条款要根据相应的结算方式订明。

1. 汇付方式下的支付条款

汇付（Remittance），又称汇款，指付款人主动通过银行或其他途径将款项付给收款人。它分为信汇（Mail Transfer，M/T）、电汇（Telegraphic Transfer, T/T）和票汇（Remittance by Banker Demand Draft，D/D）三种方式。

使用汇付方式支付货款时，合同中的支付条款包括汇款的金额、汇款方式、汇款时间等内容。例如：

买方应于×年×月×日前预先将全部货款用电汇（信汇/票汇）方式汇付给卖方。

The buyer shall pay the total value to the seller in advance by T/T (M/T or D/D) on or before...

2. 托收方式下的支付条款

托收（Collection），是出口商开立汇票，委托本地银行通过它在国外的分行或代理行向进口商代为收款的一种结算方式。根据交单条件不同，它分为付款交单（Document against Payment，D/P）和承兑交单（Document against Acceptance，D/A）。

使用托收方式支付货款时，合同中的支付条款包括汇票类型、交单条件、付款时间等内容。例如：

买方对卖方开具的见票后×××天付款的跟单汇票，于第一次提示时予以承兑，并应于汇票到期日付款，付款后交单。

The buyer shall duly accept the documentary draft by the sellers at... days after sight upon first presentation and make payment on its maturity. The shipping documents are to be delivered against payment only.

3. 信用证方式下的支付条款

信用证(Letter of Credit, L/C)是银行根据进口商的请求和指示，向出口商开立的承诺在一定期限内凭规定的单据支付一定金额的书面文件。使用信用证方式支付货款时，合同中的支付条款包括开证申请人、开证行、开证时间、L/C 种类、有效期和有效地点等内容。例如：

买方应通过为卖方所接受的银行于装运月份前 20 天开立并送达卖方不可撤销即期信用证，有效期至装运日后第 15 天，在中国议付有效。

The Buyer shall open through a bank acceptable by the Seller an irrevocable sight letter of credit to reach the Seller 20 days before the month of shipment, valid for negotiation in China until the 15th day after the date of shipment.

△本合同支付条款规定为：

PAYMENT: The buyer shall open through a bank acceptable to the seller an Irrevocable Letter of Credit, stipulating that 100% of the contract value payable at 60 days after sight which should reach the seller by the end of June 2012 and remain valid for negotiation in china until 15th day after the date of shipment.

其大意是：

买方应不迟于 2012 年 6 月底通过卖方可以接受的银行开立并送达卖方不可撤销的见票后 60 天付合同全款的信用证，信用证有效期至装运日后第 15 天，在中国议付。

（八）一般条款

商品的名称、品质、数量、价格、包装、交货时间与地点、运输与保险条件、支付方式是合同的主要条款。一般条款包括检验、索赔、罚金、不可抗力、仲裁等。

△本合同条款中的一般条款大意是：

检验条款：双方同意以装运港(地)中国出入境检验检疫机构签发的质量和数量检验证书为信用证项下议付所提交的单据之一，买方有权对货物质量和数量进行复验,复验费由买方负担。但若发现质量和/或数量与合同规定不符,买方有权向卖方索赔,并提供经卖方同意的公证机构出具的检验报告。

索赔条款:装运货物的品质或数量如与合同不符,买方必须在货物到达目的地后 30 天内提出索赔。卖方必须在收到索赔后 30 天内予以答复。

罚金条款:买方因自身原因不能按合同规定的时间开立信用证应向卖方支付罚金。罚金按迟开证每 10 天收取信用证金额的 0.5% 收取,但不超过买方应开信用证金额的 5% 。

除非不可抗力的原因,否则对于延迟交货买方有权向卖方索赔。卖方支付的罚金按每天收取货运金额的 0.1% 收取,但最高不超过货运金额的 5% 。由付款行或买方从应付款项中扣减。

不可抗力条款:如由于地震、水灾、火灾、暴风雨、雪灾或其他不可抗力的原因,卖方不能全部或部分装运或延迟装运合同货物,卖方对于这种不能装运或延迟装运本合同货物不负责。但卖方必须用电传通知买方,并在 15 天内以航空挂号信件向买方提交由中国国际贸易促进委员会出具的证明此类事件的证明书。

仲裁条款:一切因执行本合同或与本合同有关的争议,应通过友好协商解决。如经协商不能得到解决时,应提交中国国际贸易促进委员会对外经济贸易仲裁委员会。仲裁在北京进行。仲裁委员会的裁决是终局性的,对双方都有约束力。除非另有判决,否则仲裁费用由败诉方负担。

三、合同尾部(约尾)

约尾是合同的尾部内容,一般包括合同的份数、缔约双方的签字、合同适用的法律和惯例等。

△本合同尾部有买卖双方的签名。

任务 2:审证

操作过程

第一步,分析信用证内容。

单证员王芳首先熟悉 DBLC20124501 信用证的内容,逐条翻译,并特别关注信用证的形式、开证日期、有效期、交单地点、付款时间、付款金额、交单期、装运期、受益人、申请人、单据要求等条款。具体分析如下:

（一）关于信用证本身的说明

1. 信用证号码

即开证行对信用证的编号，一般以 L/C NO. 或 Our Ref. NO. 注明。

△本信用证的信用证号码规定是：

DOC. CREDIT NUMBER * 20：DBLC20124501。

2. 开证日期

△本信用证对开证日期的规定是：

DATE OF ISSUE * 31C：120614。

3. 有效期、有效地点

有效期指交单付款、承兑或议付的最后期限。未规定到期日/有效期的信用证是无效的，不能使用。凡过有效期提交的单据，开证行有权拒收。有效地点是指有效期应以受益人向何地银行的交单日期为准。在何地到期视信用证的具体规定而定，总的来说，有规定在出口国、进口国和第三国到期三种方法。在我国的出口业务中，原则上应争取在我国到期，以便我方在交付货物后能及时办理议付、要求付款或承兑。

△本信用证对有效期、有效地点的规定是：

EXPIRY * 31D：DATE 120628 PLACE IN ANGELA。

其大意是：

有效期：2012 年 6 月 28 日；有效地点：安哥拉。

4. 交单期

交单期是指向银行提交单据要求付款、承兑或议付的特定期限。如果信用证无规定交单期，按惯例，单据在运输单据签发日后 21 天提交，但不得迟于信用证的有效期。如果信用证规定的交单期距装运期太近，比如运输单据签发日后 2 天或 3 天交单，则应要求开证人修改信用证推迟交单期限，以保证能在装运货物后如期向银行交单。

△本信用证对交单期的规定是：

PERIOD FOR PRESENTATION * 48：WITHIN 5 DAYS AFTER THE DATE OF SHIPMENT，BUT WITHIN THE VALIDITY OF THIS CREDIT.

其大意是：

在运输单据签发后 5 天内但不迟于信用证的有效期交单。

5. 信用证种类

(1) 根据开证行对所开出的信用证所负的责任,信用证分为不可撤销信用证和可撤销信用证。不可撤销信用证(Irrevocable L/C)是指信用证一经开出,在有效期内,非经信用证各当事人(即开证行、保兑行和受益人)的同意,不得修改或撤销的信用证。可撤销信用证(Revocable L/C)是指信用证开立后,在付款、承兑或议付前,不必事先通知或征得受益人同意就有权随时撤销或修改的信用证。《UCP600》规定:信用证都是不可撤销的。

△从 FORM OF DOC. CREDIT *40A:IRREVOCABLE 可看出,本信用证是不可撤销的。

(2) 根据受益人对信用证权利可否转让,信用证分为可转让信用证和不可转让信用证。可转让信用证(Transferable L/C)是指受益人有权将议付来证的全部或部分金额转让给另一个或两个以上的第三者(即第二受益人)使用的信用证。不可转让信用证(Nontransferable L/C)是指受益人不能将信用证权利转让给第三者的信用证。凡可转让信用证,必须注明"可转让"(Transferable)字样,如未注明,则被视为不可转让信用证。

△本信用证在 FORM OF DOC. CREDIT *40A 以及其他地方都未注明"可转让"字样,所以,本信用证是不可转让信用证。

(3) 根据是否有另一家银行对之加以保兑,信用证分为保兑信用证和不保兑信用证。保兑信用证(Confirmed L/C)是指开证行开出的信用证由另一银行保证对符合信用证条款规定的单据履行付款义务。不保兑信用证(Unconfirmed L/C)是指未经另一家银行加具保兑的信用证。凡使用保兑信用证,应在该证上注明"不可撤销"的字样和保兑行加保的文句。

△从 CONFIRMATION INSTRUCTION *49:WITHOUT 可看出,本信用证是不保兑信用证。

(4) 根据信用证使用方法(付款方法/兑付方式),信用证分为付款信用证、承兑信用证和议付信用证。付款信用证(Payment L/C),凡指定某一银行付款的信用证,称为付款信用证。此种信用证一般不要求受益人开具汇票,而仅凭受益人提供的单据付款。付款信用证根据付款时间不同,可分为即期付款信用证和远期付款信用证。承兑信用证(Acceptance L/C),凡指定某一银行承兑的信用证,称为承兑信用证。采用此种信用证时,指定银行应承兑受益人向其开具的远期汇票,并于汇票到期日履行付款义务。议付信用证(Negotiation L/C),是指允许受益人向某一指定银行或任何银行交单议付的信用证。通常在单证相符的条件下,银行扣取垫付利息和手续费后,即付给受益人。议付信用证可分为公开议付信用证、限制议付信用证和指定议付信用证。前者任何银行均可办理,后者则由一家指定的银行议付。

信用证中应标明是即期付款、延期付款、承兑还是议付,即 Credit available with ×××。

☐ by payment at sight 即期付款

☐ by deferred payment at 延期付款

☐ by acceptance of drafts at 承兑

☐ by negotiation 议付

△从 AVAILABLE WITH/BY * 41D:ANY BANK IN CHINA,BY NEGOTIATION 可看出,本信用证是议付信用证。

(5) 根据付款时间不同,信用证分为即期信用证和远期信用证。即期信用证(Sight L/C)是开证行或付款行收到符合信用证条款的汇票或单据,立即履行付款责任的信用证,由于即期信用证可使受益人通过银行付款或议付及时取得货款,因而在国际贸易结算中被广泛使用。远期信用证(Usance L/C)是开证行或付款行收到远期汇票或单据后,在规定的一定期限内付款的信用证。其主要作用是便利进口商资金融通。银行承兑信用证和延期付款信用证都属于远期信用证。

付款时间规定方法大致有:

AT SIGHT 见票即付

AT...DAYS AFTER SIGHT 见票后若干天付款

AT...DAYS AFTER DATE OF B/L 提单日后若干天付款

AT...DAYS AFTER DATE OF DRAFT 汇票日后若干天付款

如采用第一种方法,即为即期信用证;如采用后三种方法,即为远期信用证。

△从 DRAFTS AT...42C:150 DAYS AFTER SIGHT 可看出,本信用证是远期信用证。

(6) 根据结算过程中有无货运单据,信用证分为跟单信用证和光票信用证。跟单信用证(Documentary L/C),是开证行凭跟单汇票或单纯凭单据付款的信用证。所谓“跟单”,大多是指代表货物所有权或证明货物已装运的运输单据、商业发票、保险单,以及商检证书、海关发票、产地证书、装箱单等。光票信用证(Clean L/C),是开证行仅凭受益人开具的汇票或简单收据而无需附带单据付款的信用证。光票信用证在贸易货款的结算上使用不广，主要被用于贸易总公司与各地分公司间的货款清偿及贸易从属费用和非贸易费用的结算。

△从 DOCUMENTS REQUIED *46A 可看出：本信用证是跟单信用证。

6. 信用证当事人

(1) 开证行

开证行(Opening Bank/Issuing Bank)指接受开证申请人委托开立信用证的银行。它承担保证付款的责任。开证行一般是进口人所在地银行。开证行一般印在 L/C 顶部或右下角，若为电开证，电文开头的发电行即是。

△本信用证的开证行是电文开头的发电行：

SENDER：HSBC BANK，ANGOLA BRANCH。

(2) 开证申请人

开证申请人(Applicant)又称开证人(Opener)，是指向银行申请开立信用证的人，一般为进口人，即买卖合同的买方。

△本信用证的开证申请人是：

APPLICANT *50：FERREIRA TRADING CO.，LTD.

ADD：RUA 21 DE JANEIRO N.21，LUANDA ANGOLA

(3) 受益人

受益人(Beneficiary)指信用证上所指定的有权使用该证的人，一般为出口人，即买卖合同的卖方。

△本信用证的受益人是：

BENEFICIARY *59：BEIJING BLUE SKY TRADING CO.，LTD.

Address：NO.6 CHAOWAI STREET，BEIJING CHINA

(4) 通知行

通知行(Advising Bank/Notifying Bank)指接受开证行的委托，将信用证转交出口人的银行。通知行一般为出口人所在地银行，它只需鉴别信用证的表面真实性，无需承担其他义务。

△本信用证对通知行的规定是：

ADVISE THROUGH *57A：BKCHCNBJ110

* BANK OF CHINA

* BEIJING

* (BEIJING BRANCH)

(5) 议付行

议付行(Negotiating Bank)指愿意买入受益人交来的跟单汇票的银行。议付行可以是信用证条款中指定的银行,也可以是非指定的银行,这由信用证的条款来规定。

△从 AVAILABLE WITH/BY *41D: ANY BANK IN CHINA BY NEGOTIATION 可看出,本信用证议付行是中国境内任何银行。

7. 信用证金额和币种

信用证金额是开证行所承担的付款责任的最高数额。有的信用证视交易需要会规定有一定比例的上下浮动幅度。

在 SWIFT 电文中,数字不使用分格号,小数点用逗号“,”来表示。

△本信用证对信用证金额和币种的规定是:

AMOUNT *32B: CURRENCY USD AMOUNT 23 000.00。

8. 费用条款

银行费用一般包括通知费、保兑费、承兑费、议付费、修改费等。我国的习惯做法是出口地的银行费用由出口方负担,进口地的银行费用由进口方负担。

△本信用证对费用条款的规定是:

CHARGES *71B: ALL CHARGES AND COMMISSIONS ARE FOR ACCOUNT OF BENEFICIARY。

其大意是:所有银行费用由受益人负责。

(二) 对汇票的说明

这里主要说明信用证对汇票的要求,如出票人(Drawer)、付款人/受票人(Payer/Drawee)、汇票金额(Draft Amount)、汇票期限(Tenor)、出票条款(Drawn Clause)等。不需汇票的信用证没有此项内容。

△本信用证对汇票说明的内容是:

DRAFTS AT... *42C:150 DAYS AFTER SIGHT

DRAWEE *42A: APPLICANT

其大意是:

汇票期限:见票后 150 天付款;

受票人:开证申请人。

(三) 对装运的说明

主要包括装运港(Port of Loading/Loading in Charge)、目的港(Port of Discharge/

for Transport to)、装运期(Latest Date of Shipment)、分批装运(Partial Shipments)和转运(Transhipment)规定。

△本信用证对装运说明的内容是：

PARTIAL SHIPMENT *43P: PROHIBITED

TRANSHIPMENT *43T: PROHIBITED

PORT OF LOADING *44E: MAIN PORT IN CHINA

PORT OF DISCHARGE *44F: LUANDA, ANGOLA

SHIPMENT PERIOD *44D: WITHIN A MONTH AFTER RECEIPT OF THE L/C

其大意是：

分批装运：不允许；

转运：不允许；

装运港：中国主要港口；

目的港：安哥拉罗安达港；

装运期：收到信用证后1个月内。

（四）对货物的说明

一般包括货物名称和规格(Description and Specification)、数量(Quantity)、单价(Unit Price)、总值(Total Amount)、包装(Packing)等。

△本信用证对货物说明的内容是：

DESCRIP. OF GOODS AND/OR SERVICES *45A: 2 000 pcs Baby Blanket (100% polyester) AT CIF LUANDA

STYLE NO.	QUANTITY	UNIT PRICE	AMOUNT
STYLE NO. LG03	1 000	USD 13.00/PC	USD 13 000.00
STYLE NO. SG06	1 000	USD 13.00/PC	USD 13 000.00

BLUE GREEN RED PURPLE WHITE EACH 100 PCS

PACKED IN EXPORT STANDARD CARTONS OF 20 PCS EACH.

可看出商品名称是：Baby Blanket(100% polyester)；

商品款号是：STYLE NO. LG03, STYLE NO. SG06；

颜色是：BLUE GREEN RED PURPLE WHITE EACH 100 PCS；

商品数量是：2 000 PCS；

商品单价是：USD 13.00/PC CIF LUANDA；

商品包装是：EXPORT STANDARD CARTONS OF 20 PCS EACH。

(五) 对单据的要求

主要规定应提交单据的名称、份数和具体要求。常见单据有商业发票(Commercial Invoice)、提单(Bill of Lading)、保险单(Insurance Policy)、原产地证书(Certificate of Origin)、检验证书(Inspection Certificate)、受益人证明书(Beneficiary's Certificate)、装船通知(Shipping Advice)、装箱单(Packing List)等。

△本信用证 DOCUMENTS REQUIED *46A 内容是对单据的要求,其大意是:

(1) 签名的商业发票一式四份。

(2) 装箱单一式三份。

(3) 由中国商会出具的原产地证。

(4) 保险单或保险凭证一式两份。空白背书,保险金额是发票金额的 120%,标明如有索赔,赔款在目的地所在国用汇票币种支付,投海洋运输一切险和战争险。

(5) 全套清洁已装船海运提单。提单标明 FREIGHT COLLECT,做成开证申请人抬头,标明通知方是信用证的开证人。

(6) 由受益人加注证明的其在装船后 3 天内给开证申请人发出的装船通知的传真副本。装船通知中应写明提单编号,装运货物的名称、数量和金额,包装件数,船名和航次以及装船日期。

(六) 特殊条款

特殊条款主要是根据进口国政治经济贸易情况的变化或每一笔具体交易的需要而做出的特别规定。

△本信用证 ADDITIONAL COND *47A 内容是信用证所规定的特殊条款,其大意是:

(1) 如果提交的单据带有不符点,一个不符点费用 50 美元将从支取的款项中扣除,无论我们是否向开证申请人询问能否接受不符点。

(2) 所有单据上都须写有信用证编号、日期和开证行的名称。

(3) 略式提单、背面空白提单、附有条件的提单(不洁提单)、过期提单、第三方提单、航空主运单及货运代理公司收据都不接受。

(4) 所有发票上都要写明 H. S. CODE NO. 63014000。

(七) 其他内容

1. 给议付行/付款行/承兑行的指示

一般包括偿付方式、寄单方式和议付金额背书条款等。如:

You are authorized to reimburse yourself for the amount of your negotiation by drawing as per arrangement on our account with United Bank Limited, London.

兹授权你行索偿你行议付金额，请按约定办法向伦敦联合银行我账户内支取。

△本信用证给银行指示的规定是 INSTRUCTIONS ＊78，其大意是：

（AA）到期偿付时，我行将会按照你行指示进行汇款。

（BB）偿付到期日将从议付日开始计算。

（CC）单据必须分连续两次航邮给我行。正本单据最好采用航空快递第一次寄送，副本单据第二次寄送。

（DD）支取的金额必须在信用证背面注明。

2. 开证行保证付款

常见的条款有：

We hereby undertake to honour all drafts drawn in accordance with terms of this credit.

凡按本信用证所列条款开具并提示的汇票，我行保证承兑。

We hereby engage with drawers and/or bona fide holders that draft(s) drawn and negotiated on presentation and that draft(s) accepted within the terms of this credit will be duly honoured at maturity.

我行向出票人及/或善意持有人保证：凡按本证条款开具及议付的汇票一经提交即予承兑；凡依本证条款承兑的汇票，到期即予照付。

We hereby engage with drawers, endorsers and bona fide holders of drafts drawn under and in compliance with the terms of this credit that such drafts shall be duly honoured on the presentation and delivery of documents as specified.

我行向根据本信用证并符合本信用证所开立的汇票的出票人、背书人及善意持有人保证，一旦提交规定的有关单据，汇票将被支付。

△本信用证无此规定，因为 SWIFT 信用证可省去开证行的承诺条款，但不因此免除银行所应承担的义务。

3. 适用惯例

在信用证里一般要明确该信用证所适用的国际惯例，作为买卖双方遵守的原则和依据。

完整的适用惯例条款规定为：

This credit is subject to the Uniform Customs and Practice for Documentary credits

(2007 Revision) International Chamber of Commerce publication No. 600.

本证根据国际商会 2007 年修订本第 600 号出版物《跟单信用证统一惯例》《UCP600》办理。

△本信用证对适用惯例的规定有两处：

APPLICABLE RULES ＊40E：UCP LATEST VERSION

SEND. TO REC. INFO. ＊72：EXCEPT SO FAR AS OTHERWISE EXPRESSLY STATED THIS CREDIT IS SUBJECT TO UNIFORM CUSTOMS AND PRACTICE FOR DOCUMENTARY CREDITS(2007 REVISION) I. C. C. PUBLICATION NO. 600.

第二步，找出信用证的问题条款。

根据 LW20120006 出口合同审核 DBLC20124501 信用证内容，找出问题条款。

首先，对照出口合同条款逐条审核信用证各款，将找出的问题或不符条款列出；

其次，核对出口合同，查看有无信用证漏开的出口合同条款。

信用证中的问题条款如下：

(1) EXPIRY ＊31D：信用证的有效期为 2012 年 6 月 28 日，与合同条款不符且过短，合同规定"15TH DAY AFTER THE DATE OF SHIPMENT"。而装运日是在收到信用证后 1 个月内，信用证是 2012 年 6 月 15 日收到，所以信用证的有效期为 2012 年 7 月 30 日左右较为合理。

(2) 有效地点为安哥拉有误，为掌握交单时间以保证安全收汇，我国出口业务中应争取有效地点在中国境内。

(3) AMOUNT ＊32B：金额 23 000 有误，应该是 26 000。

(4) DRAFT AT... ＊42C：汇票的付款期限"150 DAYS AFTER SIGHT"有误，正确的应是"60 DAYS AFTER SIGHT"。

(5) DRAWEE ＊42A：汇票的付款人是开证申请人不妥，应是开证行或开证行指定的银行，因为信用证是银行信用。

(6) PORT OF LOADING ＊44E：中国主要港口有误，与合同中规定的天津港不一致。

(7) TRANSHIPMENT ＊43T：转船运输是 PROHIBITED 有误，应是 ALLOWED。

(8) DESCRIPTION OF GOODS AND/OR SERVICES＊45A：款号是 STYLE NO. LG03、STYLE NO. SG06 有误，应是 STYLE NO. GL03、STYLE NO. GS06。

(9) DOCUMENTS REQUIED ＊46A：商业发票一式四份有误，合同中规定是一式三份。

(10) DOCUMENTS REQUIED ＊46A:提单标明 FREIGHT COLLECT 有误,应是 FREIGHT PREPAID;MADE OUT TO APPLICANT 有误,应该是 MADE OUT TO ORDER。

(11) DOCUMENTS REQUIED ＊46A:保险金额是发票金额的120%有误,应是发票金额的110%。

(12) CHARGES ＊71B:费用条款中,所有银行费用由受益人负担不妥。银行费用一般包括通知费、保兑费、承兑费、议付费、修改费等。我国的习惯做法是出口地的银行费用由出口方负担,进口地的银行费用由进口方负担。本证所有银行费用由受益人负担不妥,应是进口地以外的银行费用由受益人负担,即 ALLBANKING CHARGES OUTSIDE BANGLADESH ARE ON BENEFICIARY'S ACCOUNT。

知识链接与归纳(一)

一、信用证的定义及相关当事人

(一) 信用证的定义

《UCP600》中信用证的定义为:"Credit means any arrangement, however named or described, that is irrevocable and thereby constitutes a definite undertaking of the issuing bank to honour a complying presentation."即信用证意指一项约定,无论其如何命名或描述,该约定不可撤销并因此构成开证行对于相符提示予以兑付的确定承诺。

其中,相符提示(Complying Presentation)意指与信用证中的条款及条件、《UCP600》中所适用的规定及国际标准银行实务相一致的提示。兑付(Honour)意指:对于即期付款信用证即期付款;对于延期付款信用证发出延期付款承诺并到期付款;对于承兑信用证承兑由受益人出具的汇票并到期付款。

综上所述,信用证是开证银行根据进口人的请求和指示,向出口人开立的承诺在一定期限内凭规定的单据支付一定金额的书面文件。

(二) 信用证的相关当事人

信用证所涉及的当事人较复杂,主要包括以下几个当事人。

1. 开证申请人

开证申请人,又称开证人,是指向银行申请开立信用证的人,即进口人或实际买主。如果由银行自己主动开立信用证，则没有开证申请人。

2. 开证行

开证行是指接受开证人委托开立信用证的银行，一般为进口地的银行。

3. 受益人

受益人是指信用证中所指定的有权使用该证的人，一般为出口人或实际供货人。

4. 通知行

通知行是指受开证行委托，将信用证通知受益人的银行，通知行通常是出口地银行，它只证明信用证的真实性，并不承担其他义务。

5. 保兑行

保兑行是指根据开证行请求在信用证上加具保兑的银行。保兑行在信用证上加具保兑后，即对信用证独立负责，承担必须付款或议付的责任。

6. 议付行

议付行是指买入或贴现受益人按信用证现定提交的汇票或单据的银行。信用证中指定特定银行为议付行的，称为限制议付信用证；可由任何银行议付的信用证为公开议付信用证，或称自由议付信用证。在信用证业务中，议付行通常以受益人的指定人或汇票的善意持有人的身份出现，因此，当付款人拒付时，议付行对出票人（出口商）享有追索权。

7. 付款行

付款行是指信用证上规定的汇票付款人，在多数情况下，付款行就是开证行。付款行也可以是接受开证行委托代为付款的另一家银行。

（三）信用证的开立形式

信用证的开立形式有两种，即信开和电开。信开是指开证行以信函方式缮制信用证并签字后，以航空挂号信形式寄给国外的通知行，通知受益人。目前这种开证方式较少使用。电开是指开证行以电讯方式（SWIFT 报文）开出和通知的信用证，信用证有简电开和全电开两种。

1. 简电开信用证

此类信用证是将信用证金额、有效期等主要内容用电文预先通知受益人，采用 MT705 的 SWIFT 报文开立，其目的是让受益人早日备货。但由于内容不完善，在简电开信用证中往往注明“随寄证实书(Mail Confirmation to Follow)”。简电开信用证是无效的,受益人要注意在证实书未收到之前,千万不能仓促出货,万一证实书内容与简电开信用证有出入,有可能无法正常收款。

2. 全电开信用证

此类信用证是以电文形式开出的完整信用证。这种信用证是有效的,可以凭以交单收款,采用 MT700/701 的 SWIFT 报文开立。

二、SWIFT 信用证介绍

SWIFT(Society for Worldwide Interbank Financial Telecommunications,环球同业银行金融电讯协会),是一个国际银行间非营利性的国际合作组织,总部设在比利时的布鲁塞尔。SWIFT 运营着世界级的金融电文网络,银行和其他金融机构通过它与同业交换电文(Message)来完成金融交易。SWIFT 提供了 240 种以上电文标准。SWIFT 的电文标准格式已经成为国际银行间数据交换的标准语言。SWIFT 电文共有 10 类(Message Type,MT):

第 1 类:客户汇款与支票;

第 2 类:金融机构间头寸调拨;

第 3 类:资金市场交易;

第 4 类:托收与光票;

第 5 类:证券;

第 6 类:贵金属;

第 7 类:跟单信用证和保函;

第 8 类:旅行支票;

第 9 类:现金管理与账务;

第 0 类:SWIFT 系统电报。

除上述 10 类报文外,SWIFT 电文还有一个物殊类,即第 N 类——公共报文组。

可以看到,与信用证业务相关的电文类别应该是第 7 类,具体的格式代号和应用范围介绍如下:

格式种类	格式代号	应用范围
1	MT700/701	开立信用证
2	MT705	信用证预先通知
3	MT707	信用证修改
4	MT710/711	通知由第三家银行开立信用证
5	MT720/721	转让跟单信用证
6	MT730	确认收妥跟单信用证,并证实已通知受益人
7	MT732	发报行通知收报行有关单据已经被开证申请人接受
8	MT734	发报行通知收报行单证不符的拒付通知
9	MT740	发报行授权收报行偿付信用证项下的款项
10	MT742	发报行向收报行索偿
11	MT750	发报行通知收报行有关单据不符点,即"电提"
12	MT752	授权收报行在单据没有其他不符点的情况下可付款/承兑/议付
13	MT754	通知收报行单证相符,已承兑/付款/议付,并已经按批示寄单,即"通知电"
14	MT756	通知收报行,已偿付/付款

MT700 跟单信用证的电文格式及内容要求如下:

M/O	TAG(代码)	FIELD NAME(栏位名称)	CONTENT/OPTIONS(内容要求)
M	27	SEQUENCE OF TOTAL 电文页次	1n/1n 1 个数字/1 个数字
M	40A	FORM OF DOCUMENTARY CREDIT 信用证类别	24x 24 个字
M	20	DOCUMENTATY CREDIT NUMBER 信用证号码	16x 16 个字
O	23	REFERENCE TO PRE—ADVICE 预先通知号码	16x 16 个字
O	31C	DATE OF ISSUE 开证日期	6n 6 个数字
M	31D	DATE AND PLACE OF ISSUE 信用证有效期和有效地点	6n,29x 6 个数字,29 个字
O	51S	APPLICANT BANK 申请人的银行	A or D A 或 D

（续表）

M/O	TAG（代码）	FIELD NAME（栏位名称）	CONTENT/OPTIONS（内容要求）
M	50	APPLICANT 申请人	4 * 35x 4 行 * 35 个字
M	59	BENEFICIARY 受益人	4 * 35x 4 行 * 35 个字
M	32B	CURRENCY CODE, AMOUNT 币别代码和金额	3a,15n 3 个字母,15 个数字
O	39A	PERCENTAGE CREDIT AMOUNT TOLERANCE 信用证金额上下浮动允许的最大范围	4 * 35x 4 行 * 35 个字
O	39B	MAXIMUM CREDIT AMOUNT 信用证最大限制金额	13x 13 个字
O	39C	ADDITIONAL AMOUNTS COVERED 可附加金额	4 * 35x 4 行 * 35 个字
M	41A	AVAILABLE WITH...BY 指定的有关银行及信用证兑付的方式	A or D A 或 D
O	42A	DRAWEE 汇票付款人	A or D A 或 D
O	42C	DRAFTS AT 汇票付款日期	3 * 35x 3 行 * 35 个字
O	42M	MIXED PAYMENT DETAILS 混合付款条款	4 * 35x 4 行 * 35 个字
O	42P	DEFERRED PAYMENT DETAILS 延迟付款条款	4 * 35x 4 行 * 35 个字
O	43P	PARTIAL SHIPMENTS 分装条款	1 * 35x 1 行 * 35 个字
O	43T	TRANSSHIPMENT 转运条款	1 * 35x 1 行 * 35 个字
O	44A	LOADING ON BOARD/DISPATCH/TAKING IN CHARGE AT/FORM 装船、发运和接收监管的地点	1 * 65x 1 行 * 65 个字
O	44B	FOR TRANSPORTATION TO 货物发运的最终地	1 * 65x 1 行 * 65 个字

（续表）

M/O	TAG（代码）	FIELD NAME（栏位名称）	CONTENT/OPTIONS（内容要求）
O	44C	LATEST DATE OF SHIPMENT 最后装船期	6n 6 个数字
O	44D	SHIPMENT PERIOD 装运期间	6 * 65x 6 行 * 65 个字
O	45A	DESCRIPTION OF GOODS AND/OR SERVICES 货物描述及/或交易条件	50 * 65x 50 行 * 65 个字
O	46A	DOCUMENTS REQUIRED 单据要求	50 * 65x 50 行 * 65 个字
O	47A	ADDITIONAL CONDITIONS 特别条款	50 * 65x 50 行 * 65 个字
O	71B	CHARGES 费用	6 * 35x 6 行 * 35 个字
O	48	PERIOD FOR PRESENTATION 提示期间	4 * 35x 4 行 * 35 个字
M	49	CONFIRMATION INSTRUCTIONS 保兑指示	7x 7 个字
O	53A	REIMBURSEMENT BANK 偿付行	A or D A 或 D
O	57A	"ADVISING THROUGH" BANK 收讯银行以外的通知行	A or D A 或 D
O	72	SENDER TO RECEIVER INFORMATION 银行间的通知	6 * 35x 6 行 * 35 个字
O	78	INSTRUCTION TO THE PAYING/ACCEPTING/NEGOTIATING BANK 给付款行、承兑行、议付行的指示	12 * 65x 12 行 * 65 个字

注：M/O 为 Mandatory 与 Optional 的缩写，前者指必选项目，后者指可选项目。

三、信用证支付的程序

采用信用证方式结算货款，从进口人向银行申请开出信用证，到开证行付款后又向进口人收回垫款，包括以下几个最基本的环节：

(1) 进出口人在贸易合同中,规定使用信用证方式支付。

(2) 进口人向当地银行提出申请,填写开证申请书,依照合同填写各项规定和要求,并交纳押金或提供其他保证,请银行(开证行)开证。

(3) 开证行根据申请书内容,向受益人(出口人)开出信用证,并寄交出口人所在地通知行。

(4) 通知行鉴定信用证表面真实性后通知受益人(出口人)。

(5) 出口人审核信用证,若发现信用证条件与合同条件不符,可退回开证行要求改证;也可维持信用证条件不变更,则合同相关条件失效。若信用证条件与合同条件相符,则出口人按信用证规定装运货物,并备齐各种货运单据,开立汇票,在信用证规定的交单期和有效期内送交当地银行(议付行)议付。

(6) 议付行按信用证条款审核单证,认为"单证一致""单单一致"后,按汇票金额扣除贴息和手续费,将余额垫付给出口人。议付后,议付行在信用证背面做有关议付事项的必要记录,即背批,以防超额和重复议付。

(7) 议付行将汇票和货运单据分次寄往开证行或付款行索偿,以防邮递过程中单据发生遗失现象。

(8) 开证行或付款行核对单据无误后,付款给议付行。

(9) 开证行通知进口人付款赎单。

(10) 进口人付款赎单。倘若进口人验单时发现单证不符,有权拒绝付款赎单,这样,开证行就有可能造成损失。而且,开证行不能以验单时未发现单据不符为由向议付行要求退款。

信用证业务一般流转程序如图 1-1 所示。

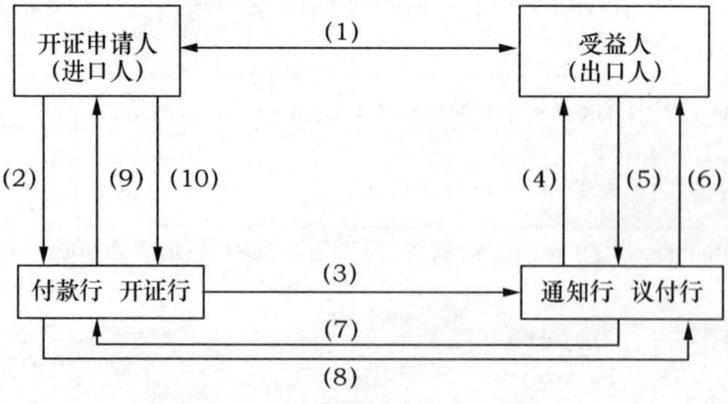

图 1-1 信用证业务一般流转程序

四、信用证的开立

进口方与出口方签订国际贸易货物进出口合同并确认以信用证为结算方式后,即由进口方向有关银行申请开立信用证。开证申请是整个进口信用证处理实务的第一个环节,进口方应根据合同规定的时间或在规定的装船前一定时间内申请开证,并填制开证申请书,开证行根据有关规定收取开证押金和开证费用后开出信用证。

开证申请人(进口方)在向开证行申请开证时必须填制开证申请书。开证申请书是开证申请人对开证行的付款指示,也是开证申请人与开证行之间的一种书面契约,它规定了开证申请人与开证行的责任。在这一契约中,开证行只是开证申请人的付款代理人。开证申请书主要依据贸易合同中的有关主要条款填制,开证申请人填制后附合同副本一并提交银行,供银行参考、核对。但信用证一经开立则独立于合同,因而在填写开证申请书时应审慎查核合同的主要条款,并将其列入申请书中。

一般情况下,开证申请书都由开证银行事先印就,以便申请人直接填制。开证申请书通常为一式两联,申请人除填写正面内容外,还须签具背面的"开证申请人承诺书"。以下为不可撤销跟单信用证开证申请书。

信用证开证申请书

IRREVOCABLE DOCUMENTARY CREDIT APPLICATION

TO: L/C No.

Date:

<table>
<tr><td colspan="2">Applicant</td><td>Beneficiary(full name, address and tel etc.)</td></tr>
<tr><td>Partial shipments ( ) allowed ( ) not allowed</td><td>Transhipment ( ) allowed ( ) not allowed</td><td>issued by ( ) teletransmission ( ) express delivery</td></tr>
<tr><td colspan="2">Loading on board/dispatch/taking in charge at/from

Not later than
For transportation to</td><td>Contract No.:
Credit Amount (both in figures and words):

Trade Term: ( ) FOB ( ) CFR ( ) CIF ( ) Others</td></tr>
</table>

<table>
<tr><td rowspan="2">Description of goods:

SEE ATTACHMENT</td><td>Date and place of expiry:</td></tr>
<tr><td>Credit available with
( ) by sight payment ( ) by acceptance
( ) by negotiation
( ) by deferred payment at against the documents detailed herein
( ) and beneficiary's draft for of invoice value at on</td></tr>
<tr><td colspan="2">Documents required: (marked with X)
1. ( ) Signed commercial invoice in copies indicating L/C No. and Contract No.
2. ( ) Full set of clean on board Bills of Lading made out [ ] to order/ [ ] to the order of and blank endorsed, marked " freight [ ] prepaid/ [ ] to collect showing freight amount" notifying [ ] the applicant/ [ ]
3. ( ) Air Waybills showing "freight [ ] prepaid/ [ ] to collect indicating freight amount" and consigned to
4. ( ) Insurance Policy/Certificate in 3 copies for 110% of the invoice value showing claims payable in China in currency of the draft, blank endorsed, covering ([ ] Ocean Marine Transportation/ [ ] Air Transportation/[ ] Over Land Transportation) All Risks, War Risks/[ ]
5. ( ) Packing list/Weight Memo in 3 copies indicating
6. ( ) Certificate of Quantity/Weight in 3 copies issued by [ ] manufacturer/ [ ] Seller/ [ ] independent surveyor at the loading port, indicating the actual surveyed quantity/ weight of shipped goods as well as the packing condition
7. ( ) Certificate of Quality in 3 copies issued by [ ] manufacturer/ [ ] public recognized surveyor/ [ ]
8. ( ) Beneficiary's Certified copy of fax dispatched to the applicant within 2 days after shipment advising the contract number, name of commodity, quantity, invoice value, bill of loading, bill of loading date, the ETA date and shipping Co.
9. ( ) Beneficiary's Certificate certifying that extra copies of the documents have been dispatched to the [ ] applicant/ [ ]
10. ( ) Certificate of Origin in copies certifying
11. ( ) Other documents, if any:
Additional instruction: (marked with X)
1. ( ) All banking charges outside the opening bank are for beneficiary's account
2. ( ) Documents must be presented within 21 days after the date of issuance of the transport documents but within the validity of this credit
3. ( ) Third party as shipper is not acceptable, Short Form/Blank B/L is not acceptable
4. ( ) Both quantity and amount % more or less are allowed
5. ( ) All documents to be forwarded in one lot by express unless otherwise stated above
6. ( ) Other terms, if any</td></tr>
</table>

<table>
<tr><td>For banks use only</td><td rowspan="2">我公司承担本申请书背面所列责任及承诺，并保证按照办理。

（申请人名称及印鉴章）

RMB A/C No.
USD or (　) A/C No.
联系人：　　　　电话：</td></tr>
<tr><td>Seal and / or Signature　　checked by
(　　　)
L/C Margin　　%　　checked by
(　　　)
Credit Facility　　checked by
(　　　)

Ent (　　　)　Ver (　　　)　App
(　　　)
Date:</td></tr>
</table>

五、信用证的审核

信用证付款方式强调“单单相符”“单证相符”的“严格符合”原则，如果受益人(通常为出口商)提供的单据有错漏，不仅会产生额外的费用，而且还会遭到开证行的拒付，给安全、及时收汇带来很大的风险。事先对信用证条款进行审核，对于不符合出口合同规定或无法办到的信用证条款及时提请开证人(通常为进口商)进行修改，可以大大避免今后不符合信用证规定情况的发生。

根据国际通常做法，审核信用证由出口商和通知行共同进行。出口商核对信用证与合同是否相符，审查来证条款、单据种类、价格条款等；而通知行则负责审查信用证的可靠性和有效性。

（一）出口商审核信用证

出口商能否做到信用证所载事项，关系到其能否安全收汇。因此，出口商的业务员应仔细审核信用证，并且首先要审核信用证通知书。

1. 审核信用证通知书

(1) 若信用证通知书上表示“押未核仅供参考”等内容，出口商不能盲目准备生产货物，应催促通知行尽快确认信用证的真实性。

(2) 若通知行告知该信用证为预先通知信用证，在信用证通知书上表示“未生效”，则要谨慎处理。因为预先通知信用证在法律上是无效的，只有开证行随后寄来信用证证实书之后才生效。

2. 审核信用证

(1) 审核信用证的依据

① 外贸合同。信用证依据合同开具，其内容应与合同相符。但实际业务中，

信用证条款经常与合同条款不一致。卖方如果不能履行信用证条款,就无法凭信用证收款;如果不按外贸合同履行义务,又会遭到买方索赔甚至诉讼。所以,信用证条款与外贸合同条款一致,卖方才能顺利履行合同。因此,审查信用证条款时,首先应依据外贸合同逐条审核。

②《UCP600》。《UCP600》反映了跟单信用证项下各方当事人所应当遵从的做法,适用于所有在正文中标明按本惯例办理的跟单信用证或在信用证中没有明确声明不受该惯例约束的信用证。因此,外贸单证员审核信用证时,应遵循《UCP600》的规定来确定是否可以接受信用证的某些条款。例如,若出口商不想接受"可转让"(Transferable)信用证,就要看信用证中是否注明"Transferable"字样;若没有此字样,根据《UCP600》第 38 条 b 款规定,该信用证就是不可转让的信用证。

③ 业务情况。对于外贸合同未规定或无法根据《UCP600》的规定来做出判断的信用证条款,外贸单证员应根据业务实际情况来审核,即要考虑信用证条款对安全收汇的影响程度、进出口国的法令和法规以及开证申请人与受益人的商业习惯等。

(2) 审核信用证的步骤

第一步,熟悉外贸合同条款内容;

第二步,对照外贸合同,按照可操作性原则,逐条审核信用证各条款;

第三步,核对外贸合同,看信用证有无漏开的外贸合同条款;

第四步,列出信用证中与合同不相符的条款及问题条款。

(3) 审核信用证的要点

① 信用证的当事人。开证申请人、受益人的名称和地址是否准确;通知行是何种身份,即是否是付款行、限制议付行、保兑行等。

② 信用证的类型。根据《UCP600》的规定,信用证应是不可撤销的。若信用证中明确注明"Revocable",则不应接受。

③ 信用证金额。信用证金额的币种与数额应与合同相符,金额应与单价和货量相称,大小写金额相等。若外贸合同订有商品数量的"溢短装"条款时,信用证金额也应规定相应的机动幅度;若所开的信用证金额已扣除佣金,则不能在信用证上再出现"议付行内扣佣金"等词句。

④ 信用证的有效期、交单期、装运期。《UCP600》第 6 条 d 款规定,信用证必须规定提示单据的有效期限。规定的用于兑付或者议付的有效期限将被认为是提示单据的有效期限,即信用证的有效期是指受益人交单取款的最后期限(截止日)。未注明有效期的信用证是无效的,晚于有效期的交单也是无效的。

交单期即受益人取得提单后提交符合信用证条款的单据的特定期限。若信用证中无此期限的规定，按《UCP600》第 14 条 c 款规定，如果单据中包含一份或多份按《UCP600》第 19 条、20 条、21 条、22 条、23 条、24 条或 25 条出具的正本运输单据，应在不迟于装运日后的 21 个公历日内提交，但无论如何不得迟于信用证的到期日（有效期）。

装运期是指卖方将货物装上运往目的地（港）的运输工具或交付给承运人的日期。若信用中未规定装运期，则最迟装运期与信用证的截止日（有效期）为同一天，即通常所称的“双到期”。在这种情况下，应在信用证到期日前提早几天将货物装上运输工具或交给承运人，以便留出足够时间制备单据向银行交单办理议付、承兑或付款。在实际业务操作中，装运期应早于信用证的有效期(一般为信用证截止日前 10 天)，以便卖方有合理时间来制单结汇。

⑤ 交单地点。信用证一般在规定交单截止日时还会规定交单地点。交单地点可以是出口国、进口国、第三国。若交单地在进口国或第三国，出口商由于寄单费时，且有延误的可能和丢单的风险，出口商处于不利地位。因此，出口商应争取在出口国交单。

⑥ 汇票条款。审核汇票的期限、汇票付款人是否合理。汇票付款人应是开证行或其指定的付款行，因信用证是银行信用，开证行或付款行承担第一付款责任。

⑦ 货物描述。审核信用证中货物的名称、货号、规格、包装、合同号码等内容是否与外贸合同一致。

⑧ 价格条件。信用证中应有价格条件，且应与合同中的价格条件一致，否则应修改信用证。例如，合同规定的价格条件为 CFR，而信用证规定为 CIF。此时出口商可提出按合同修改信用证的价格条件；或出口商承担 CIF 术语的责任和费用，但信用证中应加注保险费与货款一起支取的条款。如果信用证总金额不够，则需修改信用证的总金额。

⑨ 装运条款。信用证运输条款中的装运港（地）和目的港（地），应与合同相符。如果合同中没有做出明确的规定，出口商事先也无法确定装运口岸，最好通知进口商开证时在起运港栏目中同时指定几个港口，以供受益人选择，或仅写“中国口岸”；交货地点也必须与价格条款相一致；信用证中通常应表明是否允许分批装运及/或转运，若没有注明，则视为允许分批装运及/或转运。若信用证允许分批，且又对每批货物的数量、品种、装运时间等加以限制，出口商应考虑实际可能性，看能否在规定的时间内备齐货物、能否租到船只等，如不能做到，应要求修改信用证。

因为《UCP600》第 32 条规定,若信用证规定在指定的时间段内分期付款或分期发运,任何一期未按信用证规定期限付款或发运时,信用证对该期及以后各期均告失效。如果信用证不允许转船(运),但装运港或目的港泊位较少、条件较差,无直达船或固定船期等,应要求改证;若信用证中指定了唛头,则应按指定的唛头刷唛,若做不到则应要求改证。另外,还要考虑运输工具限制是否过严,如果信用证对船龄、船籍、船公司或港口等有限制条款,则要考虑能否办到。

⑩ 保险条款。若信用证要求投保险别或投保金额超出了外贸合同的规定,除非信用证表明由此产生的费用由开证申请人承担并允许在信用证项下支取,否则应予以修改。

⑪ 单据条款。要注意审核信用证中要求的单据种类,看要求提供的各种单据是否明确、是否能取得,单据种类是否与交易条件相符,如空运方式下要求提供海运提单,FOB 条件下要求提供保险单;审核单据的份数;审核信用证中对单据制作内容的要求,若对受益人不利,则要求修改信用证。例如,信用证及合同中规定的是 FOB 价格条件,但信用证要求提单制成"运费预付",此时,出口商应要求修改信用证此条款。

⑫ 银行费用条款。一般情况下,出口商银行费用由受益人承担,进口商银行费用由开证申请人承担。

⑬ 信用证的"软条款"。信用证中的"软条款"(Soft Clause),在我国有时也称为"陷阱条款"(Pitfall Clause),是指在不可撤销的信用证项下加列一种条款,使出口商不能如期发货,据此条款开证申请人(买方)或开证行具有单方面随时解除付款责任的主动权,即买方完全控制整笔交易,受益人处于受制于人的地位,是否付款完全取决于买方的意愿。常见的"软条款"归纳如下:a. 开证申请人(买方)通知船公司、船名、装船日期、目的港、验货人等,受益人才能装船。此条款使卖方装船完全由买方控制。b. 信用证开出后暂不生效,待进口许可证签发后通知生效,或待货样经申请人确认后生效。此类条款使出口货物能否装运完全取决于买方,卖方则处于被动地位。卖方见信用证才能投产,生产难安排,装运期紧,出运有困难。c. 1/3 正本提单直接寄开证申请人。买方可能持此单先行将货提走。d. 记名提单,承运人可凭收货人合法身份证明交货,不必提交本提单。e. 信用证到期地点在开证行所在国,卖方将单据寄到开证行时已过议付有效期。f. 卖方议付时需提交买方在目的港的收货证明。g. 含空运提单的条款,提货人签字就可提货,不需交单,货权难以控制。有的信用证规定提单发货人为开证申请人或客户,可能被不法商人利用此特殊条款进行无单提货。h. 品质检验证书须由开证申请人或其授

权者签发,由开证行核实,并与开证行印鉴相符。采用买方国商品检验标准,此条款使得卖方由于采用本国标准,而无法达到买方国标准,信用证失效。i. 收货收据须由开证申请人签发或核实。此条款使买方拖延验货,致使信用证失效。j. 条款自相矛盾,即规定允许提交联运提单,又规定禁止转船。k. 规定受益人不易提交的单据,如要求使用 CMR 运输单据(我国没有参加《国际公路货物运输合同公约》,所以我国的承运人无法开出 CMR 运输单据)。l. 一票货物,而信用证要求就每个包装单位分别缮制提单。m. 本证经当局(进口国当局)审批才生效,未生效前不许装运。n. 易腐货物要求受益人先寄一份提单,持此单可先行提货。o. 货款须于货物运抵目的地经外汇管理局核准后付款。

这种附带"软条款"的信用证实际上变成了随时可以撤销或永远无法生效的信用证,银行中立担保付款的职能完全丧失。带有此种条款的信用证实质上是变相的可撤销信用证,极易造成单证不符而遭开证行拒付。买方凭借信用证"软条款"还可以骗取卖方的保证金、质押金、履约金、开证费等。

(二) 通知行审核信用证

银行审核信用证主要在以下两个方面:

(1) 信用证的密押及开证行资信的审查。这是安全收汇的基础,是银行审核信用证最主要的一环。

(2) 对信用证责任条款的审查。信用证应有保证付款的明确表示。若信用证是保兑的,保兑行的责任也应明确。开证行明确其责任的条款一般在信用证的最后一部分,其内容为"我们保证及时对所有根据本信用证开立的,并与信用证所规定相符的汇票负责兑付"。

信用证经受益人和通知行审核后,对于可以接受的,受益人要按信用证条件抓紧备货、出运、制单;对于要经修改才能接受的,要抓紧提出修改意见;对于不能接受的,诸如开证行的资信有问题,信用证条款不全、前后矛盾,单证要求不符或不能办到等,由通知行联系开证行澄清,或由受益人与买方交涉。

任务3:改证

操作过程

第一步:对信用证的问题条款进行分类。

王芳针对信用证的问题条款性质进行了如下分类:

第一类,对出口方有利,又不影响对方利益。此类问题条款可以不修改。例如,信用证中装运港为中国主要港口,与合同中的天津港不一致,但按信用证的规定,出口方可选择的装运港增多了,对出口方是有利的,又不影响进口方利益。

第二类,对出口方不利,但不增加或基本不增加出口方成本。此类问题条款可以不修改。例如,多要了一份商业发票,出口方缮制发票很容易,也不影响备货装运,基本上不增加出口成本,则可以不改。

第三类,对出口方不利,又对成本增加有较大影响。对于此类问题条款,若进口方愿意承担此成本则可以不改,否则必须改。例如,信用证保险单据条款中投保金额"120% INVOICE VALUE"错误,正确的应是"110% OF THE TOTAL INVOICE VALUE"。若进口方愿意多承担10%的保险费,则可以不改。

第四类,对出口方不利,若不修改会严重影响出口方安全收汇。此类问题条款应坚决修改。例如,信用证的有效期为2012年6月28日,与合同条款不符且过短,出口方还没来得及出口结汇,信用证已过有效期,无法收汇,则坚决修改。

第二步:王芳针对第三类和第四类问题条款提出修改意见。

(1) DATE AND PLACE OF EXPIRY *31D:信用证的有效期改为2012年7月30日,交单地点改为中国。

(2) AMOUNT *32B:金额改为26 000.00。

(3) DRAFT AT... *42C:汇票的付款期限改为"60 DAYS AFTER SIGHT"。

(4) DRAWEE *42A:汇票的付款人改为开证行或开证行指定的银行。

(5) TRANSHIPMENT *43T:转船运输改为ALLOWED。

(6) DESCRIPTION OF GOODS *45A:款号改为STYLE NO. GL03,STYLE NO. GS06。

(7) DOCUMENTS REQUIED *46A:提单标明的内容改为"FREIGHT PREPAID",提单抬头改为"MADE OUT TO ORDER"。

(8) DOCUMENTS REQUIED *46A:保险金额改为发票金额的110%。

(9) CHARGES *71B:银行费用负担方式改为"进口地以外的银行费用由受益人负担",即"ALL BANKING CHARGES OUTSIDE BANGLADESH ARE ON BENEFICIARY'S ACCOUNT"。

第三步:王芳将改证建议提交给外贸业务员老张。

2012年6月16日,老张采纳了王芳的合理改证建议,当天给FERREIRA TRADING CO. LTD公司发改证函。FERREIRA TRADING CO. LTD公司同意改证要求,向HSBC BANK,ANGOLA BRANCH提出改证申请。

2012年6月22日,中国银行北京分行通知北京蓝天贸易有限公司HSBC

BANK, ANGOLA BRANCH 的信用证修改书(Amendment to a documentary credit)已到。信用证修改书的内容如下：

MT707 AMENDMENT TO A DOCUMENTARY CREDIT

SENDER	HSBC BANK, ANGOLA BRANCH
RECEIVER	BANK OF CHINA, BEIJING
SENDER'S REFERENCE 20:	FFF07699
RECEIVER'S REFERENCE 21:	NON
DATE OF ISSUE 31C:	120614
NUMBER OF AMENDMENT 26E:	01
NEW DATE AND PLACE OF EXPIRY 31E:	DATE120730 PLACE IN CHINA

INCREASE OF DOCUMENTARY CREDIT AMOUNT 32B:
CURRENCY USD AMOUNT 3 000.00

NEW DOCUMENTARY CREDIT AMOUNT AFTER AMENDMENT 34B:
CURRENCY USD AMOUNT 26 000.00

NARRATIVE 79:

① UNDER FIELD 42C AMENDED TO: 60 DAYS AFTER SIGHT.

② UNDER FIELD 42A AMENDED TO: ISSUING BANK.

③ UNDER FIELD 43T AMENDED TO: ALLOWED.

④ UNDER FIELD 45A AMENDED TO: STYLE NO. GL03, STYLE NO. GS06.

⑤ UNDER FIELD 46A, THE AMOUNT INSURED AMENDED TO: 110% INVOICE VALUE.

⑥ UNDER FIELD 46A, THE CONSIGNEE OF B/L AMENDED TO: TO ORDER. AND MARKED FREIGHT PREPAID.

⑦ UNDER FIELD 71B AMENDED TO: ALL CHARGES AND COMMISSIONS OUTSIDE ANGOLA ARE FOR ACCOUNT OF BENEFICIARY.

OTHER TERMS AND CONDITIONS REMAIN UNCHANGED.

AMENDMENT FEE USD 25.00 AND CABLE FEE USD 30.00 ARE FOR A/C OF APPLICANT. SUBJECT TO UCPDC (2007 REVISION) ICC PUB. NO.600.

第四步:通知银行接受修改书内容。

王芳审核了信用证修改书,发现开证行已将问题条款全部修改,所以通知中国银行北京分行同意修改。在接受改证后,信用证修改书成了原信用证的组成部分,并替代原信用证对应条款而使其失效。修改后的信用证内容如下：

MT 700		ISSUE OF A DOCUMENTARY CREDIT
SENDER		HSBC BANK, ANGOLA BRANCH
RECEIVER		BANK OF CHINA BEIJING BRANCH, BEIJING, CHINA
SEQUENCE OF TOTAL	27:	1/1
FORM OF DOC. CREDIT	40A:	IRREVOCABLE
DOC. CREDIT NUMBER	20:	DBLC20124501
DATE OF ISSUE	31C:	120614
APPLICABLE RULES	40E:	UCP LATEST VERSION
DATE AND PLACE OF EXPIRY.	31D:	DATE 120730 PLACE IN CHINA
APPLICANT	50:	FERREIRA TRADING CO. LTD ADD: RUA 21 DE JANEIRO N. 21, LUANDA ANGOLA
BENEFICIARY	59:	BEIJING BLUE SKY TRADING CO., LTD. Address: NO.6 CHAOWAI STREET, BEIJING CHINA
AMOUNT	32B:	CURRENCY USD AMOUNT 26 000.00
AVAILABLE WITH/BY	41D:	ANY BANK IN CHINA, BY NEGOTIATION
DRAFTS AT...	42C:	60 DAYS AFTER SIGHT
DRAWEE	42A:	ISSUING BANK
PORT OF LOADING	44E:	MAIN PORT IN CHINA
PORT OF DISCHARGE	44F:	LUANDA, ANGOLA
PARTIAL SHIPMENT	43P:	PROHIBITED
TRANSHIPMENT	43T:	ALLOWED
SHIPMENT PERIOD	44D:	WITHIN A MONTH AFTER RECEIPT OF THE L/C
DESCRIPTION OF GOODS AND/ OR SERVICES	45A:	2 000 pcs Baby Blanket(100% polyester) AT CIF LUANDA STYLE NO. QUANTITY UNIT PRICE AMOUNT STYLE NO. GL03 1 000 USD 13.00/PC USD 13 000.00 STYLE NO. GS06 1 000 USD 13.00/PC USD 13 000.00 BLUE GREEN RED PURPLE WHITE EACH 100 PCS PACKED IN EXPORT STANDARD CARTONS OF 20 PCS EACH.
DOCUMENTS REQUIRED	46A:	+ SIGNED COMMERCIAL INVOICE IN FOUR COPIES. + PACKING LIST IN TRIPLICATE. + CERTIFICATE OF CHINESE ORIGIN CERTIFIED BY CHAMBER OF COMMERCE. + INSURANCE POLICY/CERTIFICATE IN DUPLICATE ENDORSED IN BLANK FOR 110% INVOICE VALUE, COVERING ALL RISKS AND WAR RISK OF PICC (1/1/1981), SHOWING CLAIMS

		IF ANY, PAYABLE AT THE PORT OF DESTINATION IN CURRENCY OF THE DRAFT. + FULL SET OF CLEAN 'ON BOARD' OCEAN BILLS OF LADING MADE OUT TO ORDER MARKED FREIGHT PREPAID AND NOTIFY APPLICANT. + BENEFICIARY'S CERTIFIED COPY OF FAX DISPATCHED TO THE BUYER WITHIN THREE DAYS AFTER SHIPMENT ADVISING B/L NO., NAME, QUANTITY AND AMOUNT OF GOODS NUMBER OF PACKAGE, NAME OF VESSEL AND VOYAGE NO., AND DATE OF SHIPMENT.
ADDITIONAL CONDITION	47A:	+ ALL PRESENTATIONS CONTAINING DISCREPANCIES WILL ATTRACT A DISCREPANCY FEE OF USD 50.00. THIS CHARGE WILL BE DEDUCTED FROM THE BILL AMOUNT WHETHER OR NOT WE ELECT TO CONSULT THE APPLICANT FOR A WAIVER. + THE NUMBER AND THE DATE OF THIS CREDIT AND THE NAME OF ISSUING BANK MUST BE QUOTED ON ALL DOCUMENTS. + SHORT FORM, BLANK BACK, CLAUSED, STALE, AND THIRD PARTY B/L, MASTER AIRWAY BILL OR FORWARDING CARGO RECEIPT NOT ACCEPTABLE. + H.S. CODE NO. 63014000 MUST APPEAR ON ALL INVOICES..
CHARGES	71B:	ALL CHARGES AND COMMISSIONS OUTSIDE ANGOLA ARE FOR ACCOUNT OF BENEFICIARY.
PERIOD FOR PRESENTATION	48	WITHIN 5 DAYS AFTER THE DATE OF SHIPMENT, BUT WITHIN THE VALIDITY OF THIS CREDIT.
CONFIRMATION INSTRUCTION	49:	WITHOUT
INSTRUCTIONS	78	(AA) IN REIMBURSEMENT ON DUE DATE REMITTANCE WILL BE MADE AS PER YOUR INSRUCTION. (BB) DUE DATE WILL BE COUNTED FROM THE DATE OF NEGOTIATION. (CC) DOCUMENTS TO BE FORWAREDED TO US BY AIRMAIL IN TWO CONSECUTIVE LOTS. ALL ORIGINALS BY 1ST MAIL PREFERABLY BY COURIER AND DUPLICATE BY SUBSEQUENT 2ND MAIL. (DD) THE AMOUNT(S) DRAWN MUST BE ENDORSED ON THE REVERSE OF THIS LETTER OF CREDIT.

ADVISE THROUGH	57A	BKCHCNBJ110 * BANK OF CHINA * BEIJING * (BEIJING BRANCH)
SEND. TO REC. INFO	72	EXCEPT SO FAR AS OTHERWISE EXPRESSLY STATED THIS CREDIT IS SUBJECT TO UNIFORM CUSTOMS AND PRACTICE FOR DOCUMENTARY CREDITS(2007 REVISION) I. C. C. PUBLICATION NO. 600.

知识链接与归纳（二）

修改信用证(Amendment or Modification to Credit)是指对已开立的信用证的某些条款进行修改的行为。信用证是以合同为基础开立的,其中所列条款应与合同规定相符,但信用证又与合同彼此相互独立。银行结汇依据是信用证,不管合同,即使信用证援引合同,银行也与之毫无关系而并不受其约束。因此,信用证一经受益人接受,其中条款与合同有出入者,须按信用证办事,但买方接到与合同不符的货物或单据,仍可以按合同追究卖方责任;海关发现单货不符,可依海关条例处罚拒关,甚至追究刑事责任,以偷税漏税或走私罪论处。因此,受益人收到银行送来的信用证,必须以合同为依据逐项逐句地审核。如发现信用证与合同有出入、有无法办到的事项或有语句含糊不清等情况,应立即电请开证人修改。

一、改证的情形

信用证的修改形式上都是由买方向开证行提出,但实际上既可能是买方也可能是卖方。卖方提出修改通常因信用证与合同不符,或某些条款卖方无法办到,如信用证规定不准转运,船公司却无直接到达目的地的船只等。买方提出修改通常由于本国或国际形势变化,如进口国要求进口商品必须提交新的单据等。银行开证有时也会出现偏差,如字母打错、地名打错等,或遗漏某个项目,发现后也需要修改。具体情形有:

1. 信用证与合同不符

如果信用证与合同有实质性出入,例如商品品名、数量、包装、金额、贸易术语、交货或装卸地点等交易条件与合同不符,受益人应要求开证申请人修改信用证;若信用证规定严于合同,受益人也应要求修改信用证。

2. 受益人要求展期

受益人可能因船期、舱位等运输工具方面的原因,或因货源、生产事故、社会动荡等原因,无法按时备货或无法按期装运,从而要求信用证展期,此时需要修改信用证。

3. 开证申请人要求增加商品数量、金额或改变保险事项

由于信用证项下的商品在开证申请人所在国很畅销,为了能获得更多的货源,与受益人协商后,开证申请人向开证行提出增加商品数量、金额而改证;或因运输方式、运输途径改变,或进出口国经济条例、政治局势发生变化(如发生战争)等原因,要求改变保险险别和装运条件而改证。

二、改证的原则与注意事项

(一) 改证的原则

对于审证后发现的信用证问题条款,受益人应遵循"利己不损人"的原则,要求开证申请人修改,具体来讲有以下几方面:

(1) 对出口方不利,但不增加或基本不增加出口方成本的问题条款可以不修改。

(2) 对出口方不利,又对成本增加有较大影响的问题条款,若进口方愿意承担此成本则可以不改,否则必须改。

(3) 对出口方不利,若不修改会严重影响出口方安全收汇的问题条款,则坚决修改。

(4) 对出口方有利但会严重影响对方利益的问题条款,一定要改。

(5) 对出口方有利又不影响对方利益的问题条款,一般不改。

(二) 改证的注意事项

信用证的受益人在改证业务中,应注意以下几个事项。

1. 必须修改的内容

对于信用证中必须修改的内容,出口方应尽快一次性通知开证申请人,并提出具体的修改意见,商请开证申请人提请开证行进行修改。

2.《UCP600》对改证的规定

《UCP600》第10条对信用证的修改做了如下规定:

(1)《UCP600》第10条a款规定,除第38条另有规定外,凡未经开证行、保兑行(如有)以及受益人同意,信用证既不能修改也不能撤销。

(2)《UCP600》第 10 条 b 款规定，自发出信用证修改书之时起，开证行就不可撤销地受其发出修改的约束。保兑行可将其保兑承诺扩展至修改内容，且自其通知该修改之时起，即不可撤销地受到该修改的约束。然而，保兑行可选择仅将修改通知受益人而不对其加具保兑，但必须不延误地将此情况通知开证行和受益人。

(3)《UCP600》第 10 条 c 款规定，在受益人向通知修改的银行表示接受该修改内容之前，原信用证(或包含先前已被接受修改的信用证)的条款和条件对受益人仍然有效。受益人应发出接受或拒绝接受修改的通知。如果受益人未提供上述通知，当其提交至被指定银行或开证行的单据与信用证以及尚未表示接受的修改的要求一致时，则该事实即视为受益人已做出接受修改的通知，并从此时起，该信用证已被修改。

(4)《UCP600》第 10 条 d 款规定，通知修改的银行应当通知向其发出修改书的银行任何有关接受或拒绝接受修改的通知。

(5)《UCP600》第 10 条 e 款规定，不允许部分接受修改，部分接受修改将被视为拒绝接受修改的通知。

(6)《UCP600》第 10 条 f 款规定，修改书中做出的“除非受益人在某一时间内拒绝接受修改，否则修改将开始生效”的条款将被不予置理。

3. 通知行与信用证的修改

(1)《UCP600》第 9 条 b 款规定，通知行通知信用证或修改的行为，表明其已确认信用证或修改的表面真实性，而且其通知准确地反映了所收到的信用证或修改的条款及条件。

(2)《UCP600》第 9 条 c 款规定，通知行可以利用另一家银行(第二通知行)向受益人通知信用证及其修改。第二通知行通知信用证或修改的行为表明其认为所收到的通知表面上是真实性，且通知准确地反映了所收到的信用证或修改的条款及条件。

(3)《UCP600》第 9 条 d 款规定，如一家银行利用另一家通知行即第二通知行的服务将信用证通知给受益人，它也必须利用同一家银行的服务通知修改书。

(4)《UCP600》第 9 条 e 款规定，如果一家银行被要求通知信用证或修改但决定不予通知，它必须不延误通知向其发送信用证、修改或通知的银行。

(5)《UCP600》第 9 条 f 款规定，如果一家银行被要求通知信用证或修改，但不能确定信用证、修改或通知的表面真实性，就必须不延误地告知向其发出该指示的银行。如果通知行或第二通知行仍决定通知信用证或修改，则必须告知受益人或第二通知行其未能核实信用证、修改或通知的表面真实性。

4. 改证的费用

信用证一旦被修改,就会产生开证行的修改费用和通知行的修改通知费。这些费用到底由谁承担,通常视具体情况而定。若信用证修改是由开证行开证的失误引起的,则由开证行自负修改费用;若信用证修改是由受益人提出的,由受益人与进口商协商;若信用证修改是因为开证申请人在申请开证时未按合同填写开证申请书而导致的,由开证申请人承担修改信用证的费用。

三、改证的业务流程

信用证的修改可由买方提出,也可由卖方提出。但不论修改出自何方,一律要求信用证按原来的途径寄送。因此,信用证修改的业务流程图如图 1-2 所示。

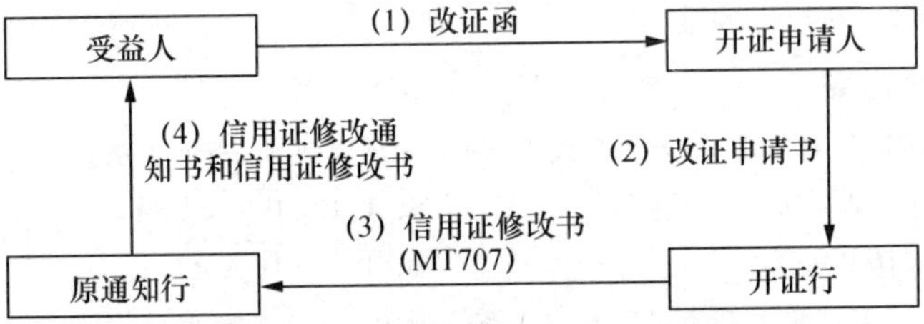

图 1-2 信用证修改业务流程

四、MT707 标准格式

对已开出的 SWIFT 信用证进行修改,需要采用 MT707 标准格式。MT707 格式及内容要求如下:

代号(Tag)	栏位名称(Field Name)
20	送讯银行的编号(Sender's Reference)
21	收讯银行的编号(Receiver's Reference)
23	开证银行的编号(Issuing Bank's Reference)
52a	开证银行(Issuing Bank)
31c	开证日期(Date of Issue)
30	修改日期(Date of Amendment)
26E	修改序号(Number of Amendment)
59	受益人(修改以前的)[Beneficiary(before this amendment)]
31E	新的到期日(New Date of Expiry)
32B	信用证金额的增加(Increase of Documentary Credit Amount)

（续表）

代号(Tag)	栏位名称(Field Name)
33B	信用证金额的减少(Decrease of Documentary Credit Amount)
34B	修改后新的信用证金额(New Documentary Credit Amount After Amendment)
39A	信用证金额加减百分率(Percentage Credit Amount Tolerance)
39B	最高信用证金额(Maximum Credit Amount)
39C	可附加金额(Additional Amount Covered)
44A	由……装船/发送/接管(Loading on Board/Dispatch/Taking in Charge at /from...)
44B	装运至……(For Transportation to...)
44C	最后装船日(Latest Date of Shipment)
44D	装船期间(Shipment Period)
79	叙述(Narrative)
72	银行间备注(Sender to Receiver Information)

实训练习

一、单项选择题

1. 在L/C、D/P和D/A三种支付方式下，就卖方风险而言，哪个正确？(　　)

A. L/C < D/A < D/P　　B. L/C < D/P < D/A

C. D/A < D/P < L/C　　D. D/P < D/A < L/C

2. 以信用证项下的汇票是否附有货运单据来划分，信用证可分为(　　)。

A. 不可撤销信用证和可撤销信用证　　B. 保兑信用证和不保兑信用证

C. 跟单信用证和光票信用证　　D. 循环信用证和不循环信用证

3. 信用证是进口商根据买卖合同规定的业务向银行申请开立的，信用证的第一付款人是(　　)。

A. 进口商　　B. 开证银行

C. 视信用证的具体规定而定　　D. 议付行

4. 银行审单议付的依据是(　　)。

A. 合同、信用证　　B. 合同、单据

C. 单据、信用证　　D. 信用证、委托书

5. 一张金额为10万美元的可撤销信用证，未规定是否允许分批装运，受益人装出价值5万美元的货物，在将单据交议付行后的第二天收到开证行撤销该信用证的通知，此时(　　)。

A. 议付行应取消议付，并向受益人追索已议付的5万美元

B. 开证行对已支付的5万美元仍应偿付，但其余5万美元立即失效

C. 因在撤销通知到达之前已部分议付，故本证仍全部有效

6. 根据《UCP600》规定，信用证中负第一付款责任的是(　　)。

A. 通知行　　B. 议付行　　C. 进口方　　D. 开证行

7. 所谓信用证“严格相符”的原则,是指受益人必须做到(　　)。

A. 单证与合同严格相符

B. 单据与信用证严格相符

C. 信用证与合同严格相符

D. 当L/C与合同不相符时,提交单据以合同为准

8. 某公司出口某商品大约1 000公吨,根据《UCP600》规定,该公司发货时,如果支取金额不会超过信用证总金额,最多可以多装运(　　)。

A. 5%　　B. 8%　　C. 15%　　D. 10%

二、多项选择题

1. 用于议付信用证项下结算的汇票可以是(　　)。

A. 即期汇票　　B. 远期汇票　　C. 跟单汇票　　D. 银行汇票

2. 信用证支付方式具有以下特点:(　　)。

A. 开证行在进口商不履行付款义务时向受益人付款

B. 银行信用

C. 开证行只受信用证的约束而与贸易合同完全无关

D. 一种纯单据的业务

E. 银行保证向进口方提供合格的货物

3. 已装船提单的签发期为7月15日,信用证规定的有效期为8月15日,交单期限为装运以后的15天,如果信用证要求卖方提供保险单,则保险单的出单日期可以为(　　)。

A. 7月30日　　B. 7月15日　　C. 7月25日　　D. 7月10日

E. 8月15日

4. 循环信用证的循环方法有(　　)。

A. 自动循环　　B. 半自动循环　　C. 非自动循环　　D. 全自动循环

5. 根据《UCP600》的规定,信用证单据审核的原则有(　　)。

A. 银行只负责审核单据表面上的一致性

B. 银行对任何单据的形式、完整性、准确性、真实性等不负任何责任

C. 在任何情况下,银行都不能接受日期早于信用证开证日期的单据

D. 银行对于单据所代表的货物的描述,如数量、重量、品质、状况、包装、交货、价格等不负任何责任

三、判断题

1. 信用证业务中有关各方面处理的是单据,而不是货物。(　　)

2. 某电开信用证,已附有“详情告后”,它只能视为无效文件的简电通知书,不能凭以议付。(　　)

3. 信用证是银行应进口商的申请,向出口商开出的保证付款的凭证,因此,进口商应承担第

一付款人的责任。(　　)

4. 照国际惯例,凡信用证上没有注明可否转让字样的,即可视为可转让信用证。(　　)

5. 信用证是依据贸易合同开立的,受贸易合同的约束。(　　)

6. 信用证中所描述的单据主要是指能代表货物所有权的单据,如海运提单以及其他必须提交的单据。(　　)

7. 光票信用证仅凭汇票即可付款而不附加任何货运单据,但有时要求提供发票等非货运性质的票据。(　　)

8. 不可撤销信用证是指信用证一经开出,在有效期内未经受益人及有关当事人的同意,开证行不能片面修改或撤销的信用证。(　　)

四、根据合同审核信用证

1. 销售合同

SALES CONFIRMATION

日期 Date: SEP 27,2007　编号 NO. ZCM9368

卖方

Buyer: SUZHOU YONGDA TRADING CO.,LTD.

地址

Address: 15 DONGFANG ROAD,SUZHOU,JIANGSU,CHINA

买方

Buyer: UNIWORLD S. R. L.

地址

Address: VIA ARZAGA 28,20185,MILANO,ITALY

电话

TEL: (39)5321668

传真

FAX: (39)6728491

兹经买卖双方同意成交下列商品订立条款如下:

The undersigned Sellers and Buyers have agreed to close the following transaction according to the terms and conditions stipulated below:

货物名称及规格 NAME OF COMMODITY AND SPECIFICATION	数量 QUANTITY	单价 UNIT PRICE	金额 AMOUNT
MANGANESE SULPHATE SPECIFICATION: ASSAY: 96 PERCENT MINIMUM MNSO4. H2O: 96 PERCENT MINIMUM	40MT	CIF MILANO,ITALY USD 600/MT	USD 24 000.00

装运 SHIPMENT	TO BE EFFECTED BEFORE THE END OF OCTOBER FROM SHANGHAI TO MILANO, ITALY WITH PARTIAL SHIPMENT NOT ALLOWED AND TRANSHIPMENT ALLOWED.
付款条件 PAYMENT	TO BE MADE BY SIGHT L/C
包装 PACKING	25KG/NEW AND EXPORTWORTHY BAG
唛头 MARKS & NOS.	UNIWORLD MNSO4. H2O: 96% MIN N W: 25KGS
保险 INSURANCE	TO BE COVERED BY THE SELLER FOR 110% OF INVOICE VALUE AGAINST ALL RISKS AND WAR RISKS AS PER OCEAN MARINE CARGO CLAUSES AND OCEAN MARINE CARGO WAR RISKS CLAUSES OF P. I. C. C. DATED 1/1/1981.

买方(签章)　　　　　　　　　　卖方(签章)
THE BUYER　　　　　　　　　　THE SELLER

2. 国外来证

Sequence Total	*27	1/1
Form of Doc Credit	*40A	REVOCABLE
Doc Credit Num	*20	MLC9067
Date of Issue	31C	071001
Date/Place Exp	*31D	Date 071115 Place CHINA
Applicant	*50	UNIWORLD S. L. VIA ARZAGA 28 20185 MILANO ITALY
Beneficiary	*59	SUZHOU YONGDA TRADING CO. ,LTD. ,15 DONGFANG ROAD, SUZHOU, JIANGSU, CHINA.
DC Amt	*32B	USD Amount 24 000.00
Credit Amt	39B	NOT EXCEEDING
Avail With By	*41D	ANY BANK BY NEGOTIATION

Drafts At	42C	90 DAYS AFTER SIGHT
Drawee	42D	//
		ISSUING BANK
Partial Shipments	43P	NOT ALLOWED
Transhipment	43T	ALLOWED
Loading on Brd	44A	SHANGHAI, CHINA
Transport to	44B	MILANO, ITALY
Latest Shipment	44C	071030
Description of Goods		CFR MILANO, ITALY

MANGANESE SULPHATE AT A PRICE OF USD 600 PER MT

SPECIFICATION: ASSAY 96 PERCENT MINIMUM

MNSO4. H2O 96 PERCENT MINIMUM

Docs Required 46A

(1) ORIGINAL COMMERCIAL INVOICE IN QUADRUPLICATE.

(2) PACKING LIST IN QUADRUPLICATE.

(3) FULL SET OF CLEAN ON BOARD MARINE BILL OF LADING (BEARING CONTAINER NUMBERS) CONSIGNED TO ORDER, ENDORSED IN BLANK, MARKED FREIGHT PREPAID EVIDENCING UNIWORLD S. R. L, VIA ARZAGA 28, 20185 MILANO ITALY AS NOTIFY PARTY.

(4) CERTIFICATE OF ORIGIN ISSUED BY THE CHINA COUNCIL FOR THE PROMOTION OF INTERNATIONAL TRADE.

(5) INSPECTION CERTIFICATE OF QUALITY ISSUED BY CCIB.

(6) INSURANCE CERTIFICATE FOR 130 PERCENT OF INVOICE VALUE COVERING ALL RISKS AND WAR RISKS AS PER AND SUBJECT TO OCEAN MARINE CARGO CLAUSES AND OCEAN MARINE CARGO WAR RISKS CLARSES OF P. I. C. C. DATED 1/1/1981.

(7) ORIGINAL BENEFICIARY'S CERTIFICATE STATING THAT ONE FULL SET OF ALL COPY DOCUMENTS HAVE BEEN SENT TO UNIWORLD S. R. L. BY COURIER BEFORE ETA OF SHIPMENT.

Conditions 47A

ALL DOCUMENTS MUST BE MARKED AS ORIGINAL UNLESS COPY(IES) STIPULATED EXCEPT SO FAR AS OTHERWISE EXPRESSLY STATED THIS CREDIT IS SUBJECT TO THE UNIFORM CUSTOMS AND PRACTICE FOR DOCUMENTARY CREDITS, 1993 REVISION I. C. C. PUBLICATION NO. 500.

A CHARGE MAY BE TAKEN IN RESPECT OF ANY TELEGRAPHIC TRANSFER. ALL DOCUMENTS MUST BE IN THE ENGLISH LANGUAGE (EXCEPT WHERE OTHERWISE, EXPRESSLY STATED).

Charges	71B	ALL CHGS. OUTSIDE COUNTRY OF ISSUE FOR ACCOUNT OF BENEFICIARY/EXPORTER TRANSIT INTEREST CHARGES ARE PAYABLE BY BENEFICIARY/EXPORTER
Period for Pres	48	WITHIN 15 DAYS AFTER THE DATE OF SHIPMENT BUT WITHIN THE VALIDITY OF THE CREDIT
Confirmation Instructions	* 49	WITHOUT

五、请根据下列合同审核信用证，并写出改证函

1. 销售合同

销售合同
SALES CONTRACT

Sellers: GREAT WALL TRADING CO. ,LTD.
Address: RM201 HUASHENG BUILDING
NINGBO P. R. CHINA

Contract No. : GW2004X06
Date: 2006. 4. 22
Signed at: NINGBO
Fax: 0574-25763368

Buyers: F. T. C. CORP.
Address: AKEDSANTERINK AUTO P. O. BOX. 9. FINLAND

Fax: ______

This Sales Contract is made by and between the Sellers and the Buyers, whereby the sellers agree to sell and the buyers agree to buy the under-mentioned goods according to the terms and conditions stipulated below:

(1) 货号、品名及规格 Name of commodity and specifications	(2) 数量 Quantity	(3) 单位 Unit	(4) 单价 Unit Price	(5) 金额 Amount
HALOGEN FITTING W500	9 600 PCS	PC	CIF HELSINKI USD 3. 80/PC	USD 36 480. 00
10% more or less both in amount and quantity allowed		Total Amount		USD 36 480. 00

(6) Packing: CARTON
(7) Delivery From NINGBO to HELSINKI

(8) Shipping Marks: N/M

(9) Time of Shipment: Within 30 days after receipt of L/C. Allowing transhipment and partial shipment.

(10) Terms of Payment: By 100% Confirmed Irrevocable Letter of Credit in favor of the Sellers to be available by sight draft to be opened and to reach China before MAY 1,2006 and to remain valid for negotiation in China until the 15th days after the foresaid Time of Shipment. L/C must mention this contract number L/C advised by BANK OF CHINA NINGBO BRANCH. ALL banking Charges outside China (the mainland of China) are for account of the Drawee.

(11) Insurance: To be effected by Sellers for 110% of full invoice value covering F. P. A up to HELSINKI.

(12) Arbitration: All dispute arising from the execution of or in connection with this contract shall be settled amicable by negotiation. In case of settlement can be reached through negotiation the case shall then be submitted to China International Economic & Trade Arbitration Committee. In Shenzhen (or in Beijing) for arbitration in act with its sure of procedures. The arbitral award is final and binding upon both parties for setting the Dispute. The fee, for arbitration shall be borne by the losing party unless otherwise awarded.

The Seller GREAT WALL TRADING CO. ,LTD The Buyer ALICE

马丁

2. 信用证

Issue of Documentary Credit

Issuing Bank	:	METITABANKLTD. ,FINLAND
Form of Doc. Credit	:	REVOCABLE
Credit Number	:	LRT9802457
Date of Issue	:	060428
Expiry	:	Date 060416 Place FINLAND
Applicant	:	F. T. C. CO. AKEKSANTERINK AUTO P. O. BOX 9, FINLAND
Beneficiary	:	GREAT WALL TRADING CO. ,LTD. RM201 HUASHENG BUILDING NINGBO P. R. CHINA
Amount	:	USD 3 648.00 (SAY U. S. DOLLARS THIRTY SIX THOUSAND FOUR HUNDERD AND EIGHT ONLY)

Available with/by	:	ANY BANK IN ADVISING COUNTRY BY NEGOTIATION
Draft at...	:	DRAFTS AT 20 DAYS' SIGHT FOR FULL INVOICE VALUE
Partial Shipments	:	NOT ALLOWED
Transhipment	:	ALLOWED
Loading in Charge	:	NINGBO
For Transport to	:	HELSINKI
Shipment Period	:	AT THE LATEST MAY 30,2006
Descrip. of Goods	:	960 PCS OF HALOGEN FITTING W500,USD 6.80 PER PC AS PER SALES CONTRACT GW2006M06 DD 22,4,2006 CIF HESINKI
Documents Required	:	* COMMERCIAL INVOICE 1 SIGNED ORIGINAL AND 5 COPIES * PACKING LIST IN 2 COPIES * FULL SET OF CLEAN ON BOARD MARINE BILLS OF LADING, MADE OUT TO ORDER,MARKED "FREIGHT PREPAID" AND NOTIFY APPLICANT (AS INDICATE ABOVE) * GSP CERTIFICATE OF ORIGIN FORM A,CERTIFYING GOODS OF ORIGIN IN CHINA,ISSUED BY COMPETENT AUTHORITIES * INSURANCE POLICY/CERTIFICATE COVERING ALL RISKS AND WAR RISKS OF PICC. INCLUDING WAREHOUSE TO WAREHOUSE CLAUSE UP TO FINAL DESTINATION AT HELSINKI,FOR AT LEAST 120 PCT OF CIF—VALUE * SHIPPING ADVICES MUST BE SENT TO APPLICANT WITHIN 2 DAYS AFTER SHIPMENT ADVISING NUMBER OF PACKAGES,GROSS & NET WEIGHT,VESSEL NAME,BILL OF LADING NO. AND DATE, CONTRACT NO. ,VALUE
Presentation Period	:	6 DAYS AFTER ISSUANCE DATE OF SHIPPING DOCUMENT
Confirmation	:	WITHOUT
INSTRUCTIONS	:	THE NEGOTIATION BANK MUST FORWARD THE DRAFTS AND ALL DOCUMENTS BY REGISTERED AIRMAIL DIRECT TO US IN 2 CONSECUTIVE LOTS, UPON RECEIPT OF THE DRAFTS AND DOCUMENTS IN ORDER,WE WILL REMIT THE PROCEEDS AS INSTRUCTED BY THE NEGOTIATING BANK

LETTER FOR AMENDMENT

____

____

____

____

____

____

____

____

____

六、依据合同填写信用证开立申请书

合　同
CONTRACT

合同号：
CONTRACT NO：HR-007
日期：
DATE：MAR 12,2007
地点：
CONCLUDED AT：NANJING

买方：
Buyer：Nanjing Huamao Machinery Equipment Import & Export Corp
地址：
Address：No. 88 Yangshan Road, Nanjing, P. R. C
电话：　　　　　　　　　　　　　　传真：
Tel：0086-25-85868888　　　　　　　Fax：0086-25-85869999

卖方：
Seller：Ruigi Semicon Equipment Co., Ltd
Address：Corso Sempione 36-5166 BUSTO ARSIZIO, Italy
Tel：0039-331-567000　　　　　　　Fax：0039-331-567111

兹经买卖双方同意成交下列商品订立条款如下：
The undersigned Sellers and Buyers have agreed to close the following transaction according to the terms and conditions stipulated below：

1. 货物名称、规格及包装 Name of commodity, specification and packing	2. 数量 Quantity	3. 单价 Unit Price	4. 金额 Amount
Wafer Probe Station (6″ RF) (details see technical appendix), standard export package	5 sets	FOB ITALIAN SEAPORT EURO 21 000	EURO 105 000

5. 总值:

Total Value: SAY EURO ONE HUNDRED AND FIVE THOUSAND ONLY.

6. 原产地国与制造商(COUNTRY OF ORIGIN AND MANUFACTURERS): ITALY

7. 包装及标准(PACKING):

货物应具有防潮、防锈蚀、防震并适合于远洋运输的包装,由于货物包装不良而造成的货物残损、灭失应由卖方负责。卖方应在每个包装箱上用不褪色的颜色标明尺码、包装箱号码、毛重、净重及“此端向上”“防潮”“小心轻放”等标记。

THE PACKING OF THE GOODS SHALL BE PREVENTIVE FROM DAMPNESS, RUST, MOISTURE, EROSION AND SHOCK, AND SHALL BE SUITABLE FOR OCEAN TRANSPORTATION/ MULTIPLE TRANSPORTATION. THE SELLER SHALL BE LIABLE FOR ANY DAMAGE AND LOSS OF THE GOODS ATTRIBUTABLE TO THE INADEQUATE OR IMPROPER PACKING. THE MEASUREMENT, GROSS WEIGHT, NET WEIGHT AND THE CAUTIONS SUCH AS “DO NOT STACK UP SIDE DOWN” “KEEP AWAY FROM MOISTURE” “HANDLE WITH CARE” SHALL BE STENCILED ON THE SURFACE OF EACH PACKAGE WITH FADELESS PIGMENT.

8. 唛头(SHIPPING MARKS): HUAMAO HR-007 NANJING, CHINA 1—5

9. 装运期限(TIME OF SHIPMENT): BEFORE JUNE 30, 2007

10. 装运口岸(PORT OF LOADING): ITALIAN SEAPORT

11. 目的口岸(PORT OF DESTINATION): NANJING SEAPORT

12. 保险(INSURANCE): TO BE COVERED BY THE BUYER

13. 付款条件(TERMS OF PAYMENT):

信用证方式:买方应在合同生效后 45 日内,开出以卖方为受益人的不可撤销的议付信用证,信用证在装船完毕后 15 日内到期。

LETTER OF CREDIT: THE BUYER SHALL, 45 DAYS PRIOR TO THE TIME OF AFTER THIS CONTRACT COMES INTO EFFECT, OPEN AN IRREVOCABLE LETTER OF CREDIT IN FAVOR OF THE SELLER. THE LETTER OF CREDIT SHALL EXPIRE 15 DAYS AFTER THE COMPLETION OF LOADING OF THE SHIPMENT AS STIPULATED.

14. 单据(DOCUMENTS REQUIRED):

卖方应将下列单据提交银行议付:

THE SELLER SHALL PRESENT THE FOLLOWING DOCUMENTS REQUIRED TO THE BANK FOR NEGOTIATION:

(1) 标明通知收货人/受货代理人的全套清洁的、已装船的、空白抬头、空白背书并注明运费到付的海运提单。

FULL SET OF CLEAN ON BOARD OCEAN BILLS OF LADING AND MADE OUT TO ORDER BLANK ENDORSED MARKED FREIGHT TO COLLECT;

(2) 标有合同编号、信用证号及装运唛头的商业发票一式__5__份;

SIGNED COMMERCIAL INVOICE IN __5__ COPIES INDICATING CONTRACT NO. ,L/C NO. AND SHIPPING MARKS;

(3) 由__制造商__出具的装箱或重量单一式__3__份;

PACKING LIST/WEIGHT MEMO IN __3__ COPIES ISSUED BY __MANUFATURER__;

(4) 由__制造商__出具的质量证明书一式__2__份;

CERTIFICATE OF QUALITY IN __2__ COPIES ISSUED BY __MANUFATURER__;

(5) 产地证正本__1__份;

__1__ ORIGINAL CERTIFICATE OF ORIGIN;

(6) 装运通知(SHIPPING ADVICE):卖方应在交运后__48__小时内以特快专递方式邮寄给买方上述单据副本一式一套。

THE SELLER SHALL, WITHIN __48__ HOURS AFTER SHIPMENT EFFECTED, SEND BY COURIER EACH COPY OF THE ABOVE-MENTIONED DOCUMENTS NO. __1__.

15. 装运条款(TERMS OF SHIPMENT):

卖方应在合同规定的装运日期前30天,以__传真__方式通知买方合同号、品名、数量、金额、包装件、毛重、尺码及装运港可装日期,以便买方安排租船/订舱。装运船只按期到达装运港后,如卖方不能按时装船,发生的空船费或滞期费由卖方负担。在货物越过船舷并脱离吊钩以前,一切费用和风险由卖方负担。

THE SELLER SHALL, 30 DAYS BEFORE THE SHIPMENT DATE SPECIFIED IN THE CONTRACT, ADVISE THE BUYER BY __FAX__ OF THE CONTRACT NO. , COMMODITY, QUANTITY, AMOUNT, PACKAGES, GROSS WEIGHT, MEASUREMENT, AND THE DATE OF SHIPMENT IN ORDER THAT THE BUYER CAN CHARTER A VESSEL/BOOK SHIPPING SPACE. IN THE EVENT OF THE SELLER'S FAILURE TO EFFECT LOADING WHEN THE VESSEL ARRIVES DULY AT THE LOADING PORT, ALL EXPENSES INCLUDING DEAD FREIGHT AND/OR DEMURRAGE CHARGES THUS INCURRED SHALL BE FOR THE SELLER'S ACCOUNT.

16. 装运通知(SHIPPING ADVICE):

一俟装载完毕,卖方应在__48__小时内以__传真__方式通知买方合同编号、品名、已发运数量、发票总金额、毛重、船名及启程日期等。

THE SELLER SHALL, IMMEDIATELY UPON THE COMPLETION OF THE LOADING OF THE GOODS, ADVISE THE BUYER OF THE CONTRACT NO., NAMES OF COMMODITY, LOADING QUANTITY, INVOICE VALUES, GROSS WEIGHT, NAME OF VESSEL AND SHIPMENT DATE BY FAX WITHIN 48 HOURS.

17. 质量保证(QUALITY GUARANTEE):

货物品质规格必须符合本合同及质量保证书之规定,品质保证期为货到目的港 12 个月内。在保证期限内,因制造厂商在设计制造过程中的缺陷造成的货物损害应由卖方负责赔偿。

THE SELLER SHALL GUARANTEE THAT THE COMMODITY MUST BE IN CONFORMITY WITH THE QUATITY, SPECIFICATIONS AND QUANTITY SPECIFIED IN THIS CONTRACT AND LETTER OF QUALITY GUARANTEE. THE GUARANTEE PERIOD SHALL BE 12 MONTHS AFTER THE ARRIVAL OF THE GOODS AT THE PORT OF DESTINATION, AND DURING THE PERIOD THE SELLER SHALL BE RESPONSIBLE FOR THE DAMAGE DUE TO THE DEFECTS IN DESIGNING AND MANUFACTURING OF THE MANUFACTURER.

18. 检验(INSPECTION):

发货前,制造厂应对货物的质量、规格、性能和数量/重量做精密全面的检验,出具检验证明书,并说明检验的技术数据和结论。货到目的港后,买方将申请中国商品检验局(以下简称商检局)对货物的规格和数量/重量进行检验,如发现货物残损或规格、数量与合同规定不符,除保险公司或轮船公司的责任外,买方需在货物到达目的港后 90 日内凭商检局出具的检验证书向卖方索赔或拒收该货。在保证期内,如货物由于设计或制造上的缺陷而发生损坏或品质和性能与合同规定不符时,买方将委托商检局进行检验。

THE MANUFACTURERS SHALL, BEFORE DELIVERY, MAKE A PRECISE AND COMPREHENSIVE INSPECTION OF THE GOODS WITH REGARD TO ITS QUALITY, SPECIFICATIONS, PERFORMANCE AND QUANTITY/WEIGHT, AND ISSUE INSPECTION CERTIFICATES CERTIFYING THE TECHNICAL DATA AND CONCLUSION OF THE INSPECTION. AFTER ARRIVAL OF THE GOODS AT THE PORT OF DESTINATION, THE BUYER SHALL APPLY TO CHINA COMMODITY INSPECTION BUREAU (HEREINAFTER REFERRED TO AS CCIB) FOR A FURTHER INSPECTION AS TO THE SPECIFICATIONS AND QUANTITY/WEIGHT OF THE GOODS. IF DAMAGES OF THE GOODS ARE FOUND, OR THE SPECIFICATIONS AND/OR QUANTITY ARE NOT IN CONFORMITY WITH THE STIPULATIONS IN THIS CONTRACT, EXCEPT WHEN THE RESPONSIBILITIES LIES WITH INSURANCE COMPANY OR SHIPPING COMPANY, THE BUYER SHALL, WITHIN 90 DAYS AFTER ARRIVAL OF THE GOODS AT THE PORT OF DESTINATION, CLAIM AGAINST THE SELLER, OR REJECT THE GOODS ACCORDING TO THE INSPECTION CERTIFICATE ISSUED BY CCIB. IN CASE OF DAMAGE OF THE GOODS INCURRED DUE TO THE DESIGN OR MANUFACTURE DEFECTS AND/OR IN CASE THE QUALITY AND PERFORM-

ANCE ARE NOT IN CONFORMITY WITH THE CONTRACT, THE BUYER SHALL, DURING THE GUARANTEE PERIOD, REQUEST CCIB TO MAKE A SURVEY.

19. 索赔(CLAIM):

买方凭其委托的检验机构出具的检验证明书向卖方提出索赔(包括换货),由此引起的全部费用应由卖方负担。若卖方收到上述索赔后 15 天未予答复,则认为卖方已接受买方索赔。

THE BUYER SHALL MAKE A CLAIM AGAINST THE SELLER (INCLUDING REPLACEMENT OF THE GOODS) BY THE FURTHER INSPECTION CERTIFICATE AND ALL THE EXPENSES INCURRED THEREFROM SHALL BE BORNE BY THE SELLER. THE CLAIMS MENTIONED ABOVE SHALL BE REGARDED AS BEING ACCEPTED IF THE SELLER FAIL TO REPLY WITHIN 15 DAYS AFTER THE SELLER RECEIVED THE BUYER'S CLAIM.

20. 迟交货与罚款(LATE DELIVERY AND PENALTY):

除合同第21条不可抗力原因外,如卖方不能按合同规定的时间交货,买方应同意在卖方支付罚款的条件下延期交货。罚款可由议付银行在议付货款时扣除,罚款率按每 7 天收 0.5 %,不足 7 天时以 7 天计算。但罚款不得超过迟交货物总价的 5 %。若卖方延期交货超过合同规定 60 天时,买方有权撤销合同,此时,卖方仍应不迟延地按上述规定向买方支付罚款。

买方有权对因此遭受的其他损失向卖方提出索赔。

SHOULD THE SELLER FAIL TO MAKE DELIVERY ON TIME AS STIPULATED IN THE CONTRACT, WITH THE EXCEPTION OF FORCE MAJEURE CAUSES SPECIFIED IN CLAUSE 21 OF THIS CONTRACT, THE BUYER SHALL AGREE TO POSTPONE THE DELIVERY ON THE CONDITION THAT THE SELLER AGREE TO PAY A PENALTY WHICH SHALL BE DEDUCTED BY THE PAYING BANK FROM THE PAYMENT UNDER NEGOTIATION. THE RATE OF PENALTY IS CHARGED AT 0.5 % FOR EVERY LATE-SEVEN DAYS, ODD DAYS LESS THAN 7 DAYS SHOULD BE COUNTED AS 7 DAYS. BUT THE PENALTY, HOWEVER, SHALL NOT EXCEED 5 % OF THE TOTAL VALUE OF THE GOODS INVOLVED IN THE DELAYED DELIVERY. IN CASE THE SELLER FAIL TO MAKE DELIVERY 60 DAYS LATER THAN THE TIME OF SHIPMENT STIPULATED IN THE CONTRACT, THE BUYER SHALL HAVE THE RIGHT TO CANCEL THE CONTRACT AND THE SELLER, IN SPITE OF THE CANCELLATION, SHALL NEVERTHELESS PAY THE AFORESAID PENALTY TO THE BUYER WITHOUT DELAY.

THE BUYER SHALL HAVE THE RIGHT TO LODGE A CLAIM AGAINST THE SELLER FOR THE LOSSES SUSTAINED IF ANY.

21. 不可抗力(FORCE MAJEURE):

凡在制造或装船运输过程中,因不可抗力致使卖方不能或推迟交货时,卖方不负责任。在发生上述情况时,卖方应立即通知买方,并在 5 天内,给买方特快专递一份由当地民间商会签发的事故证明书。在此情况下,卖方仍有责任采取一切必要措施加快交货。若事故延续 60 天以上，买方有权撤销合同。

THE SELLER SHALL NOT BE RESPONSIBLE FOR THE DELAY OF SHIPMENT OR NON-DELIVERY OF THE GOODS DUE TO FORCE MAJEURE, WHICH MIGHT OCCUR DURING THE PROCESS OF MANUFACTURING OR IN THE COURSE OF LOADING OR TRANSIT. THE SELLER SHALL ADVISE THE BUYER IMMEDIATELY OF THE OCCURRENCE MENTIONED ABOVE AND WITHIN 7 DAYS THEREAFTER THE SELLER SHALL SEND A NOTICE BY COURIER TO THE BUYER FOR THEIR ACCEPTANCE OF A CERTIFICATE OF THE ACCIDENT ISSUED BY THE LOCAL CHAMBER OF COMMERCE UNDER WHOSE JURISDICTION THE ACCIDENT OCCURS AS EVIDENCE THEREOF. UNDER SUCH CIRCUMSTANCES THE SELLER, HOWEVER, ARE STILL UNDER THE OBLIGATION TO TAKE ALL NECESSARY MEASURES TO HASTEN THE DELIVERY OF THE GOODS. IN CASE THE ACCIDENT LASTS FOR MORE THAN 60 DAYS, THE BUYER SHALL HAVE THE RIGHT TO CANCEL THE CONTRACT.

22. 争议的解决 (ARBITRATION)：

凡因本合同引起的或与本合同有关的任何争议应协商解决。若协商不成，应提交中国国际经济贸易仲裁委员会，按照申请时该会施行的仲裁规则进行仲裁。仲裁裁决是终局性的，对双方均有约束力。

ANY DISPUTE ARISING FROM OR IN CONNECTION WITH THE CONTRACT SHALL BE SETTLED THROUGH FRIENDLY NEGOTIATION. IN CASE NO SETTLEMENT IS REACHED, THE DISPUTE SHALL BE SUBMITTED TO CHINA INTERNATIONAL ECONOMIC AND TRADE ARBITRATION COMMISSION (CIETAC), FOR ARBITRATION IN ACCORDANCE WITH ITS RULES IN EFFECT AT THE TIME OF APPLYING FOR ARBITRATION. THE ARBITRAL AWARD IS FINAL AND BINDING UPON BOTH PARTIES.

23. 本合同使用的 FOB 术语系根据国际商会《2000 年国际贸易术语解释通则》。

THE TERMS FOB IN THE CONTRACT ARE BASED ON INCOTERMS 2000 OF THE INTERNATIONAL CHAMBER OF COMMERCE.

24. 本合同用中英文两种文字写成，两种文字具有同等效力。本合同共 2 份，自双方代表签字(盖章)之日起生效。

THIS CONTRACT IS EXECUTED IN TWO COUNTERPARTS EACH IN CHINESE AND ENGLISH, EACH OF WHICH SHALL DEEMED EQUALLY AUTHENTIC. THIS CONTRACT IS IN 2 COPIES, EFFECTIVE SINCE BEING SIGNED/SEALED BY BOTH PARTIES.

买方代表(签字)：________	卖方代表(签字)：________
REPRESENTATIVE OF THE BUYER	REPRESENTATIVE OF THE SELLER
(AUTHORIZED SIGNATURE)： 李强	(AUTHORIZED SIGNATURE)： ANDSON

第二单元　缮制商业发票和装箱单

学习目标

1. **知识目标**

熟悉发票的分类。

了解商业发票的基本作用。

熟悉《UCP600》和《ISBP681》中关于商业发票的条款。

了解包装单据的种类和作用。

2. **能力目标**

能正确制作商业发票和装箱单。

工作任务

北京蓝天贸易有限公司与北京顺昌针织有限公司已签订了购货合同。收到信用证修改书后，王芳就立即联系该供应商，通知其开始排产。2012 年 7 月 7 日，北京顺昌针织有限公司生产、包装完所有产品，并向北京蓝天贸易有限公司传真了货物备货信息。

品名	童毯
数量	STYLE NO. GL03 1 000 条 STYLE NO. GS06 1 000 条
包装件数	200 箱
纸箱重量	毛重 10 公斤/箱，净重 9 公斤/箱
纸箱尺码	45 厘米×45 厘米×55 厘米

现在，王芳需要根据修改后的审核无误的信用证及备货信息缮制商业发票和装箱单。

任务 1：缮制商业发票

任务 2：缮制装箱单

任务1:缮制商业发票

商业发票(Commercial Invoice)是出口企业开立的凭此向买方收款的发货价目清单,是供买卖双方凭此发货、收货、记账、收付货款和报关纳税的依据。发票并无统一格式,但其内容大致相同,主要包括发票编号、开立日期、有关出口合同号码、信用证号码、收货人名称地址、运输标志,以及商品的名称、规格、数量、包装方法、单价、总值和装运地、目的地等。发票内容必须符合买卖合同规定,在采用信用证付款方式时,则应与信用证的规定严格相符,绝不能有丝毫差异。

北京蓝天贸易有限公司的商业发票格式如下:

BEIJING BLUE SKY TRADING CO. ,LTD.

NO.6 CHAOWAI STREET,DONGCHENG DIS. BEIJING,CHINA

TEL: 0086-10-85270011　　　　INV. NO. : ____________

FAX: 0086-10-85270012　　　　DATE: ____________

S/C NO. : ____________

L/C NO. : ____________

COMMERCIAL INVOICE

TO:

FROM　　　　TO

MARKS & NUMBERS	NUMBERS AND KIND OF PACKAGES DESCRIPTIONS OF GOODS	QUANTITY	UNIT PRICE	AMOUNT
	TOTAL			
SAY TOTAL:				

操作过程

第一步:填写发票首部。

商业发票的首部内容一般包括出单公司名称、地址、电话号码、传真号码、发票名称、发票号码、发票日期、合同号码、信用证号码等。

1. 出单公司名称、地址、电话号码、传真号码

一般情况下,出口企业在印刷空白发票时就印刷上这些内容,或将这些内容编入电脑程序一并打印。如果是这样,则外贸单证员就无需填写这些内容。北京蓝天贸易公司的发票已经印刷了这些内容,所以王芳无需填写。

2. 发票名称、发票号码、发票日期

(1) 发票名称。发票上应标有"COMMERCIAL INVOICE"或"INVOICE"的字样。根据《ISBP681》的规定,若信用证只要求发票而未做进一步定义,则提交"发票"(INVOICE)、"商业发票"(COMMERCIAL INVOICE)、"海关发票"(CUSTOMS INVOICE)、"税务发票"(TAX INVOICE)、"领事发票"(CONSULAR INVOICE)等形式的发票都可以接受。一般在出口业务中使用的、由出口方出具的发票都是商业发票,所以并不要求一定标出"COMMERCIAL"(商业)的字样,但信用证要求标明的除外。发票名称中不能有"PROVISIONAL INVOICE"(临时发票)或"PRO FORMA INVOICE"(形式发票)等字样出现。

△本商业发票名称为 COMMERCIAL INVOICE。

(2) 发票号码(Invoice No.)。发票由各公司统一编号,一般采用顺序号,以便于查对;也有的公司按照报关单录入凭单的号码编制,这样便于报关查对。发票作为中心票据,其他票据的号码均可与此号码相一致,如汇票号码及附属单据号码等一般均与发票号码一致。

△本商业发票的编号为 BJBS12022。

(3) 发票日期(Date)。在全套单据中,发票是签发日最早的单据。它只要不早于合同的签订日期、不迟于提单的签发日期即可。根据《UCP600》的规定,如果信用证没有特殊规定,银行可以接受签发日期早于信用证开证日期的发票。

△本商业发票的日期填写为 JULY 7,2012。

3. 合同号码、信用证号码

(1) 合同号码(S/C No.)。合同是一笔业务的基础,发票的出具都有买卖合同作为依据,但买卖合同不都以"Contract"为名称,有时会出现"Confirmation""Order""P. O."等。当合同名称不是"Contract"时,应将本栏目的名称修改后,再填写该合同号码。合同号码应与信用证上列明的一致,一笔交易牵涉几个合同的,应在发票上表示出来。

(2)信用证号码(L/C No.)。当采用信用证支付货款时,填写信用证号码。若信用证没有要求在发票上标明信用证号码,此项可以不填。如信用证无特殊规定或没有开证行授权,两个或两个以上信用证项下的货物不能合并在同一份发票内反映,所以一份发票内只能注明一个信用证号码。当采用其他支付方式时,此项不填。

△本商业发票的合同号码和信用证号码为:

S/C NO. LW20120006

L/C NO. DBLC20124501

第二步:填写发票主体内容。

1. 收货人/抬头人

收货人/抬头人(Consignee)前通常印有"To""Sold to Messrs""For Account and Risk of Messrs"等。汇款或托收方式下,发票抬头人一般为合同的买方;信用证方式下,按信用证规定填制。不过只有少数来证在发票条款中指出发票抬头人,多数来证都不做说明。因此,习惯上将信用证的申请人或收货人的名称、地址填入这一栏目。填写时抬头人的名称和地址一般分行打印。

△ 本商业发票抬头人为:

FERREIRA TRADING CO. LTD

ADD:RUA 21 DE JANEIRO N. 21,LUANDA ANGOLA

2. 启运及目的地

填写货物自装运地(港)至目的地(港)(From... To...)的地名。这些内容应与提单上的相关部分一致。启运地和目的地均应明确具体,不能笼统,如果来证要求"从中国港口运至日本港口",在缮制发票时要打明具体港名,如 From Shanghai To Osaka(大阪)。有重名的港口,根据来证规定加打国名。如果货物需要转运则要注明转运地。例如 From Qingdao To New York. U. S. A. W/T Shanghai。

△本商业发票此栏填写为:

FROM TIANJIN,CHINA TO LUANDA ANGOLA。

3. 唛头及件数

唛头及件数(Marks and Numbers)设计一般以简明、易于识别为原则。唛头内容一般包括:客户名称缩写;参考号码,可以是发票号码/合同号码/订单号码;目的港;件数。此栏注意事项有:如果无唛头,可以打上 N/M(No Mark);发票中的唛头应与提单上的唛头相一致;如果来证规定唛头,可按照来证缮制。如果信用证规定了具体唛头,如"QTY,G. W."等,但没有"仅限于(restricted to...)"等类似字样,则唛头可以按文字要求加注实际内容,如"QTY 100 SET,G. W. 1 000 KGS"。如果信用证规定唛头用英文表示图形,如"in diamond"或"in triangle"等,则发票应将菱形或三角形等具体图形表示出来。

△本商业发票中唛头填写为:

FERREIRA

LW20120006

GL03/GS06

LUANDA,ANGOLA

C/No. 1—200

4. 货物描述

货物描述(Description)内容一般包括合同的数量条款、品质条款、包装条款。《UCP600》规定:商业发票对货物的描述必须符合信用证中的描述;而在所有其他单据中,货物的描述可使用统称,但不能与信用证中货物的描述有抵触。可见,发票中的货物描述必须与信用证规定的一致,但这并不要求如同镜子反射那样一致。如属托收方式结算的,发票对货物的描述内容可参照合同的规定结合实际情况进行填制。

填写数量及货物描述时应该注意:① 缮制发票时,数量必须反映货物的实际装运数量,做到单证一致。尤其当信用证只给定界限时,如"Not Exceed 20 000 M/T, Minus 5% Quantity Allowance.",在这样的条件下需要注明实际装运数量。② 如果信用证规定或者实际业务需要,一批货物要分制几套单据,则每套单据应缮制一份发票,各发票的货物数量之和应等于该批货物的总货物数量。③ 如果信用证允许分批装运,又规定了一定的增减幅度,则每批货物应该按照相同的增减幅度掌握。④ 按《UCP600》规定:如有"about""circa""approximate"等字样,允许增减 10%;散装货,即使数字前没有"约"字样,也允许增减 5%;但以包装单位或个体计数则不适用。⑤ 对成交商品规格较多的,信用证常规定:"AS PER S/C NO...",制单时须分别详列各种规格和单价。⑥ 当使用其他支付方式(如托收方式)时,货物内容应与合同内容一致。

△本商业发票中的货物描述为:

Baby Blanket(100% polyester)

Style No. GL03

Style No. GS06

10 pieces to be packed in one export standard carton, total 200 cartons

5. 单价

单价(Unit Price)包括计价货币、计价单位、单位价格金额和价格条件四部分,如果信用证有具体规定,则应与信用证一致。如果信用证中写明了价格条件的来源,则发票必须表明相同的来源。如果信用证条款规定"CIF SINGAPORE INCOTERMS 2000",那么"CIF SINGAPORE"和"CIF SINGAPORE INCOTERMS"都不符合信用证的要求,只有"CIF SINGAPORE INCOTERMS 2000"符合信用证的要求。

△本商业发票中的单价为:

CIF LUANDA

USD 13.00/pc

USD 13.00/pc

6. 总值

除非信用证上另有规定,货物总值(Amount)不能超过信用证金额,币种应制作成与信用证相同的币种。但是信用证总值前有"约""大概""大约"或类似词语的,允许有10%的增减幅度。单价和总金额是发票的主要项目,必须准确计算、正确缮打,并认真复核,特别要注意小数点的位置是否正确,金额和数量的横乘、竖加是否有矛盾。

如果来证要求分别列出运费、保险费和FOB价格,必须照办。例如:

CIF Tokyo USD 30 000

Less F USD 250

Less I USD 150

FOB USD 29 600

如果信用证规定发票金额要扣除相应佣金的,例如信用证条款规定"5% COMMISSION TO BE DEDUCTED FROM INVOICE VALUE"或有其他类似的条款规定的话,商业发票总金额应按规定表示扣除佣金,同时在扣除后计算净额。另外,有的信用证并没有明确规定这样的扣佣条款,但信用证总金额中已经扣除了佣金,则商业发票仍要计算扣除佣金。

发票扣佣的表示方法为:

QTY.	Unit Price	Amount
	CIFC5 NEW YORK	
100 pcs	USD100/pc	USD 10 000.00
Less 5% Commission:		USD 500.00
CIF NET VALUE:		USD 9 500.00

总金额一般要有大小写,大小写金额应相等。大写金额的货币一般可打在数额前,也可置后。货币名称应用全称,金额之后还应加"ONLY"表示"整",也可在货币名称前加"SAY"(计)。例如:USD100.20 大写金额可表述为:(SAY) UNITED STATES DOLLARS ONE HUNDRED AND CENTS TWENTY ONLY。

发票总金额一般不应超过信用证金额。根据《UCP600》的规定,除非信用证另有规定,银行可拒收其金额超过信用证允许金额的商业发票,但如果根据信用证被授权付款、承担延期付款责任、承兑汇票或议付信用证的银行接受了该发票,只要其付款、承担延期付款责任、承兑或议付的金额未超过信用证允许的金额,该银行的决定将对各有关方均具有约束力。例如,议付行接受了超过信用证金额的发票后,开证行、开证申请人等均不得提出异议,但无论如何,汇票的金额不能超过信用证的金额,因为汇票金额是银行凭以付款、承担延期付款责任、承兑或议付的金额。

△本商业发票中总值为:

USD 13 000.00

USD 13 000.00

USD 26 000.00

TOTAL CONTRACT VALUE:SAY U.S. DOLLARS TWENTY-SIX THOUSAND ONLY

7. 加注各种声明文句

位于信用证下方的空白处,可填写信用证的规定内容或特别需要在发票上注明的内容。声明文句是根据不同国家(地区)及不同信用证的要求缮打的,要求确切、通顺、简洁。

例如:WE CERTIFY THAT THE GOODS NAMED ABOVE HAVE BEEN SUPPLIED IN CONFORMITY WITH ORDER NO. 12345.(兹证明本发票所列货物与合同号 12345 相符。)

THIS IS TO CERTIFY THAT THE GOODS NAMED HEREIN ARE OF CHINESE

ORIGIN.（兹证明所列商品系中国产。）

WE HEREBY CERTIFY THAT THE ABOVE MENTIONED GOODS ARE OF CHINESE ORIGIN.（兹证明上述产品在中国制造。）

WE HEREBY CERTIFY THAT THE ABOVE MENTIONED PARTICULARS AND FIGURES ARE TRUE AND CORRECT.（我们谨此证明发票所述详细内容真实无误。）

WE CERTIFY THAT THE GOODS MENTIONED IN THIS INVOICE HAVE NOT BEEN SHIPPED ON BOARD OF ANY VESSEL FLYING ISRAELI FLAG OR DUE TO CALL AT ANY ISRAELI PORT.（兹证明本发票所列货物不装载于悬挂以色列国旗或驶靠任何以色列港口的船只。）

THIS IS TO CERTIFY THAT TWO COPIES OF INVOICE, PACKING LIST AND BILL OF LADING HAVE BEEN AIRMAILED DIRECT TO APPLICANT IMMEDIATELY AFTER SHIPMENT EFFECTED.（兹证明发票、箱单和提单各两份副本，已于装运后立即直接航空快邮寄开证人。）

IT IS HEREBY CERTIFIED THAT THIS INVOICE SHOWS THE ACTUAL PRICE OF THE GOODS DESCRIBED, THAT NO OTHER INVOICE HAS BEEN OR WILL BE ISSUED AND THAT ALL PARTICULARS ARE TRUE AND CORRECT.（兹证明本发票的价格系所述商品的真实价格，并未签发其他发票。）

△本商业发票中，根据信用证的规定“THE NUMBER AND THE DATE OF THIS CREDIT AND THE NAME OF ISSUING BANK MUST BE QUOTED ON ALL DOCUMENTS.”

应该填写：L/C No. DBLC20124501

Date: June 14, 2012

Issuing Bank: HSBC BANK, ANGOLA BRANCH

8. 出单人签名或盖章

商业发票只能由信用证中规定的受益人出具。除非信用证另有规定，用影印、电脑处理或者复写方法制作出来的发票，应该在作为正本的发票上注明“正本”（ORIGINAL）的字样，并且由出单人签字。《UCP600》规定商业发票可不必签字，但来证规定发票需要手签的，则不能盖胶皮签字章，必须手签。对墨西哥、阿根廷出口的商品，即使信用证没有规定，也必须手签。

信用证中要求的是 signed commercial invoice，所以在发票右下角盖公司章或让公司授权签名的人进行手签都可以。

△本商业发票的签章为 BEIJING BLUE SKY TRADING CO.,LTD.。

填制完成的发票如下：

BEIJING BLUE SKY TRADING CO.,LTD.

NO.6 CHAOWAI STREET,DONGCHENG DIS. BEIJING,CHINA

TEL: 0086-10-85270011
FAX: 0086-10-85270012

INV. NO.: BJBS12022
DATE: JULY 7,2012
S/C NO.: LW20120006
L/C NO.: DBLC20124501

COMMERCIAL INVOICE

TO: FERREIRA TRADING CO. LTD
ADD: RUA 21 DE JANEIRO N.21,LUANDA ANGOLA
FROM TIANJIN,CHINA TO LUANDA,ANGOLA

MARKS & NUMBERS	NUMBERS AND KIND OF PACKAGES DESCRIPTIONS OF GOODS	QUANTITY	UNIT PRICE	AMOUNT
FERREIRA LW20120006 GL03/GS06 LUANDA,ANGOLA C/No.1—200	Baby Blanket(100% polyester) Style No. GL03 Style No. GS06 10 pieces to be packed in one export standard carton, total 200 cartons L/C No. DBLC20124501 date:June 14,2012 issuing bank: HSBC BANK, ANGOLA BRANCH	 1 000 pcs 1 000 pcs	CIF LUANDA USD 13.00/PC USD 13.00/PC	 USD 13 000.00 USD 13 000.00
TOTAL		2 000 PCS		USD 26 000.00
SAY TOTAL: SAY U.S. DOLLARS TWENTY-SIX THOUSAND ONLY				

BEIJING BLUE SKY TRADING CO.,LTD.

知识链接与归纳（一）

一、商业发票的定义与作用

1. 商业发票的定义

商业发票，简称发票，是卖方（出口商）向买方（进口商）开具的载有交易货物名称、数量、价格等内容的总清单，是装运货物的总说明。它虽不是物权凭证，但是全套单据的中心，是进出口贸易结算中最主要的单据之一。

2. 商业发票的作用

（1）交易的证明文件。发票是一笔交易的全面叙述，它详细列明了货物名称、数量、单价、总值、重量和规格等内容，它能使进口商识别所装的货物是否属于某笔订单，以及出口商是否按照合同规定的内容和要求装运了所需货物。所以发票是最重要的履约证明文件。

（2）记账的凭证。发票是销售货物的凭证，世界各国的企业都凭发票记账。对出口商来说，通过发票可以了解销售收入、核算盈亏、掌握经济效益。进口商同样根据发票逐笔记账、按时结算货款、履行合同义务。

（3）报关征税的依据。货物装运前，出口商需向海关递交商业发票等单据向海关报关，发票中载明的价值和有关货物的说明是计税和统计的依据。因此，发票是海关验关放行的重要凭证之一。国外进口商进口申报时同样需向当地海关当局呈送发货人的发票，海关凭以核算税金，并使进口商得以迅速清关提货。

（4）替代汇票。在信用证不要求使用跟单汇票时，开证行应根据发票金额付款，这时发票就代替了汇票。其他在不用汇票结汇的业务中（如汇款），也用发票替代汇票进行结算。

除以上几点以外，发票还可作为统计、投保、理赔、外汇核销、出口退税等业务的重要凭证。

二、有关发票的信用证条款示例

（1）Invoice to certify that the goods shipped and other details are as per supplier's S/C No. 888 dated March 3rd 2003.

发票应证明装运货物和其他有关细节符合 2003 年 3 月 3 日第 888 号销售合同书。

（2）Beneficiary's original signed commercial invoices at least in 8 copies issued in the name of the buyer indicating (showing/evidencing/specifying/declaration) description of the merchandise, country of origin and any other relevant information.

以买方为抬头开具,并经受益人签署的商业发票至少一式八份注明商品名称、原产国和有关资料。

(3) All invoices must show FOB, Freight and Insurance Costs separately.

所有发票均应分别列明 FOB 价、运费和保险费。

(4) Combined invoice is not acceptable.

不接受联合发票。

(5) 5% commission to be deducted from the invoice value.

出具发票应从金额中扣除 5% 的佣金。

(6) Invoice to certify that the goods shipped are exactly equal to the samples presented to the buyer.

发票上应证明装运货物与已交付买方的样品相符。

(7) 4% discounts should be deducted from total amount of the commercial invoice.

商业发票总金额中必须扣除 4% 的折扣。

(8) All invoices must show breakdown value: ① FOB value, ② Freight Prepaid, ③ Insurance Premium Prepaid.

所有发票应标明分类价格: ① FOB 价;② 预付运费;③ 预付保险费。

(9) Your declaration that no wood container has been used in packing of the goods listed on the invoice is required.

发票上须声明所列货物未使用木制容器包装。

(10) Commercial invoice must indicate the following: ① That each item is labeled "made in China", ② That one set of non-negotiable shipping documents has been airmailed in advance to buyer.

商业发票必须包括: ① 每件商品都标明"中国制造";② 一套副本装运单据已空邮给买方。

三、《UCP600》有关商业发票的条款

(1)《UCP600》第 18 条 a 款规定,商业发票必须看似由受益人出具(第 38 条规定的情形除外),必须出具成以申请人为抬头(第 38 条 g 款规定的情形除外),必须与信用证的货币相同,无需签字。b 款规定,按指定行事的指定银行、保兑行(如

有的话)或开证行可以接受金额大于信用证允许金额的商业发票,其决定对有关各方均有约束力,只要该银行对超过信用证允许金额的部分未作承付或者议付。c 款规定,商业发票上的货物、服务或履约行为的描述必须与信用证中显示的内容相符。

(2)《UCP600》第 17 条 a 款规定,信用证中规定的各种单据必须至少提供一份正本。b 款规定,除非单据本身表明其不是正本,银行将视任何单据表面上具有单据出具人正本签字、标志、图章或标签的单据为正本单据。c 款规定,在以下情况下除非单据另有显示,银行将接受单据作为正本单据:如果该单据表面看来由单据出具人手工书写、打字、穿孔签字或盖章,或表面看来使用单据出具人的正本信笺,或声明单据为正本,除非该项声明表面看来与所提示的单据不符。d 款规定,如果信用证要求提交副本单据,则提交正本单据或副本单据均可。e 款规定,如果信用证使用诸如“一式两份”“两张”“两份”等术语要求提交多份单据,则可以提交至少一份正本,其余份数以副本来满足,但单据本身另有相反指示者除外。

(3)《UCP600》第 30 条 a 款规定,“约”或“大约”用于信用证金额或信用证规定的数量或单价时,应解释为允许有关金额或数量或单价有不超过 10% 的增减幅度。b 款规定,在信用证未以包装单位件数或货物自身件数的方式规定货物数量时,货物数量允许有 5% 的增减幅度,只要总支取金额不超过信用证金额。c 款规定,如果信用证规定了货物数量,而该数量已全部发运,及如果信用证规定了单价,而该单价又未降低,或当第 30 条 b 款不适用时,则即使不允许部分装运,也允许支取的金额有 5% 的减幅;若信用证规定有特定的增减幅度或使用第 30 条 a 款提到的用语限定数量,则该减幅不适用。

四、其他类型的发票

1. 海关发票

海关发票(Customs Invoice)是根据某些进口国海关的规定,由出口商填制的一种特定格式的发票,它的作用是供进口商凭以向海关办理进口报关、纳税等手续。目前,要求提供海关发票的主要国家(地区)有美国、加拿大、澳大利亚、新西兰、牙买加、加勒比共同市场国家、非洲的一些国家等。

进口国海关根据海关发票查核进口商品的价值和产地来确定该商品是否可以进口、是否可以享受优惠税率,查核货物在出口国市场的销售价格,以确定出口国是否以低价倾销而征收反倾销税,并据以计算进口商应纳的进口税款。因此,对进口商来说,海关发票是一种很重要的单据。各国的海关发票格式有许多不同,请具体操作时留意。

海关发票的作用有:① 供进口商报送核查货物与估价征税之用;② 提供货物原产地依据;③ 供进口国海关核查货物在其本国市场的价格,确认是否倾销等;④ 便于统计。

2. 形式发票

形式发票(Proforma Invoice)也叫预开发票,为出口商要求进口商支付货款,或者为了方便进口商在进口时申请使用外汇、申请进口许可证或安排信用证而预先开出的一种发票。在交易金额较小时,有时买卖双方也可以用形式发票来取代合同。但是需要注意的是,形式发票一般规定有“出口商最后确认为准”的保留条件,不具有法律效力,不能作为国际结算的工具。

形式发票的形式与商业发票基本是相同的,可以用商业发票来改制,但是一定要注明“PROFORMA INVOICE”字样。形式发票须有出口商的开户银行信息,另外加盖公司法人章,给进口商传真过去,进口商确认回传,形式发票最下面要加一句“THIS PROFORMA INVOICE IS WITHOUT LEGAL ENGAGEMENT”(此形式发票不具法律效力)。形式发票的其余内容与正式发票内容一致。

3. 领事发票(Consular Invoice)

拉丁美洲国家、菲律宾等进口国为了了解进口货物的原产地、货物有无倾销等情况,规定进口货物必须要领取进口国驻出口国的领事签证的发票,作为征收有关货物进口关税的前提条件,同时也作为领事馆的经费来源。有些国家对之有固定的格式,可直接向进口国在出口国的领事馆领取,有些国家则直接由其在出口国的领事在商业发票上认证。对于信用证中的此类条款,如我方能够办到,要及时办理,若出口国与我国尚未建立外交关系,即出口地无领事馆,无法办证,则不能接受此类条款的信用证。

4. 厂商发票

厂商发票(Manufacturer’s Invoice)是由出口货物的制造厂商所出具的以本国货币计算价格、用以证明出口国国内市场的出厂价格的发票,供进口国海关估价、核税以及征收反倾销税之用。

5. 样品发票

出口商为了使客户对商品有一个更直观的印象,让客户更好地了解商品的品质、价值等,在交易之前发送商品样品供客户从中选择,为此而制作的发票就是样品发票(Sample Invoice)。所提供的样品,若价值不大,多数是免费赠送,有时会收取部分款项,或收取全额款项,这些都应在发票上加以说明。

任务2:缮制装箱单

操作过程

装箱单、重量单、尺码单尽管内容各有侧重,但缮制方法基本相同。装箱单、重量单、尺码单无统一的格式,本项目使用的装箱单样式如下:

BEIJING BLUE SKY TRADING CO. ,LTD.

NO.6 CHAOWAI STREET,DONGCHENG DIS. BEIJING,CHINA

TEL: 0086-10-85270011
FAX: 0086-10-85270012

INV. NO. : ________
DATE: ________
S/C NO. : ________
L/C NO. : ________

PACKING LIST

TO:

FROM TO

MARKS & NUMBERS	NUMBERS AND KIND OF PACKAGES DESCRIPTIONS OF GOODS	QUANTITY	PACKAGE	G. W	N. W	Meas.
TOTAL						
SAY TOTAL:						

其各栏目的内容填制如下:

1. 单据名称

单据名称应符合信用证的规定。如信用证要求提供重量单,则名称应写为"WEIGHT LIST";如信用证要求提供尺码单,则名称应写为"MEASUREMENT LIST"。

△本单据名称为：

PACKING LIST。

2. 抬头

除非信用证有特别要求，否则银行可接受装箱单表面无抬头（即无开证申请人名称和地址）的表示。

△本装箱单抬头信用证未做特别要求，可不填，也可填为：

FERREIRA TRADING CO.,LTD.

ADD：RUA 21 DE JANEIRO N.21,LUANDA ANGOLA

3. 号码

一般填发票号码。

△本装箱单号码填为：

BJBS12022。

4. 日期

日期即装箱单填制日期，一般与发票相同。如信用证未做规定，也可不注明出单日。

△本装箱单日期填为：

JULY 7,2012。

5. 合同号码和信用证号码等参考信息

△本装箱单的合同号码和信用证号码为：

S/C NO. LW20120006

L/C NO. DBLC20124501

6. 唛头

填写唛头，且必须与发票、信用证及实物印刷完全一致；如无唛头，填 N/M。

△本装箱单唛头填为：

FERREIRA

LW20120006

GL03/GS06

LUANDA,ANGOLA

C/No. 1—200

7. 货物描述

装箱单中所表明的货物应为发票中所描述的货物，但可用与其单据无矛盾的统称表示。

△本装箱单此栏填为：

Baby Blanket(100% polyester)

Style No. GL03

Style No. GS06

10 pieces to be packed in one carton, total 200 cartons

8. 数量及包装数

数量按商品的正常计量单位填，包装填最大包装种类和件数。

△本装箱单此两栏填为：

QUANTITY	PACKAGE
1 000 PCS 1 000 PCS	100 CTNS 100 CTNS

9. 净重、毛重、体积

填写商品的净重、毛重、体积。注意净重和毛重以千克为单位，保留整数。商品的体积单位是立方米，保留三位小数。

△本装箱单此几栏填为：

G. W	N. W	Meas.
1 000 KGS 1 000 KGS	900 KGS 900 KGS	11.137 M^3 11.138 M^3

10. 其他

根据信用证中关于装箱单的特殊要求条款，制作其他内容。

△本装箱单中，根据信用证的规定"THE NUMBER AND THE DATE OF THIS CREDIT AND THE NAME OF ISSUING BANK MUST BE QUOTED ON ALL DOCUMENTS."应该填写：

L/C No. DBLC20124501

date: June 14, 2012

issuing bank: HSBC BANK, ANGOLA BRANCH

11. 签署

当信用证没有规定装箱单签名时，可以不盖章签名，当然也可以盖章签名。

△本装箱单中,不盖章签名。

装箱单缮制结果如下:

BEIJING BLUE SKY TRADING CO.,LTD.

NO.6 CHAOWAI STREET,DONGCHENG DIS. BEIJING,CHINA

TEL: 0086-10-85270011　　INV. NO.: BJBS12022

FAX: 0086-10-85270012　　DATE: JULY 7,2012

S/C NO.: LW20120006

L/C NO.: DBLC20124501

PACKING LIST

TO: FERREIRA TRADING CO. LTD

ADD: RUA 21 DE JANEIRO N.21,LUANDA ANGOLA

FROM TIANJIN,CHINA　　TO LUANDA,ANGOLA

MARKS & NUMBERS	NUMBERS AND KIND OF PACKAGES DESCRIPTIONS OF GOODS	QUANTITY	PACKAGE	G. W	N. W	Meas.
FERREIRA LW20120006 GL03/GS06 LUANDA,ANGOLA C/No. 1—200	Baby Blanket(100% polyester) Style No. GL03 Style No. GS06 10 pieces to be packed in one carton,total 200 cartons L/C No. DBLC20124501 date: June 14,2012 issuing bank: HSBC BANK, ANGOLA BRANCH	 1 000 PCS 1 000 PCS	 100 CTNS 100 CTNS	 1 000 KGS 1 000 KGS	 900 KGS 900 KGS	 11.138 M^3 11.137 M^3
TOTAL		2 000 PCS	200 CTNS	2 000 KGS	1 800 KGS	22.275 M^3
SAY TOTAL	TWO HUNDRED CARTONS ONLY					

知识链接与归纳(二)

一、装箱单、重量单、尺码单的概述

装箱单、重量单、尺码单统称为包装单据。包装单据是指一切记载或描述商品包装情况的单据,也是商业发票的补充单据。

装箱单又称包装单,是表明出口货物的包装形式、包装内容、数量、重量、体积或件数的单据。其主要用途是作为海关验货、公证行核对和进口商提货点数的凭证。装箱单还可作为商业发票补充文件,用以补充说明各种不同规格货物所装之

箱号及各箱的重量、体积、尺寸等内容。装箱单并无固定的格式和内容，只能由出口商根据货物的种类和进口商的要求而仿照商业发票的大体格式来制作，但在一般情况下，装箱单除有合同号码、发票号码外，还应包括商品的名称、唛头、装箱编号、包装类型、颜色与尺寸搭配、货物数量、包装数量、重量、体积等。若要求提供详细包装单，则必须提供尽可能详细的装箱内容，描述每件包装的细节，包括商品的货号、色号、尺寸搭配、毛净重及包装尺码。

二、有关装箱单的信用证条款示例

(1) Separate packing list in full details required.

装箱单必须做详细的缮制。

(2) Combined packing list is not acceptable.

联合格式的装箱单。

(3) Packing list showing gross and net weights expressed in kilos of each type of goods required.

装箱单以千克计重，标明货物的毛重和净重。

(4) Packing list in 3 copies manually signed by the beneficiaries.

装箱单一式三份，由受益人手签。

(5) Packing list detailing the complete inner packing specification and contents of each package.

装箱单说明货物内部的包装规格及内容。

实训练习

一、单项选择题

1. 以下哪种单据不属于发票类？(　　)

A. 花色搭配单　　B. 海关发票　　C. 领事发票　　D. 形式发票

2. 包装单据一般不应显示货物的(　　)，因为进口商把商品转售时只需交付包装单据和货物，而不愿泄漏其购买成本。

A. 品名、总金额　　B. 单价、总金额　　C. 包装件数、品名　　D. 品名、单价

3. 发票上的货物数量应与信用证一致，如信用证在数量前使用“约”“大约”等字眼时，应理解为：(　　)。

A. 货物数量有不超过5%的增减幅度　　B. 货物数量有不超过10%的增减幅度

C. 货物数量有不超过3%的增减幅度　　D. 货物数量不得增减

4. 信用证要求提供厂商发票的目的是：(　　)。

A. 查验货物是否已经加工生产　　B. 核对货物数量是否与商业发票相符
C. 检查是否有反倾销行为　　D. 确认货物数量是否符合要求

5. 一般情况下，商业发票的金额应与(　　)一致。
A. 合同金额　　B. 信用证金额　　C. 保险金额　　D. 实际发货金额

6. 海关发票是由(　　)制定的一种特殊发票格式。
A. 出口商　　B. 进口商　　C. 出口国海关　　D. 进口国海关

7. 下列哪点不是商业发票的作用？(　　)
A. 是进出口报关完税必不可少的单据　　B. 是全套单据的核心
C. 是结算货款的依据　　D. 是物权凭证

8. 根据作用不同，发票可分为商业发票、海关发票、形式发票、领事发票、厂商发票、联合发票和证实发票等，其中(　　)是出口业务结汇中最重要的单据之一，是单证工作的核心单据。
A. 商业发票　　B. 形式发票　　C. 领事发票　　D. 证实发票

9. 发票中不得表明(　　)。
A. 折扣、佣金　　B. 价格条件
C. 免费的样品、广告材料　　D. 扣减预付款

10. 如果信用证禁止分批装运，只要货物全部装运，且单价没有减少，则发票金额允许有(　　)的减幅。
A. 10%　　B. 5%　　C. 3%　　D. 2%

二、多项选择题

1. 发票的主要内容包括(　　)。
A. 首文部分　　B. 自由处理区　　C. 正文部分　　D. 结尾部分

2. 信用证要求“发票”而未做进一步定义，则受益人提交下列(　　)发票都是可接受的。
A. 商业发票　　B. 临时发票　　C. 形式发票　　D. 最终发票

3. 根据《UCP600》的规定，除非信用证另有规定，商业发票(　　)。
A. 必须由信用证中指定的受益人签发　　B. 必须做成开证申请人抬头
C. 必须签署　　D. 金额不得超过信用证金额

4. 商业发票是卖方向买方签发的载明货物的品质、数量、包装和价格等内容，并凭以索取货款的凭证，其作用主要有(　　)。
A. 是买卖双方收付货款及记账的依据　　B. 是货物运输的收据
C. 是买卖双方办理报关、纳税的依据　　D. 是缮制其他出口单据的依据

5. 以下单据中作为发票的附属单据，对发票起着补充说明作用的是(　　)。
A. 运输单据　　B. 保险单据　　C. 装箱单　　D. 重量单

三、判断题

1. 如果合同和信用证中均未规定具体唛头，则填写发票时，“唛头”一栏可以空白不

填。(　　)

2. 信用证要求 PACKING LIST TO BE MADE OUT IN NEUTRAL FORM,则装箱单中不能显示出具人名称。(　　)

3. 商业发票上的货物描述应详细,而装箱单的货物描述只需用商品品名。(　　)

4. 装箱单的主要作用是补充商业发票内容的不足,便于买方掌握商品的包装、数量及供进口国海关检查和核对货物。(　　)

5. 商业发票的日期应早于提单的日期。(　　)

6. 除非信用证另有规定,商业发票必须由信用证的受益人开立。(　　)

7. 装箱单据的英文名称通常有"PACKING LIST""WEIGHT LIST""SPECIFICATION LIST""ASSORTMENT LIST"等,实际业务中,买卖双方可根据商品特性自行选择使用。(　　)

8. 若信用证没有明确规定,装箱单可以无需签字。(　　)

9. 商业发票的抬头人一般指信用证中的受益人。(　　)

10. 装箱单或重量单的签发日期应等于或迟于发票签发日,也可早于发票签发日。(　　)

四、根据下列所给资料缮制一份发票,唛头号码由受益人决定

FROM BRITISH BANK OF THE MIDDLE EAST, JEBEL HUSSEIN, AMMAN, JORDAN.

TO THE HONG KONG AND SHANGHAI BANKING CORPORATION LIMITED.

SHANGHAI OFFICE: 6/F FU TAIANSION 104 HUQIU ROAD. SHANGHAI, CHINA

BENEFICIARY: GOOD FRIEND ARTS AND CRAFTS IMP. & EXP. CO.

301 SAN TIAO XIANG, CHAOZHOU, GUANGDONG, CHINA

APPLICANT: INTERNATIONAL TRADING AND RE-EXPORT CO. (ZERKA FREE ZONE). P.

O. BOX 1147. AMMAN-JORDAN., FAX:623267, TEL:630353.

DC NO.: DCFJOM970603

FORM OF DC: IRREVOCABLE

DATE OF ISSUE: 20 MAY, 2004

EXPIRY DATE AND PLACE: 30 JULY, 2004 CHINA

DC AMOUNT: USD 26 160.00, CFR AQABA, JORDAN

MAX CR AMT: NOT EXCEEDING....

AVAILABLE WITH/BY: ANY BANK BY NEGOTIATION

DRAFTS AT: AT SIGHT FOR FULL INVOICE VALUE, MENTIONING THIS DC NO.

DRAWEE: ISSUING BANK

LATEST DATE OF SHIPMENT: 15 JULY, 2004

GOODS: 24 000 PAIRS "EVA" SLIPPER MODEL DO27 SIZE 36—40

24 000 PAIRS "EVA" SLIPPER MODEL DO02 SIZE 30—35

ALL IN 4 ASSORTED COLORS, LIGHT BLUE, RED, PINK AND VIOLET

AS PER S/C 97 ACX417 DATED APR. 17,2004

DOUMENTS REQUIRED:

SIGNED INVOICES IN SIX COPIES SHOWING THAT THE GOODS EXPORTED ARE OF CHINESE ORIGIN,THE ORIGINAL INVOICE IS TO BE DULY CERTIFIED BY THE CHINA COUNCIL FOR THE PROMOTION OF INTERNATIONAL TRADE.

ADDITIONAL CONDITIONS:

(1) "MADE IN CHINA" MUST BE STICKED ON EACH PAIR AND THE RELATIVE INVOICES MUST CERTIFY TO THIS EFFECT.

(2) INVOICES MUST CERTIFY THAT THE CARTON SIZE ASSORTMENT IS AS FOLLOWS:

FOR SIZE 36—40:36/6,37/12,38/15,39/15,40/12,EQUAL 60 PAIRS.

FOR SIZE 30—35:30/8,31/8,32/10,33/10,34/12,35/12,EQUAL 60 PAIRS.

(3) ALL DOCUMENTS REQUIRED UNDER THIS DOCUMENTARY CREDIT SHOULD BE ISSUED IN ARABIC AND/OR ENGLISH.

(4) ALL DOCUMENTS REQUIRED UNDER THIS DOCUMENTARY CREDIT MUST MENTION THIS DC NUMBER AND THE ISSUING BANK NAME.

五、根据上题中的信用证缮制一份装箱单,装箱单上需表明总箱数(数字、文字两种表示方法)、总毛重、总净重、总数量及总体积,并且要有唛头,还须表明每箱毛重、净重、体积,设每箱毛重、净重、体积的资料如下:

ART NO.	SIZE	QTY.(PAIR)	CTNS.	GW.(KG)	NW.(KG)	MEAS.(CM)
DO27	36—40	24 000	400	25/10 000	23/9 200	60 × 55 × 40
DO02	30—35	24 000	400	22/8 800	20/8 000	60 × 50 × 40

第三单元　办理报检操作

学习目标

1. **知识目标**

了解报检的相关法规、政策和报检流程。

熟悉换证凭条、换证凭单和通关单的用途。

2. **能力目标**

能准确填制报检委托书。

能根据合同或信用证条款准确填制报检单。

工作任务

因为童毯（HS 编码 6301400000）的监管证件代码是 B，即出境货物通关单属于法定检验的商品范围，所以北京蓝天贸易有限公司必须先办理法定检验才能出口这批货物。本批货在北京报检，在天津口岸出境。产地与报关地不一致，应办理换证放行手续。王芳希望委托北京顺昌针织有限公司向北京出入境检验检疫局报检，所以现在的工作任务是：

任务 1：制作出境货物报检单

任务 2：制作报检委托书

任务 3：办理报检手续

任务 1：制作出境货物报检单

2012 年 7 月 7 日，王芳根据出口合同、信用证、商业发票和相关信息（北京蓝天贸易有限公司的报检登记号为 1100703612）制作出境货物报检单。报检单力求认真、准确、完整地填写，填写内容必须与随附单据相符，填写必须完整、准确、真实，不得涂改，对无法填写的栏目或无此内容的栏目统一填写“＊＊＊”。原则上一批货物填写一份报检单。“一批”货物是指同一合同、同一类货物、同一种运输工具、运往同一地点,特殊情况除外。填制完毕的报检单必须加盖报检单位公章或已经向检验检疫机构备案的"报检专用章",报检人应在签名栏签名,注意必须是本人手签,不得代签。

中华人民共和国出入境检验检疫
出境货物报检单

报检单位(加盖公章): * 编号 ______

报检单位登记号: 联系人: 电话: 报检日期: 年 月 日

<table>
<tr><td rowspan="2">发货人</td><td colspan="5">(中文)</td></tr>
<tr><td colspan="5">(外文)</td></tr>
<tr><td rowspan="2">收货人</td><td colspan="5">(中文)</td></tr>
<tr><td colspan="5">(外文)</td></tr>
<tr><td>货物名称(中/外文)</td><td>H.S.编码</td><td>产地</td><td>数/重量</td><td>货物总值</td><td>包装种类
及数量</td></tr>
<tr><td></td><td></td><td></td><td></td><td></td><td></td></tr>
</table>

<table>
<tr><td>运输工具名称号码</td><td colspan="2"></td><td>贸易方式</td><td></td><td>货物存放地点</td><td></td></tr>
<tr><td>合同号</td><td colspan="2"></td><td>信用证号</td><td></td><td>用途</td><td></td></tr>
<tr><td>发货日期</td><td></td><td>输往国家(地区)</td><td></td><td>许可证/审批号</td><td colspan="2"></td></tr>
<tr><td>启运地</td><td></td><td>到达口岸</td><td></td><td>生产单位注册号</td><td colspan="2"></td></tr>
<tr><td colspan="2">集装箱规格、数量及号码</td><td colspan="5"></td></tr>
<tr><td colspan="2">合同、信用证订立的检验
检疫条款或特殊要求</td><td colspan="2">标记及号码</td><td colspan="3">随附单据(划"✓"或补填)</td></tr>
</table>

（续表）

<table>
<tr><td colspan="2"></td><td colspan="2"></td><td>□ 合同
□ 信用证
□ 发票
□ 换证凭单
□ 装箱单
□ 厂检单</td><td>□ 包装性能结果单
□ 许可/审批文件
□
□
□
□</td></tr>
<tr><td colspan="4">需要证单名称(划"✓"或补填)</td><td colspan="2">* 检验检疫费</td></tr>
<tr><td colspan="2" rowspan="3">□ 品质证书 _正_副
□ 重量证书 _正_副
□ 数量证书 _正_副
□ 兽医卫生证书 _正_副
□ 健康证书 _正_副
□ 卫生证书 _正_副
□ 动物卫生证书 _正_副</td><td colspan="2" rowspan="3">□ 植物检疫证书 _正_副
□ 熏蒸/消毒证书 _正_副
□ 出境货物换证凭单
□ 出境货物通关单
□
□
□</td><td>总金额
(人民币元)</td><td></td></tr>
<tr><td>计费人</td><td></td></tr>
<tr><td>收费人</td><td></td></tr>
<tr><td colspan="4" rowspan="3">报检人郑重声明：
1. 本人被授权报检。
2. 上列填写内容正确属实，货物无伪造或冒用他人的厂名、标志、认证标志，并承担货物质量责任。
签名：__________</td><td colspan="2">领取证单</td></tr>
<tr><td>日期</td><td></td></tr>
<tr><td>签名</td><td></td></tr>
</table>

注：有" * "号栏由出入境检验检疫机关填写。　　◆国家出入境检验检疫局制

操作过程

王芳通过九城软件或榕基软件登陆电子报检系统填制出境货物报检单如下各栏目内容：

1. 编号

该编号无需外贸单证员填写，是由系统在正式受理报检时自动生成的15位数报检号。该编号的前6位为检验检疫局机关代码，第7位为报检类代码，第8、第9位为年代码，第10至15位为流水号。

2. 报检单位

报检单位指经国家质量监督检验检疫总局(以下简称"国家质检总局")审核，获得许可、登记，并取得国家质检总局颁发的《自理报检单位备案登记证明书》或《代理报检单位备案登记证明书》的企业。

本栏填报检单位的中文名称，并加盖与名称一致的公章。

△本业务的填写：北京蓝天贸易有限公司。

3. 报检单位登记号

报检单位登记号指报检单位在国家质检总局登记的登记证号码。本栏填10位数登记证号码。

联系人:填报检人员姓名。

电话:填报检人员的联系电话。

△本业务的填写:

报验单位登记号:1100703612;联系人:王芳;电话:010-85270011。

4. 报验日期

报验日期指检验检疫机构接受报检当天的日期。

本栏填制的报检日期统一用阿拉伯数字来表示,而不用英文等表示。

△本业务的填写:2012 年 7 月 7 日。

5. 发货人

发货人指外贸合同中的供货商,或商业发票上的出票人。

本栏分别用中、英文对照分行填报发货人名称。

△本业务的填写:

发货人

(中文)北京蓝天贸易有限公司

(外文)BEIJING BLUE SKY TRADING CO. ,LTD.

6. 收货人

收货人指外贸合同中的进口商,或商业发票上的受票人。

本栏分别用中、英文对照分行填报收货人名称。

△本业务的填写:

(中文)FERREIRA 贸易有限公司

(外文)FERREIRA TRADING CO. ,LTD.

7. 货物名称(中/外文)

货物名称指被申请报检的出境货物名称、规格、型号、成分以及英文对照。

本栏应按合同、信用证、商业发票中所列商品名称的中、英文填写。

△本业务的填写:童毯/Baby Blanket。

8. H.S. 编码

H.S. 编码指海关《协调商品名称及编码制度》中所列编码,并以当年海关公布的商品税则编码为准。本栏填报 8 位商品编码。

注意:有些商品有最后两位补充编码时,应填报10位编码。

△本业务的填写:6301400000。

9. 产地

在出境货物报检单中,产地指货物生产地、加工制造地的省、市、县名。

本栏填报出境货物生产地的省、市、县的中文名称。

△本业务的填写:北京。

10. 数/重量

数/重量指以商品编码计量标准项下的实际检验检疫数量、重量。本栏按实际申请检验检疫的数/重量填写,重量须填净重。

注意:本栏可以填报一个以上计量单位,如第一计量单位为“个”,第二计量单位为“千克”等。

△本业务的填写:2 000件。

11. 货物总值

货物总值指出境货物的商业总值及币种。本栏应与合同、发票或报关单上所列货物总值一致。

注意:本栏不需要填报价格条件如“CIF”或“FOB”等。

△本业务的填写:26 000美元。

12. 包装种类及数量

包装种类及数量是指货物实际运输外包装的种类及数量。本栏应按照实际运输外包装的种类及对应数量填报,如“200箱”等。

注意:实际运输中为了方便装卸和保护外包装,常用托盘集中包装,这时除了填报托盘种类及数量以外,还应填报托盘上小包装数量及包装种类。

△本业务的填写:200个纸箱。

13. 运输工具名称号码

运输工具名称号码指载运出境货物运输工具的名称和运输工具编号。本栏填制实际出境运输工具的名称及编号,如船舶名称及航次等。

注意:实际报检申请时,若未定运输工具的名称及编号时,可以笼统填制运输方式总称,如填报“船舶”或“飞机”等。

△本业务的填写:船舶。

14. 合同号

合同号指对外贸易合同、订单、形式发票等的号码。本栏填报的合同号应与随附的合同等号码一致。

△本业务的填写:LW20120006。

15. 贸易方式

贸易方式指该批货物的贸易性质,即买卖双方将商品所有权通过什么方式转让。

本栏填报与实际情况一致的海关规范贸易方式。常见的贸易方式有“一般贸易”“进料加工”“来料加工贸易”“易货贸易”“补偿贸易”等90多种贸易方式。

△本业务的填写:一般贸易。

16. 货物存放地点

货物存放地点指出口货物的生产企业所存放出口货物的地点。

本栏按实际填报具体地点、仓库。

△本业务的填写:北京市朝阳区十八里店路39号。

17. 发货日期

发货日期指货物实际出境的日期。

按实际开船日或起飞日等填报发货日期,以年、月、日的方式填报。

△本业务的填写:2012.7.14。

18. 输往国家(地区)

输往国家(地区)指出口货物直接运抵的国家(地区),是货物的最终销售国。

本栏填报输往国家(地区)的中文名称。

△本业务的填写:安哥拉。

19. 许可证/审批号

申报涉及需许可/审批的货物应填写相应的许可证/审批号,如“出口产品质量许可证”“出口生产企业卫生登记、注册证”“出口食品标签审核证书”“出口化妆品标签审核证书”“出口电池产品备案书”“出口商品型式试验确认书”及其他证书的编号。无需许可证或审批文件的出境货物本栏免报。

△本业务的填写:无。

20. 生产单位或注册号

生产单位或注册号指出入境检验检疫机构签发给生产单位的卫生注册证书号或加工厂的注册号码等。

本栏填报实际生产单位的注册号。

△本业务的填写:无。

21. 启运地

本栏填报出境货物最后离境的口岸或所在地的中文名称,如“宁波口岸”等。

△本业务的填写:天津。

22. 到达口岸

到达口岸指出境货物运往境外的最终目的港。

最终目的港可预知的,按实际到达口岸的中文名称填报;最终到达口岸不可预知的,可按尽可能预知的到达口岸填报。

△本业务的填写:罗安达。

23. 集装箱规格、数量及号码

集装箱规格指国际标准的集装箱规格尺寸。常见的四种箱型有 A 型、B 型、C 型和 D 型。它们的尺寸有 10 多种,主要有 20′C 型、40′A 型等。

集装箱的数量指实际集装箱数量,而不是换算标准箱。

集装箱号码指国际集装箱的识别号码,其组成规则是:箱主代号(3 位字母)+设备识别号(“U”为海运集装箱)+顺序号(6 位数字)+检测号(1 位),如 TGHU8491952。

△本业务的填写:1 ×20′FCL COSU2233987。

24. 合同、信用证订立的检验检疫条款或特殊要求

在合同中订阅的有关检验检疫的特殊条款及其他要求应填入此栏。

△本业务的填写:无。

25. 标记及号码

货物的标记及号码,又称为货物的唛头,主要用于识别货物。本栏应根据实际合同、发票等外贸单据上的内容填报。

注意:如没有唛头应填报“N/M”,不可以空缺。

△本业务的填写:

FERREIRA

LW20120006

GL03/GS06

LUANDA,ANGOLA

C/No.1—200

26. 用途

从以下 9 个选项中选择符合实际出境货物用途来填报:种用或繁殖、食用、奶用、观赏或演艺、伴侣动物、试验、药用、饲用及其他。

△本业务的填写:其他。

27. 随附单据(划"✓"或补填)

按照实际随附的单据种类划"✓"或补充填报随附单据。

△本业务的填写:在合同、信用证、发票、装箱单、厂检单和包装性能结果单前划"✓"。

28. 需要单证名称(划✓或补填)

将报检单位需要检验检疫机构出具的有关证单按此栏所列名称勾划在小方格内并填明正、副本的份数,但最多不得超过1正2副。特殊情况下可填2份正本,应申明原因经检验检疫机关同意后方可出具,亦可补填所需的检验检疫机关可以出具的相关证单名称。

△本业务的填写:在出境货物换证凭单前划"✓"。

29. 签名

由持有《报检员证》的报检员手签。

△本业务的填写:陈红。

30. 检验检疫费用

由检验检疫机构计费人员核定费用后填写,如熏蒸费和消毒费等。

31. 领取证单

报检人在领取证单时填写领证日期和领证人签名。

填写出境货物报检单并保存发送后,会得到系统"收到"的回执,表明已通过机审,但尚未正式受理。此时系统会产生15位数+E的预录入号。当检验检疫机构正式受理时,会由检务人员进行审单,审单结束后,企业会得到系统"正确"或"错误"的回执。回执显示"错误"表示系统审查有误退回或检务审核有误退回,回执显示"正确"表示检务已正式受理报检,产生的正式报检号为15位数。然后,外贸单证员即可打印出境货物报检单,完成报检工作。

缮制的报检单如下:

中华人民共和国出入境检验检疫
出境货物报验单

报验单位(加盖公章):　　　　　　　　　　　　　　*编号 ________________

报验单位登记号:1100703612　联系人:王芳　电话:010-85270011　报验日期:2012年7月7日

发货人	(中文)北京蓝天贸易有限公司						
	(外文)BEIJING BLUE SKY TRADING CO. ,LTD.						
收货人	(中文)FERREIRA贸易有限公司						
	(外文)FERREIRA TRADING CO. LTD						
货物名称(中/外文)	H.S.编号	产地	数/重量	货物总值	包装种类及数量		
童毯/Baby Blanket	6301400000	北京	2 000件	26 000美元	200个纸箱		
运输工具名称号码	船舶	贸易方式	一般贸易	货物存放地点	北京市朝阳区十八里店路39号		
合同号	LW20120006	信用证号	DBLC20124501	用途	其他		
发货日期	2012.7.14	输往国家	安哥拉	许可证/审批号	无		
启运地	天津	到达口岸	罗安达	生产单位或注册号	无		
集装箱规格、数量及号码	1×20′FCL　COSU2233987						
合同、信用证订立的检验检疫条款或特殊要求	标记及号码	随附单据(划"✓"或补填)					
无	FERREIRA LW20120006 GL03/GS06 LUANDA,ANGOLA C/No. 1—200	☑ 合同 ☑ 信用证 ☑ 发票 ☐ 换证凭单 ☑ 装箱单 ☑ 厂检单	☑ 包装性能结果单 ☐ 许可/审批文件 ☐ ☐ ☐ ☐				
需要证单名称(划"✓"或补填)		检验检疫费					
☐ 品质证书 _正_副 ☐ 重量证书 _正_副 ☐ 数量证书 _正_副 ☐ 兽医卫生证书 _正_副 ☐ 健康证书 _正_副 ☐ 卫生证书 _正_副 ☐ 动物卫生证书 _正_副	☐ 植物检疫证书 _正_副 ☐ 熏蒸/消毒证书 _正_副 ☑ 出境货物换证凭单 ☐ 出境货物通关单 ☐ ☐ ☐	总金额(人民币元)					
		计费人					
		收费人					
报检人郑重声明: 1. 本人被授权报检。 2. 上列填写内容正确属实,货物无伪造或冒用他人的厂名、标志、认证标志,并承担货物质量责任。 签名:陈红		领取证单					
		日期					
		签名					

注:有"*"号栏由出入境检验检疫机关填写。　　◆国家出入境检验检疫局制

知识链接与归纳（一）

一、商检基础知识

（一）出入境检验检疫的含义

出入境检验检疫是指作为政府的一个行政部门,以保护国家整体利益和社会效益为衡量标准,以法律、行政法规、国际惯例或进口国法规要求为准则,对出入境货物、交通运输工具、人员及其事项等进行检验检疫、管理和认证,并提供官方检验检疫证明、居间检验检疫公证和鉴定证明的全部活动。

（二）商检机构的种类

在国际贸易中,商检机构大致可以分为官方、半官方和非官方三种检验机构。

1. 官方检验机构

官方检验机构是指由国家或地方政府投资,按照国家有关法律、行政法规对进出口商品的质量检验工作实施法定检验检疫和监督管理的机构。这是每个主权国家为了保护本国利益而采取强制性措施所设立的,如中华人民共和国国家质量监督检验检疫总局(AQSIQ)、英国标准协会(BSI)等。

2. 半官方检验机构

半官方检验机构是指由国家批准设立的公证检验机构。它由政府授权,使其代表政府进行商品检验鉴定工作或某一方面的检验管理工作,作为国家行政执法部门实施监督管理的有效依据,如美国安全实验所(Underwriter's Laboratory)。

3. 非官方检验机构

非官方检验机构是指由私人创办的、具有专业检验鉴定技术能力的公证行或检验公司,如英国劳氏船级社。

（三）我国的商品检验机构及其业务范围

中华人民共和国国家质量监督检验检疫总局,简称国家质检总局,于2001年4月成立。它行使原国家技术监督局和原国家出入境检验检疫局的职能。国家质检总局设在全国各地的直属检验检疫局、商检机构和办事处管理所辖地区出入境检验检疫工作。国家质检总局下设的主要事业单位有中国国家认证认可监督管理委员会、中国国家标准化管理委员会和中国进出口商品检验总公司。其中,中国进出口商品检验总公司(China National Import and Export Commodities Inspection Corporation,CCIC)是非政府的综合性进出口商品检验机构,按照国际惯例运作,以第三者的地位,秉承独立、公正、科学的态度,开展进出口商品的检验和鉴定业务服务。

二、报检和报检单位

(一) 报检的含义

进出口商品报检是指进出口商品的收发货人或其代理人根据《中华人民共和国进出口商品检验法》及其实施条例等有关法律、行政法规的规定,在检验检疫机构规定的地点和期限内向出入境检验检疫机构申请对其进出口商品实施法定检验程序。

(二) 报检的依据

(1)《中华人民共和国进出口商品检验法》(以下简称《商检法》)及实施条例;

(2)《中华人民共和国进出境动植物检疫法》及实施条例;

(3)《中华人民共和国国境卫生检疫法》及实施细则;

(4)《中华人民共和国食品卫生法》;

(5) 其他与出入境检验检疫相关的法规。

(三) 报检的种类

1. 进境商品的报检

进境货物报检可分为进境一般报检、进境流向报检和异地施检报检。

(1) 进境一般报检。进境一般报检是指法定检验检疫进境货物的货主或其代理人,持有关证单向卸货口岸检验检疫机构申请取得《入境货物通关单》,并对货物进行检验检疫的报检。对进境一般报检业务而言,签发《入境货物通关单》和对货物的检验检疫都由口岸检验检疫机构完成,货主或其代理人在办理完通关手续后,应主动与货物目的地检验检疫机构联系落实检验检疫工作。

(2) 进境流向报检。进境流向报检亦称口岸清关转异地进行检验检疫的报检,指法定检验检疫进境货物的收货人或其代理人持有关单证在卸货口岸向口岸检验检疫机构报检,获取《入境货物通关单》并通关后,由进境口岸检验检疫机构进行必要的检疫处理,货物调往目的地后再由目的地检验检疫机构进行检验检疫监管。申请进境流向报检货物的通关地与目的地属于不同辖区。

(3) 异地施检报检。异地施检报检是指已在口岸完成进境流向报检、货物到达目的地后,该批进境货物的货主或其代理人在规定的时间内,向目的地检验检疫机构申请进行检验检疫的报检。因进境流向报检只在口岸对装运货物的运输工具和外包装进行了必要的检验处理,并未对整批货物进行检验检疫,只有在检验检疫机构对货物实施了具体的检验检疫,确认其符合有关检验检疫要求及合同、信用证的规定之后,货主才能获得相应的准许进口货物销售使用的合法凭证,完成进境货物的检验检疫工作。异地施检报检时应提供口岸检验检疫机构签发的《入境货物调离通知单》。

2. 出境商品的报检

出境货物报检可分为出境一般报检、出境换证报检、出境货物预检报检。

(1) 出境货物一般报检。出境货物一般报检是指法定检验检疫出境货物的货主或其代理人,持有关证单向产地检验检疫机构申请检验检疫以取得出境放行证明及其他证单的报检。对于出境一般报检的货物,检验检疫合格后,在当地海关报关的,由报关地检验检疫机构签发《出境货物通关单》,货主或其代理人持《出境货物通关单》向当地海关报关;在异地海关报关的,货主或其代理人持由产地检验检疫机构签发的《出境货物通关单》或"换证凭条"向报关地的检验检疫机构申请换发《出境货物通关单》。

(2) 出境换证报检。出境换证报检是指经产地检验检疫机构检验检疫合格的法定检验检疫出境货物的货主或其代理人,持产地检验检疫机构签发的《出境货物换证凭单》或"换证凭条"向报关地检验检疫机构申请换发《出境货物通关单》的报检。对于出境换证报检的货物,报关地检验检疫机构按照国家质检总局规定的抽查比例进行查验。

(3) 出境货物预检报检。出境货物预检报检是指货主或其代理人持有关单证向产地检验检疫机构申请对暂时还不能出口的货物预先实施检验检疫的报检。预检报检的货物经检验检疫合格的,检验检疫机构签发《出境货物换证凭单》;正式出口时,货主或其代理人可在检验检疫有效期内持此单向检验检疫机构申请办理放行手续。申请预检报检的货物通常是经常出口的、非腐烂变质、非易燃易爆的商品。

(四) 报检单位

出入境检验检疫报检单位有两类:自理报检单位和代理报检单位。

1. 自理报检单位

自理报检单位是指经报检单位工商注册所在地辖区出入境检验检疫机构审查合格,办理过备案登记手续并取得报检单位代码后,能够自行办理相关报检/申报手续的境内企业法人或其他报检单位。

2. 代理报检单位

代理报检单位是指经国家质检总局注册登记,受出口货物生产企业的委托或受进出口货物发货人、收货人的委托,或受对外贸易关系人等的委托依法代为办理出入境检验检疫报检/申请事宜的,在工商行政管理部门注册登记的境内企业法人。代理报检单位的申办应具备以下条件:

(1) 在工商行政管理部门颁发的企业法人营业执照中,其经营范围中列明有代理报检或与之相关的经营权;

(2) 注册资金需人民币100万元以上;

(3) 有固定营业场所及符合办理检验检疫报检业务所需的设施;

(4) 有健全的有关代理报检的管理制度;

(5) 有不少于5名具有报检员资格证的人员;

(6) 国家质检总局规定的其他必备条件。

(五) 报检的有关单证规定

1. 出境报检的单证规定

出境货物报检时,应根据合同、装箱单、发票,填制《出境货物报检单》,并提供外贸合同或销售确认书或订单、信用证、有关函电、生产经营部门出具的厂检结果单原件、检验检疫机构签发的《出境货物运输包装性能检验结果单》(正本);凭样品成交的,须提供样品;经预检的货物,在向检验检疫机构办理换证放行手续时,应提供该检验检疫机构签发的《出境货物换证凭单》(正本);产地与报关地不一致的出境货物,在向报关地检验检疫机构申请《出境货物通关单》时,应提交产地检验检疫机构签发的《出境货物换证凭单》(正本)或"换证凭条";出口危险货物时,必须提供《出境货物运输包装性能检验结果单》(正本)和《出境危险货物运输包装使用鉴定结果单》(正本);预检报检的,还应提供货物生产企业与出口企业签订的贸易合同,尚无合同的,需在报检单上注明检验检疫的项目和要求,并按照检验检疫的要求,提供其他特殊单证。

2. 进境报检的单证规定

入境货物报检时,报检员先根据提单、装箱单,填制《入境境货物报检单》,并提供外贸合同、发票、提(运)单、装箱单等有关证单。按照检验检疫的要求,提供相关其他特殊证单,如实施安全质量许可、卫生注册或其他需审批审核的货物,应提供有关证明;需要品质检验的还应提供国外品质证书或质量保证书、产品使用说明书及有关标准和技术资料;报检入境废物时,还应提供国家环保部门签发的《进口废物批准证书》和经认可的检验机构签发的装运前检验合格证书等;申请残损鉴定的还应提供理货残损单、铁路商务记录、空运事故记录或海事报告等证明货损情况的有关单证;申请重(数)量鉴定的还应提供重(数)量明细单、理货清单等;货物经收、用货部门验收或其他单位检测的,应随附验收报告或检测结果以及重量明细单等;入境的动植物及其产品,在提供贸易合同、发票、产地证书的同时,还必须提供输出国家或地区官方的检疫证书;需办理入境检疫审批手续的,还应提供入境动植物检疫许可证;过境动植物及其产品报检时,应持货运单和输出国家或地区官方出具的检疫证书;运输动物过境时,还应提交国家检验检疫局签发的动植物过境许可证;报检入境运输工具、集装箱时,应提供检疫证明,并申报有关人员的健康状况。

（六）电子报检

电子报检是指报检人使用电子报检软件通过检验检疫业务服务平台将报检数据以电子报文方式传输给检验检疫机构,经检验检疫机构业务管理系统和检务人员的处理后,将受理报检报验信息反馈给报检人,实现远程办理出入境检验检疫报检的行为。

1. 申请电子报检的报检人应符合的条件

(1) 已在检验检疫机构办理报检人登记备案或注册登记手续;

(2) 具有经检验检疫机构培训考核合格的报检员;

(3) 具备开展电子报检的软硬件条件;

(4) 在国家质检总局指定机构办理电子业务开户手续。

2. 报检人申请电子报检时应提供的资料

(1) 报检人的登记备案或注册证明复印件;

(2)《电子报检登记申请》;

(3)《电子业务开户登记表》。

检验检疫机构应及时对申请开展电子报检业务的报检人进行审核。经审核合格的报检人可以开展电子报检业务。

3. 电子报检的一般工作流程

(1) 报验环节

① 对报验数据的审核采取“先机审、后人审”的程序进行。企业发送电子报检数据后,检验检疫总局电子审单中心按计算机系统数据规范性和有关要求,对数据进行自动审核,对不符合要求的,反馈错误信息,对符合要求的,将报检信息

传输给受理报检人员。该受理员进行再次审核,符合规定的,将成功受理的报检信息同时反馈给报检单位和施检部门,并提示报检企业与相应的施检部门联系检验检疫事项。

② 出境货物电子报检后,报检员应按受理报检要求,在机构施检时交报检单和随附单据。

③ 入境货物电子报检后,报检员按报检要求,在领《入境货物通关单》时交报检单和附件。

④ 电子报检单位对已发送的报检申请需要更改或撤销时,应另外发送更改或撤销申请,检验检疫机构按有关规定办理。

(2) 施检环节

报检单位接到"查验施检"信息后,按信息中的提示与施检部门联系检验检疫的具体事项,如检验检疫时间、内容、地点等,在现场检验检疫时持打印报检单和随附单据提交施检人员审核,不符合要求的,施检人员将要求企业立即更改,并反馈信息给受理报检部门。

(3) 计收费

计费由电子审单系统自动完成,检验检疫局接到施检部门转来的全套单据后,对照单据进行计算复核。报检单位一般按月缴纳检验检疫等有关费用,报检单位也可以逐票支付。

(4) 签证放行

对于核准符合检验检疫要求的进出境货物,检验检疫机构按规定放行。

与传统的报检程序相比,一般电子报检只需要2—3个工作日,而传统报检需要7—8个工作日,显而易见,电子报检大大提高了检验检疫工作效率,加速了通关速度。

三、电子转单

"电子转单"指通过系统网络,将产地检验检疫机构和口岸检验检疫机构的相关信息相互连通的监管模式。对出境货物,产地检验检疫机构将已经检验检疫合格的相关电子信息传输到出境口岸检验检疫机构;对入境货物,入境口岸检验机构将已经签发的《入境货物通关单》相关电子信息传输到目的地检验检疫机构实施检验检疫。

1. 出境电子转单程序

(1) 产地检验检疫合格后,机构及时将相关信息传送到电子转单中心。传送内容包括报检信息、签证信息、其他相关信息。

(2) 产地检验检疫机构向出境检验检疫关系人以书面方式提供报检号、转单号和密码。

(3) 出境地检验检疫关系人凭报检号、转单号及密码,在出境口岸检验检疫机构申请《出境货物通关单》。

(4) 出境口岸检验检疫机构应出境检验检疫关系人的申请,提取电子转单信息,签发《出境货物通关单》,并将处理信息反馈给电子转单中心。

(5) 按《口岸查验管理规定》需要核查货证的,出境检验检疫关系人应配合出境口岸检验检疫机构完成核查工作。

2. 实际办理出境电子转单时的注意事项

情形	适用情况或注意事项
暂不实施电子转单的情形	出境货物产地预检,但出境口岸不明确的
	出境货物需要到口岸检验检疫机构报批的
	出境货物按规定需要在口岸检验检疫机构出证的
	出境货物产地预检后,发生更改内容的
	其他有关规定不适合电子转单的
实施电子转单后查验的情形	报检单位应配合口岸机构查验,不要过时,不要留下不良记录
	一般口岸核查货证比例为申报批次的1%—3%
实施电子转单后需要更改,口岸机构予以更改的情形	对运输造成的包装破损或短装等原因需要减少数量、重量的
	需要在出境口岸更改运输工具名称、发货日期、集装箱规格和数量的
	申报总额按有关比例换算或变更申请总值不超过10%的
	经口岸检验检疫机构和产地检验检疫机构同意更改有关内容的

与传统的报检程序相比,电子转单具有共享数据信息、简化操作程序、降低外贸成本、提高通关速度的功能。

3. 入境电子转单程序

(1) 对入境口岸办理通关手续、需要到目的地实施检验检疫的货物,口岸检验检疫机构通过网络将相关信息传送到电子转单中心。传送内容包括报检信息、签证信息和相关内容。

(2) 入境口岸检验检疫机构以书面方式向入境检验检疫关系人提供报检号、

转单号和密码。

(3) 目的地检验检疫机构应按时接收国际质检总局电子转单中心发出的相关电子信息并反馈收到信息。

(4) 入境检验检疫关系人凭报检号、转单号及密码向目的地口岸检验检疫机构申请检验检疫。

(5) 目的地检验检疫机构根据电子转单信息,对入境检验检疫关系人未在规定期限内办理报检的,将有关信息通过国家质检总局电子转单中心反馈给口岸检验检疫机构,进行相关处理。

四、电子通关

国家质检总局和海关总署联合开发了电子通关联网核查系统,并于 2003 年 1 月 1 日在主要口岸的检验检疫机构和海关推广使用。该系统采用网络信息技术,将检验检疫机构签发的出入境通关单的电子数据传输到海关计算机作业系统,海关将报检报关数据比对确认相符的,予以放行。

在目前阶段,检验检疫机构和海关联合采取的单联网核查系统还需要同时校验纸质的通关单据,这是将来实现无纸化通关的一个过渡阶段。这种通关方式相比原来的传统通关方式已经有了一个飞跃发展。它具有共享数据信息、简化操作程序、降低外贸成本、提高通关速度的功能,还有效控制了报检数据与报关数据不符合的问题和不法分子伪造、编造通关单证的不法行为。

五、法定检验

1. 法定检验的含义

法定检验,又称强制性检验,是指为了保护人类健康和安全、保护动物或者植物的生命和健康、保护环境、防止欺诈行为、维护国家安全,由国家行政执法机构依照国家法律和行政法规规定的程序,对与国计民生关系重大的、必须实施检验的进出口商品实施的强制性检验。

2. 法定检验的范围

按照《商检法》及实施条例和我国其他有关法律法规的规定,商检机构实施的法定检验的范围如下:

(1) 对列入《法检目录》的进出口商品的检验,这是法定检验的主要范围;

(2) 对进出口食品的卫生检验;

(3) 对出口危险货物包装容器的性能鉴定和使用鉴定以及法定检验商品的一般运输包装鉴定；

(4) 对装运出口易腐烂变质食品、冷冻品的船舱和集装箱等运载工具的适载检验；

(5) 对有关国际条约规定须经商检机构检验的进出口商品的检验；

(6) 对其他法律、行政法规规定须经商检机构检验的进出口商品的检验；

(7) 商检机构对《法检目录》以外的进出口商品实施的抽查检验和监督管理。

3. 法定检验的标准和方式

(1) 法定检验的标准

根据《商检法》及实施条例对列入《出入境检验检疫机构实施检验检疫的进出境商品目录》(以下简称《法检目录》)的进出口商品,规定法定检验的检验标准为:① 按照国家技术规范的强制性要求进行检验;② 没有国家技术规范强制性要求的,参照国外有关标准进行检验。

国家技术规范指国家商检部门根据对外贸易和商品检验的实际需要,制定的进出口商品检验的行业标准。

在执行法定检验的检验标准时,应掌握"就高不就低"的原则。法律、行政法规规定的强制性标准高于合同约定标准时,按强制性标准检验;法律、行政法规规定的强制性标准低于合同约定标准时,按合同约定标准检验。

(2) 法定检验的方式

国家商检机构对进出口商品实施法定检验时,根据实际情况的不同确定不同的检验方式:

① 自检。指商检人员亲自实施检验,直接抽取样品,使用检验检疫机构自己的检测设备对样品进行检测,或使用报检单位的检测设备进行检测。

② 共同检验或组织检验。指由商检人员与报验单位的检验技术人员共同实施的检验,或由商检人员组织指导报检单位的检验人员检验。

③ 认可检验。指由检验机构培训出口产品生产企业或供货单位的检验人员,对合格者发放认可证件,由报检单位的认可检验员自行检验其进出口商品。国家检验检疫机构对报检单位和认可检验员实施监督管理,认可其检验结果,必要时可凭其检验报告核发检验证书。

④ 免验。为保证进出口商品质量,鼓励优质商品进出口,促进对外经济贸易的发展,我国根据《商检法》及其实施条例的有关规定,做出了免验规定,原国家商

品检验局也于 1994 年 8 月 1 日发布了《进出口商品免验办法》，明确规定具备质量长期稳定等免验条件的进出口商品收货人、发货人，可以申请对其进出口的法定检验商品予以免验，经国家商检部门组织专家审查考核合格，发给免验证书，可以批准免予检验。这项职能目前由国家商检部门行使。

任务 2：制作报检委托书

操作过程

由于本业务中，北京蓝天贸易有限公司需委托北京顺昌针织有限公司向北京出入境检验检疫局办理代理报检，特制作如下报检委托书：

报检委托书

____________出入境检验检疫局：

本委托人（备案号/组织机构代码__________）保证遵守国家有关检验检疫法律、法规的规定，保证所提供的委托报检事项真实、单货相符。否则，愿承担相关法律责任。具体委托情况如下：

本委托人将于______年______月间进口/出口如下货物：

品名		H. S. 编码	
数（重）量		包装情况	
信用证号/合同号		许可文件号	
进口货物收货单位及地址		进口货物提/运单号	
其他特殊要求			

特委托__________（代理报检注册登记号____________），代表本委托人办理上述货物的下列出入境检验检疫事宜：

□ 1. 办理报检手续。

□ 2. 代缴纳检验检疫费。

□ 3. 联系和配合检验检疫机构实施检验检疫。

□ 4. 领取检验检疫证单。

□ 5. 其他与报检有关的相关事宜：____________________

联系人：__________

联系电话：__________

本委托书有效期至________年________月________日

委托人(加盖公章)

年 月 日

受托人确认声明

本企业完全接受本委托书。保证履行以下职责:

1. 对委托人提供的货物情况和单证的真实性、完整性进行核实;
2. 根据检验检疫有关法律法规规定办理上述货物的检验检疫事宜;
3. 及时将办结检验检疫手续的有关委托内容的单证、文件移交委托人或其指定的人员;
4. 如实告知委托人检验检疫部门对货物的后续检验检疫及监管要求。

如在委托事项中发生违法或违规行为,愿承担相关法律和行政责任。

联系人:____________

联系电话:____________

受托人(加盖公章)

年 月 日

代理报检委托书

编号:

北京 出入境检验检疫局:

本委托人(备案号/组织机构代码 1100363612)保证遵守国家有关检验检疫法律、法规的规定,保证所提供的委托报检事项真实、单货相符。否则,愿承担相关法律责任。具体委托情况如下:

本委托人将于 2012 年 7 月间出口如下货物:

品名	童毯	H. S. 编码	6301400000
数(重)量	2 000 件	包装情况	10 件/纸箱
信用证号/合同号	DBLC20124501/LW20120006	许可文件号	
进口货物收货单位及地址		进口货物提/运单号	
其他特殊要求			

特委托 北京顺昌针织有限公司 (代理报检注册登记号 1100455568),代表本委托人办理上述货物的下列出入境检验检疫事宜:

☑ 1. 办理报检手续。

☑ 2. 代缴纳检验检疫费。

☑ 3. 联系和配合检验检疫机构实施检验检疫。

☑ 4. 领取检验检疫证单。

□ 5. 其他与报检有关的相关事宜：________________

联系人：陈红

联系电话：010-85270011

本委托书有效期至 2012 年 8 月 30 日

委托人(加盖公章)

北京蓝天贸易有限公司

2012 年 7 月 7 日

受托人确认声明

本企业完全接受本委托书。保证履行以下职责：

1. 对委托人提供的货物情况和单证的真实性、完整性进行核实；
2. 根据检验检疫有关法律法规规定办理上述货物的检验检疫事宜；
3. 及时将办结检验检疫手续的有关委托内容的单证、文件移交委托人或其指定的人员；
4. 如实告知委托人检验检疫部门对货物的后续检验检疫及监管要求。

如在委托事项中发生违法或违规行为，愿承担相关法律和行政责任。

联系人：杨斌

联系电话：010-64726574

受托人(加盖公章)

北京顺昌针织有限公司

2012 年 7 月 日

任务 3：办理报检手续

操作过程

王芳把制作的出境货物报检单、报检委托书、商业发票、装箱单等单据快递给北京顺昌针织有限公司委托代为报检。北京顺昌针织有限公司凭这些单据和厂检单、包装性能结果单向北京出入境检验检疫局报检。2012 年 7 月 9 日，商品检验通过后，北京出入境检验检疫局发给北京蓝天贸易有限公司一张换证凭条。北京蓝天贸易有限公司凭换证凭条向天津出入境检验检疫局申请《出境货物通关单》。

转单号	110400224656736T		检验号	1100400224656789	
报检单位	北京蓝天贸易有限公司				
品名	童毯				
合同号	LW20120006		H. S. 编码	6301400000	
数量	2 000 件	包装件数	200 个纸箱	金额	26 000 美元
评定意见： 贵单位报检的该批货物，经我处检验检疫，已合格。请持此单到天津局本部办理出境验证业务。本单有效期截止日为 2012 年 8 月 30 日。 北京出入境检验检疫局 2012 年 7 月 9 日					

知识链接与归纳（二）

换证凭条和凭单都是出境货物报检的凭证，都是在法检货物的报检地和出境地不同的情况下，用换证凭条或凭单到出境地检验检疫机构换取正本《出境货物通关单》的凭证。

换证凭单可以一次报检、分批核销。也就是说，可以一次将货物进行检验完毕，然后分批出口，但是必须携带换证凭单正本到出境地检验检疫机构核销并换取《出境货物通关单》。

换证凭条是由当地检验局签发的一种电子数据凭条，是电子转单的凭证，也就是在报检地通过报检后，有关数据就已通过系统自动传送到出境地检验检疫机构，企业只需凭换证凭条上的转单号和换证凭条的传真件就可以到出境地检验检疫机构换取《出境货物通关单》。海关凭《出境货物通关单》验放。目前我们都采取出境换证凭条的形式，因为这样既方便又快捷。

实训练习

一、单项选择题

1. 以下关于预报检表述正确的是(　　)。

A. 需要分批装运出口的货物，不得申请整批货物的预报检

B. 为便于易腐烂变质货物的及时出口，可以申请预报检

C. 出口货物预报检时，可不提供《出境货物运输包装性能检验结果单》

D. 检验检疫机构对预报检的出境货物实施检验检疫，合格的签发《出境货物换证凭单》

2. 检验检疫机构对预检合格的出境货物签发（　　），对预检不合格的出境货物签发（　　）。

A. 出境货物换证凭单；检验检疫处理通知书

B. 出境货物换证凭单；出境货物不合格通知单

C. 出境货物通关单；检验检疫处理通知书

D. 出境货物通关单；出境货物不合格通知单

3. 对于报关地与目的地不同的进境货物，应向报关地检验检疫机构申请办理（　　），向目的地检验检疫机构申请办理（　　）。

A. 进境流向报检；异地施检报检　　B. 进境一般报检；进境流向报检

C. 异地施检报检；进境流向报检　　D. 进境一般报检；异地施检报检

4. 在填制《入境货物报检单》时，不能在"贸易方式"一栏中填写的是（　　）。

A. 来料加工　　B. 无偿援助　　C. 观赏或演艺　　D. 外商投资

5. 需隔离检疫的出境动物，应在出境前（　　）预报，隔离前（　　）报检。

A. 60天；10天　　B. 60天；7天　　C. 30天；10天　　D. 30天；7天

二、判断题

1. 法定检验检疫的出境货物，由于是先检验检疫再通关，所以应在产地先进行检验检疫，然后凭换证凭单或转单凭条到报关地检验检疫机构换发通关单；而对于入境货物，由于报关地检验检疫机构已出具了通关单，因此，一般来说都应当由报关地的检验检疫机构实施检验检疫。（　　）

2. 须凭检验检疫机构签发的卫生注册证书报检的，申请人在填制出境货物报检单时，就将卫生注册证书号填在"许可证/审批号"一栏中，以供检验检疫机构受理报检人员审核。（　　）

3. 出境货物报检单的"启运口岸"一栏填写货物最后离境的口岸。（　　）

4. 出口危险货物的生产企业，必须向检验检疫机构申请包装容器的性能鉴定。（　　）

5. 出入境法定检验检疫货物，也就是通常所说的法检货物就是指列入《法检目录》内的货物。（　　）

6. 检验检疫机构只受理列入《法检目录》内的进出口商品的报检业务。（　　）

三、根据下述提供的资料，制作报检委托书和出境货物报检单

（一）相关说明

KKK贸易公司委托徐州盛通食品厂报检，公司资料如下所列。

KKK贸易公司资料如下：

地址：南京市管家桥85号华荣大厦2906室

邮编：210005

法人代表：张亮

业务联系人：胡爱玲

联系电话:065-4715006

企业性质:私营有限责任公司

徐州盛通食品厂资料如下:

地址:徐州市和平路15号

邮编:221009

法人代表:李军

业务联系人:孙敏健

联系电话:0516-3406323

企业性质:私营有限责任公司

KKK贸易公司规定报检委托书只在当月有效。

CANNED MUSHROOMS PIECES & STEMS(蘑菇罐头)的海关编码为2006.1061。

(二)信用证

```
2006 MAR 22 09:18:11                                              LOGICAL TERMINAL E106
MT S700                      ISSUE OF A DOCUMENTARY CREDIT                    PAGE 00006
                                                                             FUNC MSG700
                                                                            UMR 06881051
MSGACK DWS765I AUTH OK,KEY B198081689580FC5,BKCHCNBJ RJHISARI RECORO
BASIC HEADER                   F  06   BKCHCNBJA940 0588 550628
APPLICATION HEADER             0  700  1057 060620 RJHISARIAXXX 7277 977367 060613 1557 N
                                                 * ALRAJHI BANKING AND INVESTMENT
                                                 * CORPORATION
                                                 * RIYADH
                                                 * (HEAD OFFICE)
USER HEADER                    SERVICE CODE      106:          (银行盖信用证通知专用章)
                               BANK PRIORITY     113:
                               MSG USER REF.     108:
                               INFO.  FROM CI    115:
SEQUENCE OF TOTAL       *  27  1/1
FORM OF DOC. CREDIT     *  40A IRREVOCABLE
DOC. CREDIT NUMBER      *  20  0061LC123756
DATE OF ISSUE              31C 060620
DATE/PLACE EXP.         *  31D DATE 060505 PLACE CHINA
APPLICANT               *  50  NEO GENERAL TRADING CO.
```

		P. O. BOX 99552, RIYADH 22766, KSA
		TEL: 00966-1-4659220 FAX: 00966-1-4659213
BENEFICIARY	* 59	KKK TRADING CO., LTD.
		HUARONG MANSION RM2906 NO. 85 GUANJIAQIAO, NANJING 210005, CHINA
		TEL: 0086-25-4715006 FAX: 0086-25-4711363
AMOUNT	* 32B	CURRENCY USD AMOUNT 13260
AVAILABLE WITH/BY	* 41D	ANY BANK IN CHINA, BY NEGOTIATION
DRAFTS AT...	42C	SIGHT
DRAWEE	42A	RJHISARI
		* ALRAJHI BANKING AND INVESTMENT
		* CORPORATION
		* RIYADH
		* (HEAD OFFICE)
PARTIAL SHIPMTS	43P	NOT ALLOWED
TRANSSHIPMENT	43T	NOT ALLOWED
LOADING ON BRD	44A	CHINA MAIN FORT, CHINA
	44B	DAMMAM PORT, SAUDI ARABIA
LATEST SHIPMENT	44C	060630
GOODS DESCRIPT.	45A	ABOUT 1 700 CARTONS CANNED MUSRHOOMS PIECES & STEMS 24 TINS × 227 GRAMS NET WEIGHT (G. W. 425 GRAMS) AT USD 7.80 PER CARTON. CFR DAMMAM PORT, SAUDI ARABIA. ROSE BRAND.
DOCS REQUIRED	46A	DOCUMENTS REQUIRED:
		+ SIGNED COMMERCIAL INVOICE IN TRIPLICATE ORIGINAL AND MUST SHOW BREAK DOWN OF THE AMOUNT AS FOLLOWS: FOB VALUE, FREIGHT CHARGES AND TOTAL AMOUNT C AND F.
		+ FULL SET CLEAN ON BOARD BILL OF LADING MADE OUT TO THE ORDER OF ALRAJHI BANKING AND INVESTMENT CORP, MARKED FREIGHT PREPAID AND NOTIFY APPLICANT, INDICATING THE FULL NAME, ADDRESS AND TEL NO. OF THE CARRYING VESSEL'S AGENT AT THE PORT OF DISCHARGE.
		+ PACKING LIST IN ONE ORIGINAL PLUS 5 COPIES, ALL OF WHICH MUST BE MANUALLY SIGNED.

		+ INSPECTION (HEALTH) CERTIFICATE FROM C. I. Q. (ENTRY-EXIT INSPECTION AND QUARANTINE OF THE PEOOPLES REP. OF CHINA) STATING GOODS ARE FIT FOR HUMAN BEING.
		+ CERTIFICATE OF ORIGIN DULY CERTIFIED BY C. C. P. I. T. STATING THE NAME OF THE MANUFACTURERS OF PRODUCERS AND THAT GOODS EXPORTED ARE WHOLLY OF CHINESE ORIGIN.
		+ THE PRODUCTION DATE OF THE GOODS NOT TO BE EARLIER THAN HALF MONTH AT TIME OF SHIPMENT. BENEFICIARY MUST CERTIFY THE SAME.
		+ SHIPMENT TO BE EFFECTED BY CONTAINER AND BY REGULARE LINE. SHIPMENT COMPANY'S CERTIFICATE TO THIS EFFECT SHOULD ACCOMPANY THE DOCUMENTS.
DD. CONDITIONS	47A	ADDITIONAL CONDITION:
		+ A DISCREPANCY FEE OF USD 50.00 WILL BE IMPOSED ON EACH SET OF DOCUMENTS PRESENTED FOR NEGOTIATION UNDER THIS L/C WITH DISCREPANCY. THE FEE WILL BE DEDUCTED FROM THE BILL AMOUNT. PAYMENT UNDER THE GOODS WERE APPROVED BY SAUDI GOVERNMENT LAB.
		+ MORE OR LESS 10 PCT OF CREDIT AMOUNT IS ALLOWED.
CHARGES	71B	ALL CHARGES AND COMMISSIONS OUTSIDE KSA ON BENEFICIARIES' ACCOUNT INCLUDING REIMBURSING, BANK COMMISSION, DISCREPANCY FEE (IF ANY) AND COURIER CHARGES.
CONFIRMAT INSTR	* 49	WITHOUT
REIMBURS. BANK	53D	//
		ALRAJHI BANKING AND INVESTMENT CORP RIYADH (HEAD OFFICE)
INS PAYING BANK	78	DOCUMENTS TO BE DESPATCHED IN ONE LOT BY COURIER. ALL CORRESPONDENCE TO BE SENT TO ALRAJHI BANKING AND INVESTMENT COPRORATION RIYADH (HEAD OFFICE)
SEND REC INFO	72	REIMBURSEMENT IS SUBJECT TO ICC URR 525
TRAILER		ORDER IS 〈MAC:〉〈PAC:〉〈ENC:〉〈CHK:〉〈TNG:〉〈PDE:〉
		MAC: E55927A4
		CHK:7B505952829A
		HOB:

（三）商业发票

KKK TRADING CO. ,LTD.

HUARONG MANSION RM2906 NO. 85 GUANJIAQIAO,NANJING 210005,CHINA

COMMERCIAL INVOICE

To: NEO GENERAL TRADING CO.
P. O. BOX 99552,RIYADH 22766,KSA

Invoice No. : 2006SDT006
Invoice Date: MAR. 29,2006
S/C No. : NEO2006066
S/C Date: Feb. 28,2006

From: SHANGHAI PORT,CHINA　　To: DAMMAM PORT,SAUDI ARABIA

Letter of Credit No. : 0061LC123756　　Issued By: ALRAJHI BANKING AND INVESTMENT CORP.

Marks and Numbers	Number and kind of package. Description of goods	Quantity	Unit Price	Amount
ROSE BRAND 178/2006 RIYADH	CFR DAMMAM PORT,SAUDI ARABIA			
	CANNED MUSRHOOMS PIECES & STEMS 24 TINS × 425 GRAMS NET WEIGHT (D. W. 227 GRAMS) AT USD 7. 80 PER CARTON ROSE BRAND PACKED IN 1 ×20′FCL	1 750CTNS	USD 7. 20/CTN FOB SHANGHAI FREIGHT CHARGES USD 0. 60/CTN USD 7. 80/CTN CFR DAMMAM PORT	USD 12 600. 00 USD 1 050. 00 TOTAL VALUE: USD 13 650. 00

TOTAL: 1 750 CTNS　　USD 13 650. 00

SAY TOTAL: USD THIRTEEN THOUSAND SIX HUNDRED FIFTY ONLY.

KKK TRADING CO. ,LTD.

+ + + + + + +

IN TRIPLICATE ORIGINAL

（四）装箱单

KKK TRADING CO.,LTD.

HUARONG MANSION RM2906 NO. 85 GUANJIAQIAO, NANJING 210005, CHINA

PACKING LIST

To: NEO GENERAL TRADING CO.
P. O. BOX 99552, RIYADH 22766, KSA

Invoice No.: 2006SDT006
Invoice Date: MAR. 29, 2006
S/C No.: NEO2006066
S/C Date: Feb. 28, 2006

From: SHANGHAI PORT, CHINA　　To: DAMMAM PORT, SAUDI ARABIA

Letter of Credit No.: 0061LC123756　　Date of Shipment: APR. 6, 2006

Marks and Numbers	Number and kind of package. Description of goods	Quantity	Package	G. W	N. W	Meas.
ROSE BRAND 178/2006 RIYADH	CANNED MUSRHOOMS PIECES & STEMS 24 TINS × 425 GRAMS NET WEIGHT (D. W. 227 GRAMS) AT USD 7. 80 PER CARTON ROSE BRAND PACKED IN 1×20′FCL	1 750CTNS	1 750CTNS	17 850. 00KGS	9 534. 00KGS	26. 25M^3

TOTAL: 1 750CTNS　1 750CTNS　17 850. 00 KGS　9 534. 00 KGS　26. 25M^3

SAY TOTAL: ONE THOUSAND SEVEN HUNDRED FIFTY CARTONS ONLY.

KKK TRADING CO.,LTD.
+ + + + + + +

(MANUALLY SIGNED)

第四单元　制作订舱委托书和办理出口托运

学习目标

1. **知识目标**

熟悉出口订舱的流程，掌握订舱委托书的内容和制作要点。

2. **能力目标**

能够制作订舱委托书，能够办理出口货物订舱。

工作任务

在落实信用证和备货时，北京蓝天贸易有限公司外贸单证员王芳查询了中华航运网(www. chineseshipping. com. cn)、中国国际海运网(http://www. shippingchina. com)等多家网站，了解了从天津到安哥拉罗安达港的船期、运价等情况，最终确定委托天津凯捷货运代理公司代为订舱。2012 年 7 月 8 日，王芳根据北京顺昌针织有限公司提供的货物出货信息、商业发票、装箱单和其他信息，制作订舱委托书，办理订舱手续。

注：(1) 北京顺昌针织有限公司的地址：北京朝阳区十八里店路 39 号；

(2) 货物拟在 2012 年 7 月 14 日出运。

现在，王芳需要完成如下工作任务：

任务 1：订舱委托书缮制

任务 2：办理出口托运手续

任务1:订舱委托书缮制

操作过程

订舱委托书(Shipping Note)是出口企业与货运代理公司之间委托代理关系的证明文件。出口企业委托对外贸易运输公司或货运代理公司向承运人或其代理人办理出口货物运输业务时需向其提供订舱委托书。

订舱委托书样式如下：

订舱委托书

年　　月　　日

<table>
<tr><td rowspan="3">托运人</td><td rowspan="3" colspan="2"></td><td>合同号</td><td></td></tr>
<tr><td>信用证号</td><td></td></tr>
<tr><td>发票号</td><td></td></tr>
<tr><td rowspan="2">收货人</td><td rowspan="2" colspan="2"></td><td>运输方式</td><td></td></tr>
<tr><td>装运期</td><td></td></tr>
<tr><td rowspan="6">通知人</td><td rowspan="6" colspan="2"></td><td>启运港</td><td></td></tr>
<tr><td>目的港</td><td></td></tr>
<tr><td>可否转运</td><td></td></tr>
<tr><td>可否分批</td><td></td></tr>
<tr><td>运费支付方式</td><td></td></tr>
<tr><td>正本提单份数</td><td></td></tr>
<tr><td>唛头</td><td>货名</td><td>包装件数</td><td>总毛重</td><td>总体积</td></tr>
<tr><td></td><td></td><td></td><td></td><td></td></tr>
<tr><td>注意事项</td><td colspan="4"></td></tr>
<tr><td colspan="3">受托人：</td><td colspan="2">委托人：</td></tr>
<tr><td colspan="3"></td><td colspan="2"></td></tr>
<tr><td colspan="3">电话：　　　传真：</td><td colspan="2">电话：　　　传真：</td></tr>
<tr><td colspan="3">联系人：</td><td colspan="2">联系人：</td></tr>
</table>

其各栏目的内容缮制如下：

(1) 托运人(发货人)——填写出口公司(信用证受益人)。

△本订舱委托书此栏填为：

BEIJING BLUE SKY TRADING CO. ,LTD.

Address：NO.6 CHAOWAI STREET,BEIJING CHINA

TEL：010-85270011　　FAX：010-85270012

(2) 收货人——填写信用证规定的提单收货人。

△本订舱委托书此栏填为：TO ORDER。

(3) 通知人——填写信用证规定的提单通知人。

一般在订舱委托书上会注明托运人、收货人、通知人这三栏为提单(B/L)项目要求。也就是说，将来船公司签发的提单上的相应栏目的填写也会参照订舱委托书的写法。因此，这三栏的填写应该按照信用证提单条款的相应规定填写。

△本订舱委托书此栏填为：

FERREIRA TRADING CO. LTD

ADD：RUA 21 DE JANEIRO N.21,LUANDA ANGOLA

Tel：00244-924687599/924687588

Fax：00244-222-442682

(4) 合同号码——填写相关交易的合同号码。

△本订舱委托书此栏填为：LW20120006。

(5) 信用证号码——填写相关交易的信用证号码。

△本订舱委托书此栏填为：DBLC20124501。

(6) 发票号码——填写相关交易的合同号码。

△本订舱委托书此栏填为：BJBS12022。

(7) 运输方式——填写海洋运输、航空运输、铁路运输等运输方式。

△本订舱委托书此栏填为：BY SEA。

(8) 装运期限——填写合同或信用证规定的装运期限。

△本订舱委托书此栏填为：NOT LATER THAN JUL.14,2012。

(9) 装运港——填写信用证规定的启运地。如果信用证未规定具体的启运港口，则填写实际装港名称。

△本订舱委托书此栏填为：TIANJIN。

(10) 目的港——填写信用证规定的目的地。如果信用证未规定目的港口,则填写实际卸货港名称。

△本订舱委托书此栏填为:LUANDA。

(11) 可否转运——根据信用证条款,如果允许转运,则填"YES",反之,则填"NO"。

△本订舱委托书此栏填为:NO。

(12) 可否分批——根据信用证条款,如果允许分批,则填"YES",反之,则填"NO"。

如果信用证未对转船和分批做具体的规定,则应该按照合同填写。

△本订舱委托书此栏填为:NO。

(13) 运费支付方式——根据信用证提单条款的规定填写"FREIGHT PREPAID"(运费预付)或"FREIGHT TO COLLECT"(运费到付)。

△本订舱委托书此栏填为:FREIGHT PREPAID。

(14) 正本提单份数——按信用证要求的份数填写。若信用证未规定正本提单份数,一般要求 2 或 3 份。

△本订舱委托书此栏填为:THREE。

(15) 唛头——根据发票或装箱单中的信息填写货物的装运标志。

△ 本订舱委托书此栏填为:

FERREIRA

LW20120006

GL03/GS06

LUANDA, ANGOLA

C/No. 1—200

(16) 货名——填写货物描述,一般只写统称,规格、品号、尺码无需具体列出。但若同时出口两笔不同性质的货物名称时,则应分别填写,而不允许仅填写其中的一类商品。

△本订舱委托书此栏填为:BABY BLANKET。

(17) 包装件数 ——按货物的实际情况填写。包装件数按货物的实际最大包装的件数填制,如果出口货物的包装材料不同或同一批出运的货物有若干种,每种包装方式和材料均不同,则先填写每种货物的最大包装件数,然后统计总件数。例如,100 纸箱,50 麻袋,总计 150 件。

△本订舱委托书此栏填为:200 CTNS。

(18) 总毛重、总体积——按装箱单填写。

△本订舱委托书此栏填为:

总毛重	总体积
2 000 KGS	22.275 M^3

(19) 注意事项——如托运人对所订舱有特殊要求的话,可以填在这一栏中。常见的特殊要求有:① 对运输单据内容的要求,如 B/L 须显示信用证号码;② 对承运人运输的要求,如货物须在香港中转;③ 要求外运机构提供其他议付单据,如要求出具船龄证明等;④ 配船指示等。

△本订舱委托书此栏填为:

1. 请订 2012 年 7 月 14 日船期,1 ×20GP FCL,CY/CY.。
2. 提单上要显示以下内容:
   (1) L/C NO.: DBLC20124501;
   (2) L/C DATE: JUN. 14,2012;
   (3) ISSUING BANK: HSBC BANK,ANGOLA BRANCH。
3. 仓库地址:北京朝阳区十八里店路 39 号;
   联系人:王强;
   电话:010-8478000。

(20) 委托人——委托人进行盖章签名,写上联系人名称、电话和传真号码。

△本订舱委托书此栏填为:

委托人:			
BEIJING BLUE SKY TRADING CO.,LTD.			
电话:	010-85270011	传真:	010-85270012
联系人:	王芳		

缮制完成的订舱委托书如下:

订舱委托书

2012 年 7 月 8 日

托运人	BEIJING BLUE SKY TRADING CO. ,LTD. Address: NO.6 CHAOWAI STREET,BEIJING CHINA TEL:010-85270011 FAX: 010-85270012	合同号	LW20120006
		信用证号	DBLC20124501
		发票号	BJBS12022
收货人	TO ORDER	运输方式	BY SEA
		装运期限	NOT LATER THAN JUL. 14,2012
通知人	FERREIRA TRADING CO. LTD ADD: RUA 21 DE JANEIRO N.21,LUANDA ANGOLA Tel: 00244-924687599/924687588 Fax: 00244-222-442682	启运港	TIANJIN
		目的港	LUANDA
		可否转运	NO
		可否分批	NO
		运费支付方式	FREIGHT PREPAID
		正本提单份数	THREE

唛头	货名	包装件数	总毛重	总体积
FERREIRA LW20120006 GL03/GS06 LUANDA,ANGOLA C/No. 1—200	BABY BLANKET	200 CTNS	2 000 KGS	22.275 M^3

注意事项：

1. 请订 2012 年 7 月 14 日船期,1×20GP FCL,CY/CY。
2. 提单上要显示以下内容:
   (1) L/C NO.: DBLC20124501;
   (2) L/C DATE: JUN. 14,2012;
   (3) ISSUING BANK: HSBC BANK,ANGOLA BRANCH。
3. 仓库地址:北京朝阳区十八里店路 39 号;
   联系人:王强;
   电话:010-8478000。

受托人:	委托人:
	BEIJING BLUE SKY TRADING CO. ,LTD.
电话: 传真:	电话: 010-85270011 传真: 010-85270012
联系人:	联系人:王芳

知识链接与归纳（一）

一、有关国际货运代理人的基本知识

随着国际贸易与运输方式的发展，尤其是集装箱国际多式联运的发展，运输货物涉及的面越来越广，情况越来越复杂，一般货主和运输经营人均既没有时间与精力，也缺乏专门知识去自己办理每一项具体业务。于是，出现了专业公司——国际货运代理人公司，专门为货主代理各类货运业务。

国际货运代理人代理的主要业务包括：

(1) 订舱，即代理货主向集装箱班轮公司订舱。

(2) 报关，即代理货主将进出口集装箱货物向海关报送、结关。

(3) 拆装箱，即对整箱货与拼箱货，均代理货主安排集装箱货运站，进行空箱装箱与重箱拆箱。

(4) 理货，对集装箱装、拆箱进行理货。也可由国际货运代理人委托理货公司理货。

(5) 租箱，即代理货主或船公司向租箱公司租用集装箱，并按合同归还空箱。

(6) 办理集装箱装卸业务，即代理货主安排在启运港码头将集装箱装上船舶，并在目的港码头将集装箱卸下船舶。

(7) 货物保险，即代理货主办理各种运输保险业务。

国际货运代理人在整个集装箱国际多式联运中充当着双重角色：一方面，它充当货物承运人，与货物托运人签订承运合同；另一方面，它又充当货物托运人，与运输企业签订托运合同。

二、出口托运操作流程

（一）集装箱货物海运出口托运流程

集装箱货物海运出口订舱流程一般包括以下几个基本环节：

(1) 出口企业，即货主在货、证齐备后，填制订舱委托书，随附商业发票、装箱单等其他必要单据，委托货运代理公司代为订舱。有时还委托其代理报关及货物储运等事宜。

(2) 货运代理公司接受订舱委托书后，缮制集装箱货物托运单，随同相关单据向船公司办理订舱，集装箱运输以场站收据(Dock Receipt，D/R)(见图4-1)作为集装箱货物的托运单。

SHIPPER（发货人）	D/R NO.（编号）	
CONSIGNEE（收货人）	装货单 场站收据副本	
NOTIFY PARTY(通知人)	RECEIVED by the carrier the total number of containers or other packages or units stated below to be transported subject to the terms and conditions of the carrier's regular form of Bill of Lading (for combined transport or port to port shipment which shall be deemed to be incorporated herein) Date(日期)	第 五 联

PRE-CARRIAGE BY（前程运输）	PLACE OF RECEIPT（收货地点）		场站章
OCEAN VESSEL（船名）	VOY. NO.（航次）	PORT OF LOADING（装货港）	

PORT OF DISCHARGE（卸货港）	PLACE OF DELIVERY（交货地点）	FINAL DESTINATION FOR THE MERCHANT'S RETERENCE（目的地）

CONTAINER NO.（集装箱号）	SEAL NO. MARKS AND Nos（封志号，标记与号码）	NO. OF CONTAINERS OR OF PACKAGES（箱数或件数）	KIND OF PACKAGES: DESCRIPTION OF GOODS（包装种类与货名）	GROSS WEIGHT（KGS） （毛重）	MEASUREMENT（M^3） （尺码）

TOTAL NUMBER OF CONTAINERS OR PACKAGES (IN WORDS) 集装箱数或件数合计(大写)	

CONTAINER NO.（箱号）	SEAL NO.（封志号）	PKGS(件数)	CONTAINER NO.（箱号）	SEAL NO.（封志号）	PKGS(件数)

RECEIVED(实收)	BY TERMINAL(场站员签字)

FREIGHT & CHARGE	PREPAID AT	PAYABLE AT	PLACE OF ISSUE
	TOTAL PREPAID	NO. OF ORIGINAL B/L	BOOKING APPROVED BY

SERVICE TYPE ON RECEIVING -CY -CFS -DOOR	SERVICE TYPE ON DELIVERY -CY -CFS -DOOR	REEFER TEMPERATURE REQUIRED	F	C

TYPE OF GOODS(种类)	ORDINARY(普通) REEFER(冷藏) DANGEROUS（危险品）AUTO（裸装车辆）LIQUID(液体) LIVE ANIMAL（活动物）BULK(散货) ______	危险品	CLASS PROPERTY IMDG CODE PAGE UN NO.

图4-1 场站收据

(3) 船公司根据具体情况,如接受订舱则在托运单的几联单据上编上与提单号码一致的编号,填上船名、航次,并签名或盖章,即表示已确认托运人的订舱,同时把配舱回单、装货单(SHIPPING ORDER,S/O)等与托运人有关的单据还给托运人。

(4) 托运人持船公司签署的 S/O,填制出口货物报关单、商业发票、装箱单等连同其他有关的出口单证向海关办理货物出口报关手续。

(5) 海关根据有关规定对出口货物进行查验,如果同意出口,则在 S/O 上盖放行章,并将 S/O 退还给托运人。

(6) 托运人持海关盖章的由船公司签署的 S/O 要求船长装货。

(7) 装货后,由船上的大副签署大副收据(MATE'S RECEIPT,M/R),交给托运人。

(8) 托运人持 M/R,向船公司换取正本已装船提单。

(9) 船公司凭 M/R,签发正本提单并交给托运人凭以结汇。

(二) 出口货物空运托运流程

1. 托运和预配舱

航空货运代理公司与出口单位(发货人)就出口货物运输事宜达成意向后,可以向发货人提供所代理的有关航空公司的《国际货物托运书》。对于长期出口或出口货量大的单位,航空货运代理公司一般都与之签订长期的代理协议。发货人发货时,首先需填写委托书,并加盖公章,作为货主委托代理承办航空货物出口货运的依据。航空货运代理公司根据委托书要求办理出口手续,并据以结算费用。因此,《国际货物托运书》是一份重要的法律文件。

根据《华沙公约》第 5 条第(1)和第(5)款规定,"货运单应由托运人填写,也可由承运人或其代理人代为填写"。实际上,目前货运单均由承运人或其代理人代为填写。为此,作为填开货运单的依据,托运书应由托运人自己填写,而且托运人必须在上面签字或盖章。

托运书(Shipper's Letter of Instruction)是托运人用于委托承运人或其代理人填开航空货运单的一种表单,表单上列有填制货运单所需的各项内容,并应印有授权于承运人或其代理人代其在货运单上签字的文字说明。

2. 单证审核和预配舱

航空货运代理公司对货主提交的相关单证进行审核。在接受托运人委托后、单证操作前,航空货运代理公司的指定人员对托运书进行审核,又称为合同评审。

审核的主要内容是价格和航班日期。目前,每家航空公司、每条航线、每个航班甚至每个目的港均有优惠运价,这种运价会因货源、淡旺季经常调整,而且各航空公司之间的优惠价也不尽相同。所以有时候更换航班,运价也会随之更换。需要指出的是,货运单上显示的运价虽然与托运书上的运价有联系,但相互之间有很大区别。货运单上显示的是TACT(The Aircargo Tariff,空运货物运价表)上公布的适用运价和费率,托运书上显示的是航空公司优惠价加上杂费和服务费或使用协议价格。托运书的价格审核就是判断其价格是否被接受、预订航班是否可行。审核人员必须在托运书上签名和写上日期以示确认。审核后,航空货运代理公司汇总所接受的委托和客户的预报,并输入电脑,计算出各航线的件数、重量、体积,按照客户的要求和货物重、泡情况,根据各航空公司不同机型对不同板箱的重量和高度要求,制定预配舱方案,并对每票货配上运单号,然后通知货主交单、交货。

3. 收运货物

航空货运代理公司必须对货主送进仓的货物进行称重、丈量、清点、核对数量、核对唛头并贴分标签。对于特殊货物包括鲜活易腐品、贵重物品、冷冻品、危险品,须按照航空公司的要求检查货物的包装、品质等是否符合各种运输规定。

4. 正式订舱

航空货运代理公司根据实际接收并已被海关放行的货物,按待运货物的数量、重量、体积与实际舱位进行配舱,并向航空公司吨控部门正式订舱。订舱后,航空公司签发舱位确认书(舱单),同时给予装货集装器领取凭证,以表示舱位订妥。航空货运代理公司领取集装器装货。

5. 装板出库,航空签单

经航空公司确认货物的舱位后,航空货运代理公司填制该货物的总运单并送交航空公司签发。在准备文件的同时将货物装在航空集装器上,并缮制集装货物组装记录。最后,将货物、总运单和随机文件一起交航空公司验收,等待装运。

三、航空货运单据的内容填制

(一) 航空托运书

航空托运书包括下列内容栏,如图 4-2 所示。

1. 托运人

填托运人(SHIPPER)的全称、街名、城市名称、国名,以及便于联系的电话号码、电传号码或传真号码。

中国民用航空总局
GENERAL ADMINISTRATION OF CIVIL AVIATION OF CHINA
国际货物托运书
SHIPPER'S LETTER OF INSTRUCTION

货运单号码
NO. OF AIR WAYBILL

始发站 AIRPORT OF DEPARTURE HK	到达站 AIRPORT OF DESTINATION	供承运人用 FOR CARRIER USE ONLY 航班/日期 FLILGHT/DATE	航班/日期 FLILGHT/DATE
线路及到达站 ROUTING AND DESTINATION		

至	第一承运人	至	至	至	至
TO:	FIRST CARRIER	TO	TO:	TO:	TO:

已预留吨位
BOOKED

收货人账号 CONSIGNEE'S ACCOUNT NUMBER	收货人姓名及地址 CONSIGNEE'S NAME AND ADDRESS	运费 CHARGES FREIGHT PREPAID
另请通知 ALSO NOTIFY		
托运人账号 SHIPPER'S ACCOUNT NUMBER	托运人姓名及地址 SHIPPER'S NAME AND ADDRESS	

托运人声明的价值 SHIPPER'S DECLARED VALUE		保险金额 AMOUNT OF INSURANCE	随附文件 DOCUMENTS TO ACCOMPANY AIR WAYBILL
供运输用 FOR CARRIAGE	供海关用 FOR CUSTOMS		

件数 NO. OF PACKAGES	实际毛重(公斤) ACTUAL GROSS WEIGHT(KG)	运价类别 RATE CLASS	收费重量 CHARGEABLE WEIGHT	费率 RATE /CHARGE	货物品名及数量(包括体积或尺寸) NATURE AND QUANTITY OF GOODS (INCL. DIMENSIONS OR VOLUME)

在货物不能交收货人时,托运人指示的处理办法
SHIPPER'S INSTRUCTIONS IN CASE OF INABLITY TO DELIVER SHIPMENT AS CONSIGED

处理情况(包括包装方式、货物标志及号码等)
HANDLING INFORMATION(INCL. METHOD OF PACKING, IDENTIFY MARK AND NUMBERS ETC.)

托运人证实以上所述全部属实并愿遵守承运人的一切载运章程
THE SHIPPER CERTIFIES THAT THE PARTICULARS ON THE FACE HEREOF ARE CORRECT AND AGREES TO THE CONDITIONS OF CARRIAGE OF THE CARRIER. .

托运人签字 SIGNATURE OF SHIPPER	日期 DATE	经手人 AGENT	日期 DATE

图 4-2 航空托运书示例

2. 收货人

填收货人(CONSIGNEE)的全称、街名、城市名称、国名(特别是在不同国家内有相同城市名称时,必须要填上国名)以及电话号码、电传号码或传真号码,本栏内不得填写“to order”或“to order of the shipper”(按托运人的指示)等字样,因为航空货运单不能转让。

3. 始发站机场

填始发站机场(AIRPORT OF DEPARTURE)的全称,若机场名称不明确,可填城市名称。

4. 目的地机场

填目的地机场(AIRPORT OF DESTINATION)的全称,不知道机场名称时,可填城市名称。如果某一城市名称用于一个以上国家时,应加上国名。例如:LONDON UK,伦敦,英国;LONDON KY US,伦敦,肯达基州,美国;LONDON TO CA,伦敦,安大略省。

5. 要求的路线/申请订舱

要求的路线/申请订舱(REQUESTED ROUTING/REQUSETING BOOKING)用于航空公司安排运输路线时使用,如果托运人有特别要求,也可填入本栏。

6. 供运输用的声明价值

填供运输用的声明价值(DECLAREDVALUE FOR CARRIAGE)金额,该价值即为承运人负赔偿责任的限额。承运人按有关规定向托运人收取声明价值费,但如果所交运的货物毛重每公斤不超过20美元(或其等值货币),则无需填写声明价值金额,可在本栏内填入“NVD”(No Value Declared,未声明价值)。如果本栏空着未填写,承运人或其代理人可视为货物未声明价值。

7. 供海关用的声明价值

国际货物通常要受到目的站海关的检查,海关根据供海关用的声明价值(DECLAREDVALUE FOR CUSTOMS)所填数额征税。

8. 保险金额

中国民航各空运企业暂未开展国际航空运输代保险业务,保险金额(INSURANCE AMOUNT REQUESTED)可空着不填。

9. 处理事项

处理事项(HANDLING INFORMATION)一栏填附加的处理要求,例如:另请通知(ALSO NOTIFY)。除填收货人之外,如果托运人还希望在货物到达的同时通知他人,请另填写通知人的全名和地址。

10. 货运单所附文件

货运单所附文件(DOCUMENT TO ACCOMPANY AIR WAYBILL)一栏填随附在货运单上往目的地的文件,应填上所附文件的名称,例如:托运人的动物证明(SHIPPER'S CERTIFICATION FOR LIVE ANIMALS)。

11. 件数和包装方式

件数和包装方式(NUMBER AND KIND OF PACKAGES)一栏填该批货物的总件数,并注明其包装方法,如包裹(Package)、纸板盒(Carton)、盒(Case)、板条箱(Crate)、袋(Bag)、卷(Roll)等,如果货物没有包装时,就注明为散装(Loose)。

12. 实际毛重

本栏内的实际毛重(ACTUAL GROSS WEIGHT)应由承运人或其代理人在称重后填入。如果托运人已经填上重量,承运人或其代理人必须进行复核。

13. 运价类别

运价类别(RATE CLASS)一栏可空着不填,由承运人或其代理人填写。

14. 计费重量(公斤)

本栏内的计费重量(CHARGEABLE WEIGHT)(kg)应由承运人或其代理人在量过货物的尺寸(以厘米为单位)并由承运人或其代理人算出计费重量后填入,如果托运人已经填上,或其代理人必须进行复核。

15. 费率

费率(RATE/CHARGE)可空着不填。

16. 货物的品名及数量(包括尺寸和体积)

填货物的品名和数量(包括尺寸和体积)[NATURE AND QUANTITY OF GOODS(INCL. DIMENSIONS OR VOLUME)]。

若一票货物包括多种物品时,托运人应分别申报货物的品名,需要注意的是,填写品名不能使用“样品”“部件”等这类比较笼统的名称。货物中的每一项均需分开填写,并尽量填写详细,如“9 筒 35 毫米的曝光动画胶片”“新闻短片”(美国制)等,本栏所属填写内容应与出口报关发票和进口许可证上所列明的相符,所填写的货物尺寸应注明计量单位,对于危险物品,则应注明其专用名称和包装级别。

17. 托运人签字

托运人必须在本栏内签字(SIGNATURE OF SHIPPER)。

18. 日期

填托运人或其代理人交货的日期(DATE)。

(二)国际航空货运单

1. 航空货运单的作用与用途

航空货运单(Air Waybill),是托运人和承运人订立合同接受货物和承运条件的证明。航空货运单由航空承运人备制,托运人或其代理人在托运货物时按照栏目要求如实填制,经航空承运人确认后,承托双方的货物国际航空运输合同形成。航空货运单的作用与用途主要有:

(1) 航空货物运输合同订立和运输条件的证明文件。

(2) 收到货运单上记载货物的证明或收据。

(3) 运杂费账单与发票的凭据。

(4) 报关文件,即与其他文件一起作为交付海关查验和货物进出口清关的基本单证。

(5) 保险证明。若航空承运人承办保险或发货人要求承运人代办保险,货运单上相关记载作承保依据。

(6) 处理业务的依据。航空货运单与货物同行,在该货运单项下,承运人根据运单上所记载的内容和指示办理货运业务,包括装载、运输、交付及计收费用等事宜。

2. 国际航空货运单的组成

国际航空货运单通常由相同编号的一式数联组成,包括若干正本和若干副本。一式数联的航空货运单中,一般有正本3份及至少6本副本。正本背面印有货物国际航空运输承运条款。其中,注明"Original for the Shipper"的交托运人作为承运人收到货物后的收据及运输合同凭证;注明"Original for the Issuing Carriage"的交航空公司作为承运人与托运人之间的货物国际航空运输合同凭证及用做收取运费和其他费用的凭证;注明"Original for the Consignee"的由托运人和承运人签字(盖章)并由承运人承机带交目的地收货人作为承运人交付货物和收货人接受货物的依据。货运单第4联起为副本,副本运单根据需要制发。其中,可以用作收货人提货签署凭证,若联运货物则用作货物提交二程或三程承运人的凭据等,在目的地可用于进口运输报送手续等。

国际航空货运单,每份一式数联都有相同的编号。国际航空货运单编号一般采用11位数字表示,前3位数字是航空公司的代码号,后7位数是承运每票货物的顺序编号,最后位是核查号。

货物通过国际航空运输时,许多货物是通过航空货运代理人以集中托运的方式安排出口和进口。这时,航空货运单根据业务要求又有总运单和分运单两类。总运单,又称主运单(Master Airway Bill),是指航空货运代理人把若干单独托运的货物集中起来并用同一份经航空承运人签署的与货物一起发运到同一到站的运单。该运单是航空承运人接受货运代理人集中托运货物的凭据和双方就运输的合同证明。

3. 国际航空货运单的主要内容

国际航空货运单正面以填制内容为主,包括托运人填开栏和承运人填开栏,托运人托运货物的说明、货物价值声明、交付批示等事项,合同双方商定的内容,以及托运人和承运人的签字(盖章)等。一般来说,国际航空货运单应包括以下各项:

(1) 货物品名、性质,重量、体积,包装、件数及标志或号数,货物说明与价值声明。

(2) 托运人姓名、公司名称、地址及通信号码,收货人的名称、地址及通信号码。

(3) 航空承运人及名称、地址,以及代理人的IATA代号。

(4) 启运地、出运时间、机号及航班。如果采用联运方式,则需要填写经停和换装转运地,以及第一承运人的名称和第二承运人的名称。目的港及预计抵达时间、收货人及其地址、通信号码。

(5) 计费重量、运费及其支付方式。

(6) 货运保险及其费用负担。

(7) 货运单的填写地点、日期,货运单的份数,以及随附文件。

(8) 声明运输期间适用的规定或公约。

(9) 双方当事人商定的其他事宜与运输条件。

填制国际航空货运单的主要依据是发货人提供的国际货运委托书,委托书上的各项内容都应体现在货运单项式上,一般用英文填写。

4910692279

<table>
<tr><td colspan="6">Shipper's name and address
ABC CORPORATION
HONGKONG</td><td colspan="3">NOT NEGOTIABLE
Air Waybill
Issued by</td></tr>
<tr><td colspan="6">Consignee's name and address
SHANGHAI SHENHUA IMP. AND EXP.
Jiangxi ROAD, Huang Pu DISTRICT
SHANGHAI, CHINA</td><td colspan="3" rowspan="3">It is agreed that the goods described herein are accepted in apparent good order and condition (except as noted) for carriage SUBJECT TO THE CONDITIONS OF CONTRACT ON THE REVERSE HEREOF, ALL GOODS MAY BE CARRIED BY ANY OTHER MEANS. INCLUDING ROAD OR ANY OTHER CARRIER UNLESS SPECIFIC CONTRARY INSTRUCTIONS ARE GIVEN HEREON BY THE SHIPPER. THE SHIPPER'S ATTENTION IS DRAWN TO THE NOTICE CONCERNING CARIER'S LIMITATION OF LIABILITY. Shipper may increase such limitation of liability by declaring a higher value of carriage and paying a supplemental charge if required.</td></tr>
<tr><td colspan="6">Issuing Carrier's Agent Name and City
EXPDITIORS HONGKONG LTD
KOWLOON BAY HONGKONG</td></tr>
<tr><td colspan="3">Agents IATA Code13-3-0004</td><td colspan="3">Account No.</td></tr>
<tr><td colspan="6">Airport of Departure(Add. of First Carrier) and Requested Routing
HONGKONG</td><td colspan="3">Accounting Information
524-1200 4157 FREIGHT COLLECT</td></tr>
<tr><td>to
PVG</td><td>By first carrier MU</td><td>to</td><td>by</td><td>to</td><td>by</td><td>Currency
HKD</td><td>Declared Value for Carriage N. V. D.</td><td>Declared Value for Customs AS PER INV</td></tr>
<tr><td colspan="2">Airport of Destination
PUDONG, SHANGHAI</td><td colspan="2">Requested Flight/Date
MU5062/1</td><td colspan="2">Amount of Insurance
NIL</td><td colspan="3">INSURANCE-If carrier offers insurance and such insurance is requested in accordance with the conditions thereof indicate amount to be insured in figures in box marked "Amount of Insurance"</td></tr>
</table>

（续表）

<table>
<tr><td colspan="7">Handling Information SHPR REF:10245075 CNEE REF:45127841 INV,P/L ATTD
CHINA</td></tr>
<tr><td>No. of Pieces</td><td>Gross Weight</td><td>Rate Class</td><td>Chargeable Weight</td><td>Rate/ Charge</td><td>Total</td><td>Nature and Quantity of Goods</td></tr>
<tr><td>5</td><td>66 K</td><td>A/A</td><td>66</td><td>6.00</td><td>396.00</td><td></td></tr>
<tr><td colspan="4">Prepaid Weight Charge Collect 396.00</td><td colspan="3">Other Charges</td></tr>
<tr><td colspan="4">Valuation Charge</td><td colspan="3" rowspan="4">Shipper certifies that the particulars on the face hereof are correct and that insofar as any part of the consignment contains dangerous goods, such part is properly described by name and is in proper condition for carriage by air according to the applicable Dangerous Goods Regulations.
GRAY TAM, AGENT
Signature of Shipper or his agent</td></tr>
<tr><td colspan="4">Tax</td></tr>
<tr><td colspan="4">Total Other Charges Due Agent</td></tr>
<tr><td colspan="4">Total Other Charges Due Carrier</td></tr>
<tr><td colspan="2">Total Prepaid</td><td colspan="2">Total Collect 396.00</td><td colspan="3" rowspan="2">Executed on DEC. 5,2005 at HONGKONG Signature of issuing Carrier or as Agent</td></tr>
<tr><td colspan="2">Currency Conversion Rates</td><td colspan="2">CC Charges in des. Currency</td></tr>
<tr><td colspan="2">For Carrier's Use Only at Destination</td><td colspan="2">Charges at Destination</td><td colspan="2">Total Collect Charges</td><td>AIR WAYBILL NUMBER</td></tr>
</table>

HAWB 4910692279

任务 2:办理出口托运手续

操作过程

王芳把订舱委托书传真给天津凯捷货运代理公司，指示其代理向中远集装箱有限公司订船期为 2012 年 7 月 14 日、船名为 DONGFANG、航次为 007J 的一个 20 英尺集装箱整箱。

2012 年 7 月 10 日，王芳收到天津凯捷货运代理公司 7 月 12 日上午 8 点装箱的通知后，马上通知北京顺昌针织有限公司做好装箱准备。

2012 年 7 月 12 日上午 8 点，王芳到北京顺昌针织有限公司监督将货物装箱后封存，确认集装箱装箱单之后签字，完成装箱工作。集装箱号为 COSU2233987。集装箱装箱单内容及样式如下：

集装箱装箱单

<table>
<tr>
<td colspan="4">Reefer Temperature Required 冷藏温度
℃ ℉</td>
<td colspan="6" rowspan="2">CONTAINER LOAD PLAN
装箱单
中远
COSCO BEIJING CPMPANY
中远北京公司
(5) Shipper's/Packer's Copy
发货人/装箱人 联</td>
</tr>
<tr>
<td>Class
等级</td>
<td>IMDG Page
危险页码</td>
<td>UN NO.
联合国编码</td>
<td>Flashpoint
闪点</td>
</tr>
<tr>
<td colspan="4">Ship's Name/Voy No. 船名/船次
DONGFANG, 007J</td>
<td>Port of
Loading
装港</td>
<td>Port of
Discharge
卸港</td>
<td>Place of
Deliver
交货地</td>
<td colspan="3">SHIPPER'S/PACKER'S DECLARATIONS:
We hereby declare that the container has been thoroughly cleaned without any evidence of cargoes of previous shipment prior to vanning and cargoes has been properly stuffed and secured.</td>
</tr>
<tr>
<td colspan="4">Container No. 箱号
COSU2233987</td>
<td>B/L No.
提单号</td>
<td>Packages & Packing
件数与包装</td>
<td>Gross Weight
毛重</td>
<td>Measurements
尺码</td>
<td>Descriptions of Goods
货名</td>
<td>Marks & Numbers
唛头</td>
</tr>
<tr>
<td colspan="4">Seal No. 封号</td>
<td rowspan="4"></td>
<td rowspan="4">200 CTNS</td>
<td rowspan="4">2 000 KGS</td>
<td rowspan="4">22.275 M^3</td>
<td rowspan="4">Baby Blanket</td>
<td rowspan="4">FERREIRA
LW20120006
GL03/GS06
LUANDA,
ANGOLA
C/No.1—200</td>
</tr>
<tr>
<td colspan="2">Cont. Size
箱型
R20′
□ 40′
□ 45′</td>
<td colspan="2">Cont. Type 箱类
☑ GP = 普通箱 □ TK = 油罐箱
□ RF = 冷藏箱 □ PF = 平板箱
□ OT = 开顶箱 □ HC = 高箱
□ FR = 框架箱 □ HT = 挂衣箱</td>
</tr>
<tr>
<td colspan="4">ISO Code For Container Size/ Type
箱型/箱类 ISO 标准代码
20′ GP</td>
</tr>
<tr>
<td colspan="4">Packer's Name/Address: 装箱人名称/地址
北京顺昌针织有限公司
北京朝阳区十八里店路39号</td>
</tr>
</table>

（续表）

Packing Date 装箱日期 2012 年 7 月 12 日	Received By Drayman 驾驶员签收及车号	Total Packages 总件数 200 CTNS	Total Cargo Wt 总货重 2 000 KGS	Total Meas 总尺码 22.275 M^3	Remarks:
Packed by 装箱人签名　王芳	Received By Terminals/ Date of Receipt 码头收箱签收和收箱日期		Cont. Tare Wt 集装箱皮重	Cgo/Cont. Tare Wt 货/箱总重量	

知识链接与归纳（二）

一、集装箱的装箱方式

集装箱整箱运输中货物的装箱方式可以分为门到门、内装箱和自拉自送三种方式。

门到门是指货运代理公司为客户提供货物运输的门到门服务，即货运代理公司从承运人处提取空箱，送至客户所在地将货物装箱、封铅，再由货运代理公司将重箱自客户所在地运至港区集港，安排货物装船运输至目的地，由货运代理公司在进口地的代理或分支机构负责将货物送至进口商仓库或进口商指定的其他地方，实现货物运输的门到门方式。

内装箱是指货运代理公司将空箱提回自己的货运站，向客户发出“发货通知书”或“进仓通知书”，要求客户在指定期限内将指定货物送至指定货运站，在货运站内完成货物装箱，并封铅，然后向客户出具“货物进仓接受单”或“入库单”，再由货运代理公司安排重箱送至港区的方式。

自拉自送是指货运代理公司完成订舱，并向承运人提出用箱申请后，由客户自己派车队提取空箱，送至客户货物存储地，并在货物装箱后，由客户将货物按港区要求集港。

二、集装箱装箱单

集装箱装箱单(Container Load Plan，CLP)是详细记载集装箱内货物的名称、数量等内容的单据。每个载货集装箱，都由负责装箱的人，根据已装进集装箱内的货物制作这样的单据。集装箱装箱单的主要作用有：① 作为发货人、集装箱货运站与集装箱码头堆场之间货物的交接单证；② 作为装船方通知集装箱内所装货物的明细表；③ 单据上所记载的货物与集装箱的总重量是计算船舶吃水差、稳定性的基本数据；④ 在卸货地点是办理集装箱保税运输的单据之一；⑤ 当发生货损时，是处理索赔事故的原始单据之一；⑥ 卸货港集装箱货运站安排拆箱、理货的单据之一。

实训练习

一、单项选择题

1. 香港客商向上海某供应商采购货，买卖双方约定价格条件“FOB 香港”，实际被香港客商要求海运至美国纽约，从上海至纽约的运费由香港客商承担。海运托运单上对运费的表示应为(　　)。

A. Freight Prepaid B. Freight Collect

C. Freight Prepayable D. Freight Collectable

2. 按照国际航协规定,凡托运人交运贵重物品时,必须向承运人声明货物价值。任何商品只要其每公斤价值大于或等于(　　),该商品即被视为贵重物品。

A. 20 美元 B. 200 美元 C. 500 美元 D. 1 000 美元

3. 船方提供给承租人一定吨位的运力,在确定的港口之间,按照事先约定的时间、航次周期和每航次约定运量完成运输合同规定的全部货运量,这种租船方式是(　　)。

A. 程租 B. 包运租船 C. 期租 D. 光船租船

4. 按照有关规定,托运一票货而有不同包装种类时,托运单中的件数和包装种类应填写合计总件数,包括合计件数数字和包装种类总称,该包装种类总称用(　　)。

A. Cartons B. Pieces C. Packages D. Pallets

5. 在纸质托运单十联单中,(　　)被电子托运单保留使用,此联在海关放行后,被海关盖上放行章,据此联,船公司才可以将货物装上船。

A. 第二联船代留底 B. 第五联装货单

C. 第七联场站收据 D. 第九联配舱回单

二、多项选择题

1. 空运货物的计费重量可以是实际毛重,也可以是(　　)。

A. 体积重量 B. 实际毛重 C. 实际净重 D. 不计重量

2. 出口货物托运人缮制《国际货物托运委托书》的依据是(　　)。

A. 外销出仓单 B. 信用证 C. 销售合同 D. 配舱回单

3. 下列费用属于海运附加费而由托运人向承运人支付的有(　　)。

A. 燃油附加费 B. 空箱调运费 C. 装箱费 D. 港口拥挤费

4. 按照有关规定,托运人与航空公司交接的主要单据有(　　)。

A. 盖有海关放行章的总运单 B. 有托运人盖章签名的分运单

C. 随机信袋 D. 正本托运单

三、判断题

1. 托运单是日后制作提单的依据,所以信用证下托运单的制作要依据提单条款。(　　)

2. 货物装船后,大副在收货单上签收,托运人凭已签名的收货单向船公司或船代理换取全套正本提单。(　　)

3. 被通知人的职责是及时接受船方发出的到货通知并及时提货。(　　)

4. 若信用证中规定装运港为 CHINESE MAIN PORT,则在托运单中的装运港应填 CHINESE MAIN PORT,以保持单证一致。(　　)

四、根据以下信用证、合同和其他信息制作订舱委托书

（一）销售合同

销售合同

SALES CONTRACT

卖方 KKK TRADING CO. ,LTD.
SELLER: HUARONG MANSION RM2906 NO. 85
GUANJIAQIAO, NANJING 210005, CHINA
TEL: 0086-25-4715006 FAX: 0086-25-4711363

编号 NO.: NEO2005066
日期 DATE: Feb. 28, 2006
地点 SIGNED IN: NANJING, CHINA

买方 NEO GENERAL TRADING CO.
BUYER: P. O. BOX 99552, RIYADH 22766, KSA
TEL: 00966-1-4659220 FAX: 00966-1-4659213

买卖双方同意以下条款达成交易:

This contract is made by and agreed between the BUYER and SELLER, in accordance with the terms and conditions stipulated below:

1. 品名及规格 Commodity & Specification	2. 数量 Quantity	3. 单价及价格条款 Unit Price & Trade Terms	4. 金额 Amount
	CFR DAMMAM PORT, SAUDI ARABIA		
ABOUT 1 700 CARTONS CANNED MUSRHOOMS PIECES & STEMS 24 TINS × 227 GRAMS NET WEIGHT (G. W. 425 GRAMS) AT USD 7. 80 PER CARTON. ROSE BRAND.	1 700 CARTONS	USD 7. 80	USD 13 260. 00
Total:	1 700 CARTONS		USD 13 260. 00

允许 With 溢短装,由卖方决定 More or less of shipment allowed at the sellers' option

5. 总值 Total Value USD THIRTEEN THOUSAND TWO HUNDRED AND SIXTY ONLY.

6. 包装 Packing EXPORTED BROWN CARTON

7. 唛头 Shipping Marks ROSE BRAND
178/2005
RIYADH

8. 装运期及运输方式 Time of Shipment & Means of Transportation	Not Later Than Apr. 30,2005 BY VESSEL
9. 装运港及目的地 Port of Loading & Destination	From: SHANGHAI PORT,CHINA To: DAMMAM PORT,SAUDI ARABIA
10. 保险 Insurance	TO BE COVERED BY THE BUYER
11. 付款方式 Terms of Payment	The BUYER shall open through a bank acceptable to the SELLER an Irrevocable Letter of Credit payable at sight of reach the seller 30 days before the month of shipment, valid for negotiation in China until the 15th day after the date of shipment.
12. 备注 Remarks	

The BUYER	The SELLER
NEO GENERAL TRADING CO.	KKK TRADING CO. ,LTD.
(signature)	(signature)

（二）信用证

```
2006 MAR 22 09:18:11                                          LOGICAL TERMINAL E106
MT S700                 ISSUE OF A DOCUMENTARY CREDIT                  PAGE 00006
                                                                       FUNC MSG700
                                                                       UMR 06881051
MSGACK DWS765I AUTH OK,KEY B198081689580FC5,BKCHCNBJ RJHISARI RECORO
BASIC HEADER                  F  06  BKCHCNBJA940 0588 550628
APPLICATION HEADER            0  700  1057 060620 RJHISARIAXXX 7277 977367 060613 1557 N
                                         * ALRAJHI BANKING AND INVESTMENT
                                         * CORPORATION
                                         * RIYADH
                                         * (HEAD OFFICE)
USER HEADER                   SERVICE CODE    106:        （银行盖信用证通知专用章）
                              BANK PRIORITY   113:
                              MSG USER REF.   108:
                              INFO. FROM CI   115:
SEQUENCE OF TOTAL       * 27  1/1
```

FORM OF DOC. CREDIT	*	40A	IRREVOCABLE
DOC. CREDIT NUMBER	*	20	0061LC123756
DATE OF ISSUE		31C	050620
DATE/PLACE EXP.	*	31D	DATE 050505 PLACE CHINA
APPLICANT	*	50	NEO GENERAL TRADING CO. P. O. BOX 99552, RIYADH 22766, KSA TEL: 00966-1-4659220 FAX: 00966-1-4659213
BENEFICIARY	*	59	KKK TRADING CO., LTD. HUARONG MANSION RM2906 NO. 85 GUANJIAQIAO, NANJING 210005, CHINA TEL: 0086-25-4715006 FAX: 0086-25-4711363
AMOUNT	*	32B	CURRENCY USD AMOUNT 13 260
AVAILABLE WITH/BY	*	41D	ANY BANK IN CHINA, BY NEGOTIATION
DRAFTS AT...		42C	SIGHT
DRAWEE		42A	RJHISARI * ALRAJHI BANKING AND INVESTMENT * CORPORATION * RIYADH * (HEAD OFFICE)
PARTIAL SHIPMTS		43P	NOT ALLOWED
TRANSSHIPMENT		43T	NOT ALLOWED
LOADING ON BRD		44A	CHINA MAIN FORT, CHINA
		44B	DAMMAM PORT, SAUDI ARABIA
LATEST SHIPMENT		44C	050630
GOODS DESCRIPT.		45A	ABOUT 1 700 CARTONS CANNED MUSRHOOMS PIECES & STEMS 24 TINS × 227 GRAMS NET WEIGHT (G. W. 425 GRAMS) AT USD 7.80 PER CARTON. ROSE BRAND. CFR DAMMAM PORT, SAUDI ARABIA
DOCS REQUIRED		46A	DOCUMENTS REQUIRED: + SIGNED COMMERCIAL INVOICE IN TRIPLICATE ORIGINAL AND MUST SHOW BREAK DOWN OF THE AMOUNT AS FOLLOWS: FOB VALUE, FREIGHT CHARGES AND TOTAL AMOUNT C AND F. + FULL SET CLEAN ON BOARD BILL OF LADING MADE OUT TO THE ORDER OF ALRAJHI BANKING AND INVESTMENT CORP,

		MARKED FREIGHT PREPAID AND NOTIFY APPLICANT, INDICATING THE FULL NAME, ADDRESS AND TEL NO. OF THE CARRYING VESSEL'S AGENT AT THE PORT OF DISCHARGE. + PACKING LIST IN ONE ORIGINAL PLUS 5 COPIES, ALL OF WHICH MUSTBE MANUALLY SIGNED. + INSPECTION (HEALTH) CERTIFICATE FROM C. I. Q. (ENTRY-EXIT INSPECTION AND QUARANTINE OF THE PEOOPLES REP. OF CHINA) STATING GOODS ARE FIT FOR HUMAN BEING. + CERTIFICATE OF ORIGIN DULY CERTIFIED BY C. C. P. I. T. STATING THE NAME OF THE MANUFACTURERS OF PRODUCERS AND THAT GOODS EXPORTED ARE WHOLLY OF CHINESE ORIGIN. + THE PRODUCTION DATE OF THE GOODS NOT TO BE EARLIER THAN HALF MONTH AT TIME OF SHIPMENT. BENEFICIARY MUST CERTIFY THE SAME. + SHIPMENT TO BE EFFECTED BY CONTAINER AND BY REGULARE LINE. SHIPMENT COMPANY'S CERTIFICATE TO THIS EFFECT SHOULD ACCOMPANY THE DOCUMENTS.
DD. CONDITIONS	47A	ADDITIONAL CONDITION: +A DISCREPANCY FEE OF USD 50.00 WILL BE IMPOSED ON EACH SET OF DOCUMENTS PRESENTED FOR NEGOTIATION UNDER THIS L/C WITH DISCREPANCY. THE FEE WILL BE DEDUCTED FROM THE BILL AMOUNT. PAYMENT UNDER THE GOODS WERE APPROVED BY SAUDI GOVERNMENT LAB. + MORE OR LESS 10 PCT OF CREDIT AMOUNT IS ALLOWED.
CHARGES	71B	ALL CHARGES AND COMMISSIONS OUTSIDE KSA ON BENEFICIARIES' ACCOUNT INCLUDING REIMBURSING, BANK COMMISSION, DISCREPANCY FEE (IF ANY) AND COURIER CHARGES.
CONFIRMAT INSTR	* 49	WITHOUT
REIMBURS. BANK	53D	// ALRAJHI BANKING AND INVESTMENT CORP RIYADH (HEAD OFFICE)
INS PAYING BANK	78	DOCUMENTS TO BE DESPATCHED IN ONE LOT BY COURIER. ALL CORRESPONDENCE TO BE SENT TO ALRAJHI BANKING AND INVESTMENT COPRORATION RIYADH (HEAD OFFICE)

SEND REC INFO	72	REIMBURSEMENT IS SUBJECT TO ICC URR 525
TRAILER		ORDER IS 〈MAC:〉〈PAC:〉〈ENC:〉〈CHK:〉〈TNG:〉〈PDE:〉
		MAC: E55927A4
		CHK:7B505952829A
		HOB:

(三) 实际货物装运信息

(1) 1 750 CTNS

(2) 0.065CBM/CTN

(3) 业务编号:2005SDT006

(4) SHIPPING MARKS:

ROSE BRAND

178/2005

RIYADH

五、根据信用证有关内容,填制"集装箱货物托运单"

设本信用证项下货物的交接方式为 CY—CY,整批货被装在两个 20 英尺,编号分别为 EASU982341、EART520142 的集装箱内,由 YINHU A3032 号船于 8 月 30 日装运出海。该批货物的合同号为 BEIT0112,体积为 66.4CBM,每个纸箱重 0.15KGS,唛头由受益人自行设计。

ISSUING BANK: FIRST ALABAMA BANK
106 ST. FRANCIS STREET MOBILE ALABAMA 36602 USA

BENEFICIARY: XIAMEN YINCHENG ENTERPRISE GENERAL CORP.
176 LUJIANG ROAD XIAMEN, CHINA(厦门银城企业总公司)
TELEX: 93052 IECTA CN, TEL: 86-592-2046841
FAX: 86-592-2020396

APPLICANT: BAMA SEA PRODUCTS. INC.
1499 BEACH DRIVE S. E. ST PELERSBURG. FL 33701, USA

ADVISING BANK: THE BANK OF EAST ASIA LIMITED XIAMEN BRANCH
G/F & 1/F HUICHENG BUILDING 837 XIAHE ROAD, XIAMEN, CHINA
TELEX: 93132 BEAXM CN FAX: 86-592-5064980

DATE: AUGUST 1, 2004

FORM OF DC: IRREVOCABLE L/C AT SIGHT

AMOUNT: USD 170 450.00

PARTIAL SHIPMENT: PERMITTED

TRANSSHIPMENT: PERMITTED ONLY FROM XIAMEN CHINA FOR TRANSPORTATION TO LONG BEACH, CA. USA. WITH FINAL PORT OF DESTINATION TAMPA, FL, USA.

SHIPMENT CONSISTS OF: 34 000 KGS CHINESE SAND SHRIMP OR BIG HARD SHELL SHRIMP. BLOCK FROZEN SHRIMP (PTO), PACKED 6 × 2KGS/CTN. (RAW, PEELED, TAIL ON)

CONSISTING OF:

KGS.	SIZE(MM)	UNIT PRICE(/KGS)	TOTAL
3 000	71/90	USD 6.60	USD 19 800.00
5 000	91/110	USD 6.35	USD 31 750.00
6 000	111/130	USD 5.45	USD 32 700.00
8 000	131/150	USD 4.55	USD 36 400.00
12 000	151/200	USD 4.15	USD 49 800.00

TOTAL AMOUNT OF USD 170 450.00 CFR TAMPA FL. U. S. A.

THE LATEST SHIPMENT DATE IS AUGUST 31, 2004

DOCUMENTARY REQUIREMENTS:

(1) FULL SET (3/3) CLEAN ON BOARD COMBINED TRANSPORT BILLS OF LADING CONSIGNED TO THE ORDER OF BAMA SEA PRODUCTS INC., 1499 BEACH DRIVE S. E., ST, PELERSBURG, FL. 33701 MARKED "FREIGHT PREPAID" NOTIFYING WILLIAMS CLARKE, INC., 603 NORTH FRIES AVENUE, WILMINGTON, CA 90744, USA. AND MUST INDICATE CONTAINER(S) NUMBER AND STATE THAT CONTAINER(S) HAVE BEEN MAINTAINED AT ZERO DEGREES FAHRENHEIT OR BELOW. IF COMBINED TRANSPORT BILL OF LADING IS PRESENTED, MUST BE INDICATE VESSEL NAME.

(2) BILLS OF LADING MUST ALL FREIGHT CHARGES PREPAID, INCLUDING FUEL ADJUSTMENT FEES (FAF)

SHIPPER(发货人)	
CONSIGNEE(收货人)	D/R NO.(编号) 上海中货
NOTIFY PARTY(通知人)	集装箱货物托运单
PRE-CARRIAGE BY(前程运输) PLACE OF RECEIPT(收货地点)	船代留底 第二联
OCEAN VESSEL(船名) VOY NO(航次) PORT OF LOADING(装货港)	

PORT OF DISCHARGE(卸货港)	PLACE OF DELIVERY(交货地点)	FINAL DESTINATION FOR THE MERCHANT'S REFERENCE(目的地)

Container No. Seal No. 封志号; (集装箱号)	Marks & No. s 唛头	No. of Containers or Packages 箱数或件数	Kind of packages. Description of Goods 包装种类与货名	Gross Weight 毛重(千克)	Measurement 尺码(立方米)
TOTAL NUMBER OF CONTAINERS OR PACKAGES(IN WORDS) 集装箱数或件数合计(大写)					

Freight & Charges (运费与附加费)	Revenue Tons (运费吨)	Rate (运费率)	Per (每)	Prepaid (运费预付)	Collect (运费到付)
Ex. Rate: (兑换率)	Prepaid At(预付地点)	Payable At(到付地点)		Place of Issue(签发地点)	
	Total Prepaid(预付总额)	No. s of Original B(s)/L(正本提单份数)			

Service Type on Receiving □-CY □-CFS □-DOOR	Service Type on Delivery □-CY □-CFS □-DOOR	Reefer-Temperature Required (冷藏温度)	℉	℃

TYPE OF GOODS (种类)	□ Ordinary 普通 □ Reefer 冷藏 □ Dangerous 危险品 □ Auto 裸装车辆 □ Liquid 液体 □ Live Animal 活动物 □ Bulk 散货 □ ________	危险品	Class: Property: IMDG Code Page: UN No.:

可否转船:	可否分批:	
装期:	效期:	
金额:		
制单日期:		

第五单元 原产地证明书申领相关单据缮制

学习目标

1. 知识目标

了解原产地证明书的作用、种类，掌握一般原产地证明书和普遍优惠制产地证明书的内容和制作方法。

2. 能力目标

能够根据提供的材料正确制作原产地证明书。

工作任务

安哥拉客户开来的信用证要求提供商会签发的一般原产地证明书(CERTIFICATE OF CHINESE ORIGIN CERTIFIED BY CHAMBER OF COMMERCE.)。因此在向天津凯捷货运代理有限公司办理完货物订舱委托手续后，2012 年 7 月 10 日，北京蓝天贸易有限公司可以向中国国际贸易促进委员会(简称“贸促会”)申领一般原产地证明书。王芳制作了《一般原产地证明书申请书》一份和《中华人民共和国原产地证明书》一套，并随商业发票、装箱单等单据一起向贸促会申请签发。

注：该批货物海运费为 1 250 美元，保险费为 105 美元。

任务 1：缮制一般原产地证明书申请书

任务 2：缮制一般原产地证明书

任务 3：办理一般原产地证明书的申领手续

任务 1：缮制一般原产地证明书申请书

一般原产地证明书/加工装配证明书申请书是申请单位向贸促会办理一般原

产地证明书/加工装配证明书签证时需填写的专用申请表。申请单位应如实、准确填写申请书中的各项内容，并核实所填内容是否真实、完整、正确。一般原产地证明书/加工装配证明书申请书样式如下：

中华人民共和国出口货物

原产地证明书/加工装配证明书

申　请　书

申 请 人　　　　　　　　　　　　　　　　　　　　产地证编号或

企业名称：　　　　　　　　　　　　　　　　　　　网络申请号：

申请人郑重声明：本人被正式授权代表本企业办理和签署本申请书。本申请书及《中华人民共和国出口货物原产地证明书/加工装配证明书》所列内容正确无误，如发现弄虚作假，冒充证书所列货物，擅改证书，本人愿按《中华人民共和国出口货物原产地规则》和《中华人民共和国海关进出口货物优惠原产地管理规定》的相关规定接受处罚并承担法律责任，现将有关情况申报如下：

商品名称(中英文)：				最终目的国/地区： 转口国/地区：	
发票号：				H. S. 编码：	
商品 FOB 总值(以美元计)：				拟出运日期：	
是否含有进口成分：　是(　)　否(　)				数量或重量：	
贸易方式和企业性质(请在适用处划"√")					
一般贸易		灵活贸易		其他贸易	
中资企业	外资企业	中资企业	外资企业	中资企业	外资企业
证书种类：一般原产地证书(　)　优惠原产地证书(　)　加工装配证明书(　)					
该批货物实际生产企业：					
现提交中国出口货物商业发票副本一份，《中华人民共和国出口货物原产地证明书/加工装配证明书》一正三副及其他附件　　份，请予审核签证。					
申请单位盖章：			申领人员签名： 电话： 日期：　　年　　月　　日		

注：① 灵活贸易包括来料加工、补偿贸易、进料加工贸易；② 外资企业指所有含有外资的企业。

操作过程

各栏目的内容填制如下。

1. 申请单位(盖章)

填写申请单位全称并盖章。

△本申请书此栏填写为:北京蓝天贸易有限公司。

2. 证书号

企业根据贸促会的编号规则按顺序编号,不得重号或跳号。网上申请系统会自动生成证书号。

3. 商品名称

填写商品品名的中、英文,并且与发票的商品名称一致。

△本申请书此栏填写为:

童毯

BABY BLANKET

4. H.S.税目号(六位数)

填写海关《商品编码协调制度》规定的商品 H.S.税目号(前六位)。

△本申请书此栏填写为:630140。

5. 商品(FOB)总值(以美元计)

根据申报的出口货物发票上所列的金额以 FOB 价格填写(以美元计),如出口货物不是以 FOB 价格成交,应换算成 FOB 价格。

本项目中,该批货物 CIF 金额为 26 000 美元,海运费为 1 250 美元,保险费为 105 美元,由 FOB = CIF - F - I 得出,FOB 金额为 24 645 美元。

△本申请书此栏填写为:24 645。

6. 最终目的国/地区

据实填写货物即将运抵的最终目的国/地区。

△本申请书此栏填写为:安哥拉。

7. 转口国/地区

如货物运输过程中有中转的,此栏填写转口国/地区。

△本申请书此栏不填写。

8. 拟出运日期

填写货物离开启运口岸的当天日期(年月日)。

△本申请书此栏填写为:2012.07.14。

9. 发票号

填商业发票号码。

△本申请书此栏填写为:BJBS12022。

10. 贸易方式和企业性质(请在适用处划"✓")

根据实际情况选择划"✓"即可。

△本申请书此栏在"一般贸易""中资企业"处划"✓"。

11. 数量或重量

填写该批出口货物箱数、毛重或个数。

△本申请书此栏填写为:200 CARTONS。

12. 是否含有进口成分

根据实际情况选择划"✓"即可。

△本申请书此栏在"否"处划"✓"。

13. 证书种类(划"✓")

根据实际情况选择划"✓"即可。

△本申请书此栏在"一般原产地证书"处划"✓"。

14. 该批货物实际生产企业

填写该批出口货物的生产企业全称及地点。

△本申请书此栏填写为:

北京顺昌针织有限公司

北京朝阳区十八里店路39号

15. "提交单据"栏

如有提供其他相关单据,一并补填。

16. 申请单位盖章

△本申请书此栏填写为:北京蓝天贸易有限公司。

17. 申领人员签名

申领人员签字并填写联系电话和申报日期。

△本申请书此栏填写为:

申领人员签名:王芳

电话:86-010-87076634

申报日期:2012年07月10日

缮制完成的原产地证明书申请书如下：

中华人民共和国出口货物
原产地证明书/加工装配证明书
申　请　书

申 请 人　　　　　　　　　　　　　　　　　　　　产地证编号或

企业名称:北京蓝天贸易有限公司　　　　　　　　　　网络申请号:

申请人郑重声明:本人被正式授权代表本企业办理和签署本申请书。本申请书及《中华人民共和国出口货物原产地证明书/加工装配证明书》所列内容正确无误,如发现弄虚作假,冒充证书所列货物,擅改证书,本人愿按《中华人民共和国出口货物原产地规则》和《中华人民共和国海关进出口货物优惠原产地管理规定》的相关规定接受处罚并承担法律责任,现将有关情况申报如下:

<table>
<tr><td colspan="4">商品名称(中英文):童毯
BABY BLANKET</td><td colspan="2">最终目的国/地区:安哥拉
转口国/地区:</td></tr>
<tr><td colspan="4">发票号:BJBS12022</td><td colspan="2">HS 编码:630140</td></tr>
<tr><td colspan="4">商品 FOB 总值(USD):24 645</td><td colspan="2">拟出运日期:2012.07.14</td></tr>
<tr><td colspan="4">是否含有进口成分:　　是(　)　否(√)</td><td colspan="2">数量或重量:200 CARTONS</td></tr>
<tr><td colspan="6">贸易方式和企业性质(请在适用处划"√")</td></tr>
<tr><td colspan="2">一般贸易√</td><td colspan="2">灵活贸易</td><td colspan="2">其他贸易</td></tr>
<tr><td>中资企业</td><td>外资企业</td><td>中资企业</td><td>外资企业</td><td>中资企业</td><td>外资企业</td></tr>
<tr><td>√</td><td></td><td></td><td></td><td></td><td></td></tr>
<tr><td colspan="6">证书种类:一般原产地证书(√)　优惠原产地证书(　)　加工装配证明书(　)</td></tr>
<tr><td colspan="6">该批货物实际生产企业:北京顺昌针织有限公司
北京朝阳区十八里店路39号</td></tr>
<tr><td colspan="6">现提交中国出口货物商业发票副本一份,《中华人民共和国出口货物原产地证明书/加工装配证明书》一正三副及其他附件　　份,请予审核签证。

申请单位盖章:北京蓝天贸易有限公司　　申领人员签名:王芳
电话:86-010-87076634
日期:2012 年 07 月 10 日</td></tr>
</table>

注:① 灵活贸易包括来料加工、补偿贸易、进料加工贸易;② 外资企业指所有含有外资的企业。

知识链接与归纳（一）

一、原产地证明书的类别

原产地证明书(Certificate of Origin,C/O)是证明货物原产地或制造地的证明文件。它是进口国海关采取不同的国别政策、国别待遇,如实行差别关税,控制进口配额的书面依据,也是通关、结汇和有关方面进行贸易统计的重要依据。

原产地证明书一般分为两类:

1. 普遍优惠制产地证明书

普遍优惠制产地证明书(Generalized System of Preferences Certificate Of Origin)简称普惠制产地证(GSP产地证)。

普遍优惠制是发达国家对来自发展中国家的商品,特别是工业制成品与半制成品给予普遍的、非歧视的、非互惠的关税优惠的制度。

普惠制产地证是一种受惠国有关机构就本国出口商品向给惠国出口受惠商品签发的用以证明原产地的文件。凡是对给予我国以普惠制关税优惠待遇的国家出口的受惠商品,不管信用证是否要求提供普惠制产地证,都应申领此证交收货人使其能享受普惠制待遇。在我国,普惠制产地证由出入境检验检疫局签发。

普惠制产地证的格式有格式A、格式59和格式AAPR。其中,格式A(FORM A)使用范围最广。出口新西兰使用格式59(FORM 59),出口澳大利亚不需要单独提供普惠制产地证,只要商业发票上注明指定声明文句即可,即:

I declare: A, that the final process of manufacture of the goods for which special rates are claimed has been performed in China and

B, that not less than one half of the factory cost of the goods is represented by the value of labour and material of China.

根据我国有关规定,出口企业最迟于货物出运5天前,持签证机构规定的正本文件,向签证机构申请办理普惠制产地证。

2. 一般原产地证明书

中华人民共和国原产地证明书(Certificate of Origin of the People's Republic of China),简称一般原产地证明书,又称普通产地证,是证明我国出口货物确系中国制造的法律文件。

依据其签发者不同,一般原产地证明书可分为:

(1) 出口商自已出具并签发的产地证。其一般用于对近洋地区的出口,好处是无需支付任何签证费用，便于更改。

（2）生产厂家自己签发的产地证。

（3）中国国际贸易促进委员会（CHINA COUNCIL FOR THE PROMOTION OF INTERNATIONAL TRADE，CCPIT）签发的产地证，即商会产地证。

（4）出入境检验检疫局签发的产地证。

选择使用哪一种，应根据信用证条款确定；如无特别规定，则由第三方公证机构签发比较合适，一般向贸促会申请办理的较多。

根据我国有关规定，出口企业最迟于货物出运3天前，持签证机构规定的正本文件，向签证机构申请办理一般原产地证明书。

二、普惠制产地证申请书缮制

普惠制产地证明书申请书是申请单位向检验检疫机构办理普惠制产地证时需填写的专用申请表。普惠制产地证明书申请书样式如下，申请单位应如实、准确填写申请书中的各项内容，并核实所填内容是否真实、完整、正确。

普惠制原产地证明书申请书

申请单位（盖章）： 证书号：

申请人郑重申明： 注册号：

本人是被正式授权代表出口单位办理和签署本申请书的。

本申请书及普惠制产地证格式A所列内容正确无误，如发现弄虚作假，冒充格式A所列货物，擅改证书，自愿接受签证机关的处罚及负法律责任。

现将有关情况申报如下：

<table>
<tr><td>生产单位</td><td colspan="5"></td><td colspan="2">生产单位联系人电话</td></tr>
<tr><td>商品名称
（中英文）</td><td colspan="2"></td><td colspan="3">H.S.税目号（以六位数码计）</td><td colspan="2"></td></tr>
<tr><td>商品FOB总值
（以美元计）</td><td colspan="2"></td><td colspan="3">发票号</td><td colspan="2"></td></tr>
<tr><td>最终销售国</td><td colspan="2"></td><td colspan="3">证书种类划“√”</td><td>加急证书</td><td>普通证书</td></tr>
<tr><td colspan="8">货物拟出运日期：</td></tr>
<tr><td colspan="8">贸易方式和企业性质（请在适用处划“√”）</td></tr>
<tr><td>正常贸易C</td><td>来料加工L</td><td>补偿贸易B</td><td>中外合资H</td><td>中外合作Z</td><td>外商独资D</td><td>零售Y</td><td>展卖M</td></tr>
<tr><td colspan="6">包装数量或毛重或其他数量：</td><td colspan="2"></td></tr>
<tr><td colspan="8">原产地标准：</td></tr>
</table>

本项商品系在中国生产,完全符合该给惠国给惠方案规定,其原产地情况符合以下第　　条。	
(1)"P"(完全国产,未使用任何进口材料);	
(2)"W"其H.S.税目号为________(含进口材料);	
(3)"F"(对加拿大出口,其进口成分不超过产品出口价值的40%)。	
本批产品系:1. 直接运输从　　到 2. 转口运输从　　中转国(地区)　　到	
申请人说明:	领证人(签名):
	电话:
	日期: 年　月　日

现提交中国出口商品发票副本一份,普惠制产地证格式A(FORM A)一正二副,以及其他附件×××份,请予审核签证。

注:凡含有进口成分的商品,必须按要求提交《含进口成分受惠商品成本明细单》。

商检局联系记录

1. 申请单位(盖章)

填写申请单位全称并盖章。

2. 注册号

填写申请单位在当地检验检疫局产地证签证部门注册的注册号。

3. 证书号

企业根据检验检疫局的编号规则,按顺序编号,不得重号或跳号。通常由出入境检验检疫局受理后填写。

4. 生产单位/联系人电话

填写这批出口商品的生产企业全称及联系人电话。

5. 商品名称(中英文)

填写商品品名的中、英文,并且与发票的商品名称及H.S.税目号一致。

6. H.S. 税目号(以六位数码计)

填写海关《商品编码协调制度》规定的商品H.S.税目号(前六位)。

7. 商品(FOB)总值(以美元计)

根据申报的出口货物发票上所列的金额以FOB价格填写(以美元计),如出口货物不是以FOB价格成交,应换算成FOB价格。

8. 发票号

填写所附发票的号码。

9. 最终销售国

填写出口商品的最终销售国家。

10. 证书种类划"✓"

根据需要在"加急证书"和"普通证书"处划"✓"即可。

11. 货物拟出运日期

填写货物离开启运口岸的当天日期(年月日)。

12. 贸易方式和企业性质(请在适用处划"✓")

根据实际情况选择划"✓"即可。

13. 包装数量或毛重或其他数量

填写该批出口货物的箱数、毛重或个数。

14. 原产地标准

根据提示及货物实际情况选择14项如实填写。符合"W"的,加填H.S.税目号(前四位数字)。

15. "本批产品系"栏

填写本批货物的运输路线,如果直接运输,填启运地到目的地;如果转运,则需加填中转国(地区)。

16. 提供单据

申请单位根据所提供单证份数填写,如有提供其他相关单据,一并补填。

17. 领证人

由已在检验检疫局产地证部门注册备案的申领员签名,并填写申请单位的联系电话和申报日期。

任务2:缮制一般原产地证明书

本项目中,北京蓝天贸易有限公司向北京贸促会申领一般原产地证明书。贸促会签发的原产地证明书采用全国统一的证书格式,一正三副,正本为浅蓝色水波纹,以长城图案为暗影,第一、第二副本为白色,第三副本为黄色。证书用英文填制,共12栏,右上角填制证书编号。

一般原产地证明书样式如下:

<table>
<tr><td colspan="2">1. Exporter(full name and address)</td><td colspan="3" rowspan="2">CERTIFICATE NO.:
CERTIFICATE OF ORIGIN OF THE PEOPLE'S REPUBLIC OF CHINA</td></tr>
<tr><td colspan="2">2. Consignee(full name, address, country)</td></tr>
<tr><td colspan="2">3. Means of transport and route</td><td colspan="3" rowspan="2">5. For certifying authority use only</td></tr>
<tr><td colspan="2">4. Country/Region Of Destination</td></tr>
<tr><td>6. Marks and numbers of packages</td><td>7. Description of goods; number and kind of packages</td><td>8. H.S. Code</td><td>9. Quantity or weight</td><td>10. Number and date of invoice</td></tr>
<tr><td colspan="2">11. Declaration by the exporter
The undersigned hereby declares that the above details and statements are correct; that all the goods were produced in China and that they comply with the Rules of Origin of the People's Republic of China.

Place and date, signature and stamp of authorized signatory</td><td colspan="3">12. Certification
It is hereby certified that the declaration by the exporter is correct.

Place and date, signature and stamp of certifying authority</td></tr>
</table>

操作过程

1. 出口方

此栏不得留空，应填写出口方的名称、详细地址及国家（地区），一般填写有效外贸合同的卖方。若经其他国家或地区而需填写转口商名称时，可在出口商后面加填英文 VIA，然后再填写转口商名称、地址和国家。

例如，SINOCHEN International Engineering & Trading Corp.

No. 40, Fucheng Road, Beijing, China Via Hong Kong Daming Co. Ltd, No. 565, Guangdong Road, Hong Kong

此栏要注意不能填写境外的中间商，即使信用证有此规定也不行。

△本产地证此栏填写为：

BEIJING BLUE SKY TRADING CO. ,LTD.

NO. 6 CHAOWAI STREET,DONGCHENG DIS. BEIJING,CHINA

2. 收货方

应填写最终收货方的名称、详细地址及国家(地区),通常是外贸合同中的买方或信用证上规定的提单通知人。但由于贸易的需要,信用证会规定所有单证收货人一栏留空。在这种情况下,此栏应加注“TO WHOM IT MAY CONCERN”或“TO ORDER”,但不得留空。若需填写转口商名称时,可在收货人后面加填英文VIA,然后再填写转口商名称、地址和国家。

△本产地证此栏填写为：

FERREIRA TRADING CO. LTD

ADD：RUA 21 DE JANEIRO N. 21,LUANDA ANGOLA

3. 运输方式和路线

海运、陆运或空运应填写装货港、到货港及运输路线。如经转运,应注明转运地。该栏一般还要填明预计离开中国的日期,日期必须真实,不得捏造。例如,通过海运,于2009年7月1日由上海港经香港转运鹿特丹港,英文为“FROM SHANGHAI TO HONGKONG ON JUL. 1,2009 THENCE TRANSHIPPED TO ROTTERDAM BY VESSEL”,或“ON JUL. 1,2009 FROM SHANGHAI TO ROTTERDAM VIA HONGKONG BY VESSEL”。

△本产地证此栏填写为：

FROM TIANJIN TO LUANDA BY SEA(或 VESSEL) ON JULY 14,2012。

4. 目的国(地区)

指货物最终运抵的目的地国家(地区),一般应与最终收货人或最终目的港的国家(地区)一致,不能填写中间商国家名称。

△本产地证此栏填写为:ANGOLA。

5. 签证机构用栏

此栏为签证机构在签发后发证书、补发证书或加注其他声明时使用。证书申领单位应将此栏留空。

△本产地证此栏不填写。

6. 运输标志

应按照出口发票上所列唛头填写完整图案、文字标记及包装号码,不可简单地填写“按照发票(AS PER INVOICE NO...)”,或者“按照提单(AS PER B/L NO....)”。货物无唛头,应填写 N/M(NO MARK,无唛头)。此栏不得留空。如果唛头太多,本栏填写不下,可填写在第7、第8、第9栏的空白处。如还不够,可用附页填写。

△本产地证此栏填写为:

FERREIRA

LW20120006

GL03/GS06

LUANDA,ANGOLA

C/No. 1—200

7. 商品名称、包装数量及种类

商品名称要填写具体名称,如睡袋(SLEEPING BAGS)、杯子(CUPS),不得概括地表述为服装(GARMENT)。包装数量及种类要按具体单位填写,例如:100箱彩电,填写为“ONE HUNDRED (100) CARTONS OF COLOUR TV SETS”。包装数量应在英文表述后加注阿拉伯数字。如果货物系散装,在商品名称后加注“散装”(IN BULK),例如:1 000公吨生铁,填写为“ONE THOUSAND (1 000) M/T PIG IRON IN BULK”。有时信用证要求在所有单证上加注合同号、信用证号码等,可加在此栏。本栏的末行要打上表示结束的符号(******),以防加添内容。

△本产地证此栏填写为:

TWO HUNDRED (200) CARTONS OF BABY BLANKET。

8. H.S. CODE,即为商品 H.S. 税目号

此栏要求填写8位或10位 H.S. 编码,与报关单一致。若同一证书包含有几种商品,则应将相应的税目号全部填写。此栏不得留空。填报10位商品编码时,最后2位为补充编码。

△本产地证此栏填写为:6401400000。

9. 量值(数量或重量)

此栏应以商品的正常计量单位填写,如“只”“件”“双”“台”“打”等。以重量计算的则填毛重和净重。

△本产地证此栏填写为:

2 000 PCS。

10. 发票号码及日期

此栏不得留空。月份一律用英文(可用缩写)表示,此栏的日期必须按照正式商业发票填具,发票日期不得迟于出货日期。分两行写,第一行为发票号码,第二行为发票日期。

△本产地证此栏填写为:

BJBS12022

JULY.7,2012

11. 出口商的声明、签字、盖章

出口商声明已印好,由出口公司填写申报地点和日期,并由公司盖章和专人签字。声明内容为:下列签署人在此声明,上述货物详细情况与声明是正确的,所有货物均在中国生产,完全符合中华人民共和国原产地规则。

申报日期不得早于发票日期(第10栏),同时不能迟于装运日期。手签人员应是本申请单位的法人代表或由法人代表指定的其他人员,并应保持相对稳定,手签人员的字迹必须清楚,印章使用中英文对照章。

△本产地证此栏填写为:

北京蓝天贸易有限公司

BEIJING BLUE SKY TRADING CO.,LTD

BEIJING JULY.10,2012　　王芳

12. 签证机构证明,签字盖章

签证机构证明文句也是事先印好的,内容为:兹证明出口商声明是正确的。

所申请的证书,经签证机构审核人员审核无误后,由授权的签证人在此栏手签姓名并盖签证机构章,注明签署的时间和地点。盖章和签名不能重合。签发日期不得早于发票日期(第10栏)和申请日期(第11栏)。

缮制完成的一般原产地证书如下:

<table>
<tr><td colspan="2">1. Exporter(full name and address)
BEIJING BLUE SKY TRADING CO. ,LTD.
NO.6 CHAOWAI STREET,DONGCHENG DIS. BEIJING,CHINA</td><td colspan="3" rowspan="2">CERTIFICATE NO. :
CERTIFICATE OF ORIGINOF THE PEOPLES REPUBLIC OF CHINA</td></tr>
<tr><td colspan="2">2. Consignee(full name,address,country)
FERREIRA TRADING CO. LTD
ADD: RUA 21 DE JANEIRO N.21,LUANDA ANGOLA</td></tr>
<tr><td colspan="2">3. Means of transport and route
FROM TIANJIN TO LUANDA BY SEA ON JULY 14, 2012</td><td colspan="3" rowspan="2">5. For certifying authority use only</td></tr>
<tr><td colspan="2">4. Country/Region Of Destination
ANGOLA</td></tr>
<tr><td>6. Marks and numbers of packages
FERREIRA
LW20120006
GL03/GS06
LUANDA, ANGOLA
C/No.1—200</td><td>7. Description of goods; number and kind of packages
TWO HUNDRED (200) CARTONS OF Baby Blanket(100% polyester)
****
L/C No. DBLC20124501
Date: June 14,2012
Issuing Bank: HSBC BANK, ANGOLA BRANCH</td><td>8. H.S. Code
6301400000</td><td>9. Quantity or weight
2 000 PCS</td><td>10. Number and date of invoice
BJBS12022
JULY 7,2012</td></tr>
<tr><td colspan="2">11. Declaration by the exporter
The undersigned hereby declares that the above details and statements are correct; that all the goods were produced in China and that they comply with the Rules of Origin of the People's Republic of China.
北京蓝天贸易有限公司
BEIJING BLUE SKY TRADING CO. ,LTD
BEIJING JULY.10,2012 王芳
Place and date,signature and stamp of authorized signatory</td><td colspan="3">12. Certification
It is hereby certified that the declaration by the exporter is correct.

BEIJING JULY.11. 2012 王华
Place and date,signature and stamp of certifying authority</td></tr>
</table>

知识链接与归纳（二）

普惠制产地证填制方法

普惠制产地证样式如下：

<table>
<tr><td colspan="2">1. Goods consigned from (Exporter's business name, address, country)</td><td colspan="4" rowspan="2">Reference No.
GENERALIZED SYSTEM OF
PREFERENCE CERTIFICATE OF ORIGIN
(Combined declaration and certificate)
FORM A
Issued in THE PEOPOE'S REPUBLIC OF CHINA
(Country)
See Noted Overleaf</td></tr>
<tr><td colspan="2">2. Goods consignee to (Consignee's name, address, country)</td></tr>
<tr><td colspan="2">3. Means of transport and route (as far as known)</td><td colspan="4">4. For official use</td></tr>
<tr><td>5. Item number</td><td>6. Marks and number of packages</td><td>7. Number and kind of packages; description of goods</td><td>8. Origin criterion (See Noted Overleaf)</td><td>9. Gross weight or other quantity</td><td>10. Number and date of invoices</td></tr>
<tr><td colspan="2">11. Certification
It is hereby certified, on the basis of control carried out, the declaration by the exporter is correct.

Place and date, signature and stamp of certifying authority</td><td colspan="4">12. Declaration by the exporter
he undersigned hereby declares that the above detail and statements are correct that the goods were produce in
----
and that they comply with the original requirements specified for those goods in the Generalized System of Preferences for goods exported to
----
(import country)
Place and date, signature of authorized signatory</td></tr>
</table>

1. 出口商名称、地址、国别

此栏出口商名称必须经我国工商局登记注册,其名称、地址必须与注册档案一致。必须填明在中国境内的出口商的详细地址、国名。代理其他公司或经其他公司代理出口的,可在出口商名称、地址、国名后加上"ON BEHALF OF (O/B)""CARE OF(C/O)"或"VIA",再加上代理公司名称。被代理公司含境外名称、地址的不得申报。

2. 收货人的名称、地址和国别

该栏填写收货人名称、地址、国别，即提单通知人或信用证上特别声明的收货人，如最终收货人不明确或为中间商时可填“TO ORDER”字样。如果“TO ORDER”后面加打了银行或公司名称，也需打上给惠国国名。

3. 运输方式及路线

该栏填写装货和到货地点（始发地必须是中国国内的港口或城市，目的地必须是给惠国城市或国家）、离境日期及运输方式（如海运、陆运、空运、陆海联运等）。经非给惠国或地区转运的（香港、澳门除外）签证时需提供联运提单。如果到货港不清楚，可填进口国名或地区（仅限欧盟，如EU）。如果经香港转运，应标明离开中国境内的日期，并在日期前加上英文“ON”或“ON /AFTER”表示于×××日期或自×××日期之后启运，不能用“BEFORE”或“ABOUT”表示在×××日期之前或前后。月份需用英文大写表示，年份需打四位数。

4. 供官方使用

申请人不用填写此栏。在签发“后发”“补发”证书时由签证机构在证书正本和副本上加盖相应的印章。后发证书在此栏加盖“ISSUED RETROSPECTIVELY”；补发证书应在此栏注明原发证书的编号和签证日期并声明原发证书作废，其文字是“This certificate is in replacement of certificate of origin No. ××× dated ××× which is cancelled”，并加盖“Duplicate”印章；附有日本进口原材料证明的FORM A证书，应由申请人在此栏加上“Attached with Annex No. ×××”；货物经香港转往欧盟需办理“未再加工证明”的，由香港中国检验有限公司在该栏批注。

5. 商品顺序号

同批出口货物有不同款号的可按顺序分列“1”“2”“3”……该栏可留空。

6. 唛头及包装号

此栏应与发票唛头一致，如无唛头，应填“N/M”字样。此栏不得出现“中国香港、中国台湾或其他国家和地区制造”或“见提单”“见发票”等字样。

7. 商品名称，包装数量及种类

此栏填写商品的名称，应据商品的用途及所用材料给予商品详细的描述。商品的描述以能确定H.S.税目号为准。包装数量应包含各种商品的数量及总数量，货物无包装，应注明“散装（IN BULK）”或“裸装（IN NUDE）”。唛头上注明是挂装的衣物，可打总“件数（PCS）”。总数量应用英文大写数字和阿拉伯数字表示，并标明货物包装种类或度量单位。最后还应加上截止线，以防止添加伪造内容。国外信用证要求填具合同、信用证号码等内容的,可加在截止线下方空白处。

8. 原产地标准

此栏是国外海关审证的核心项目,必须认真审核。

若完全为中国原产产品,不含任何进口成分,出口到所有给惠国均填“P”。

含有进口成分的产品(须符合原产地标准):

(1) 产品出口到欧盟27国、瑞士、挪威、土耳其、列支敦士登、日本等国,填写“W”加商品的H.S.四位数编码。例如,“W”95.03。

(2) 产品出口到加拿大,只填“F”,不填H.S.编码。

(3) 产品出口到澳大利亚、新西兰,此栏可留空或填“W”加商品的H.S.四位数编码。

(4) 产品出口到俄罗斯、白俄罗斯、乌克兰、哈萨克斯坦、乌兹别克斯坦等前苏联国家,其进口成分不得超过离岸价的50%,填写“Y”字样,并在字母后面打上进口价值占出厂价的百分比。例如,“Y”45%。

9. 毛重或其他数量

此栏填写商品的计量单位,如“只”“件”“匹”“双”等。计量单位应依据发票所列的销售单位为准。以重量计算的,则填毛重;只有净重的,填净重即可,但要标上“N.W.(NET WEIGHT)”。

10. 发票号及日期

此栏不得留空。为避免误解,月份一律用英文缩写,年度要打四位数。此栏所填发票号日期必须与发票一致。发票日期不能晚于第11、第12栏申请签发日期和第3栏出货日期。

11. 签证当局的证明

此栏由签证人员签名并加盖公章。审签人签名必须清楚且保持与备案笔迹的一致性,并留有足够的盖章位置。印章与签名不可重叠。如无特殊要求,只签一份正本,不签副本。申请人要求签副本时,可在备注栏提出申请并提供列有此项要求的信用证复印件,签证人员审核后予以加签副本。此栏日期不得早于第10栏发票日期和第12栏申请日期。

12. 出口商的申明

此栏应有出口国国名“中国”和进口国国名,进口国国名必须与第3栏目的港一致。运往欧盟的货物,进口国不明确时,此栏可填“EU”。申请人须在此栏签名并加盖经检验检疫局注册的单位印章,填写申报地点和申报日期。此栏的申报日期不得早于第10栏的发票日期。

任务3:办理一般原产地证明书的申领手续

操作过程

北京蓝天贸易有限公司已经在http://www.co.ccpit.org注册,所以王芳可以直接通过企业端录入原产地证明书(包括必要的发票信息),录入完毕后直接连接到互联网,以电子传输方式(EDI)将其发送至贸促会,贸促会ZCOAS系统对接收到的信息进行审核,之后反馈"审核合格"的信息。王芳将审核通过的证书打印出来并签字、盖章,然后提交打印好的原产地证明书和正式发票到贸促会,贸促会签证人员核对其电子数据,确认无误后签发。

知识链接与归纳(三)

原产地证明书的申领

1. 申请单位

可以申请的单位有:在中华人民共和国境内依法设立、享有对外贸易经营权的企业;从事"来料加工""来样加工""来件装配"和"补偿贸易"业务的企业;外商投资企业。

2. 申请注册登记程序

(1) 注册登记。申请单位应持《原产地证明申请人注册(备案)登记表》和随附资料(包括营业执照副本复印件、获准进出口经营权的资格证书或批准证书或对外贸易经营者备案登记表复印件、组织机构代码证副本复印件、法人和申报员身份证件复印件等)向所在地签证机构办理注册手续。申请单位的印章和申领人员的姓名在申请单位注册时应进行登记。证书申领人员应经检验检疫机构培训、考核合格,持有申领员证。

(2) 申请签证。申请单位应至少在货物出运前3天,申请人通过企业端申报软件,网上申报原产地证明书。待收到正确回执后,打印出申请书和原产地证书。申请单位的原产地证明书申报员携带相关资料到签证机构办理签发原产地证书并交纳签证费。向检验检疫机构申请签证,一般需提交下列文件:① 一般原产地证明书申请书一份;② 缮制正确、清楚并经申请单位手签人员手签和加盖公章的一般原产地证明书一式四份;③ 出口商的商业发票副本一份;④ 含有进口成分的产品还须提交产品成本明细单。

凡进口商要求我官方机构签发一般原产地证明书的，申请单位应向检验检疫机构申请办理；凡进口商要求我民间机构签发一般原产地证明书的，申请单位应向贸促会申请办理；未明确要求的，可向检验检疫机构或贸促会申请办理。

实训练习

一、单项选择题

1. 普惠制产地证中的 Origin Criterion（原产地标准）一栏，应根据生产货物的原料成分填写，通常用一个英文大写字母表示，(　　)表示完全不进口成分。

A. "G"　　B. "P"　　C. "F"　　D. "W"

2. 以下关于普惠制产地证正确的选项是(　　)。

A. 出口企业最迟应于货物装运后 5 天申请普惠制产地证

B. 出口商品至澳大利亚需提交的普惠制产地证格式是 FORM 59A

C. 如果出口商品含有进口成分，应提交《含进口成分受惠商品成本明细单》

D. 普惠制产地证申报日期不得早于发票，可以晚于提单日期

3. H. S. Code（H. S. 编码）是海关合作理事会(　　)的英文缩写。

A.《进出口商品的目录对照表》　　B.《商品名称及编码协调制度》

C.《跟单信用证统一惯例》　　D.《2000 年国际贸易术语解释通则》

4. 普惠制产地证主要有三种形式，其中(　　)使用范围较广。

A. 普惠制产地证　　B. 普惠制产地证 格式 59A

C. 普惠制产地证 格式 APR　　D. 普惠制产地证 格式 A

5. 出口业务中，国外客户往往要出口方提供"GSP 产地证"。在我国这种证书的签发机构是(　　)。

A. 中国出入境检验检疫局　　B. 贸促会

C. 海关　　D. 出口商

6. 原产地证书签发后，如果发现有错误，(　　)。

A. 可以申请在原证书上更改

B. 一旦签发不能更改

C. 出口商可自己更改

D. 可以提出更改申请，并退回原签发证证书，换发新证

7. "GSP 产地证"表示(　　)。

A. 一般原产地证明书　　B. 欧共体纺织品专用产地证

C. 普惠制产地证　　D. 对美国出口纺织品声明书

8. 原产地证明书签发后，如果遗失，(　　)。

A. 不能补发新证

B. 经签证当局同意可以重发证书

C. 无需经签证当局同意就可重新申领新证

D. 出口商可自行签发代替

9. (　　)是出口国的特定机构出具的证明其出口货物为该国家(或地区)原产的一种证明文件。

A. 商业发票　　B. 原产地证明书　　C. 海运提单　　D. 领事发票

10. 在一般原产地证明书中,在商品名称栏目填完后,在下面一行加上(　　)表示填写结束。

A. ......　　B. ……　　C. ******　　D. ++++++

11. 欧共体纺织品专用产地证,简称(　　)产地证。

A. DCO　　B. FORM A　　C. FORM 59A　　D. EEC

12. 原产地证明书的申领流程包括(　　)。

A. 企业端软件申报—机器审核—签证人员审核—企业端制证—收费—签证—领证

B. 企业端软件申报—机器审核—签证人员审核—收费—签证—领证

C. 企业端软件申报—机器审核—签证人员审核—企业端制证—收费—领证

D. 企业端软件申报—签证人员审核—企业端制证—收费—签证—领证

13. 根据我国有关规定,出口企业最迟应于货物出运前(　　)天,向签证机构申请办理原产地证明书。

A. 3　　B. 2　　C. 1　　D. 4

14. 原产国的基本含义是出口产品的(　　)。

A. 启运国　　B. 出口国　　C. 制造国　　D. 消费国

15. 普惠税是指(　　)。

A. 发展中国家给予发达国家的优惠进口关税

B. 发达国家给予发展中国家的优惠进口关税

C. WTO 成员方之间相互给予的优惠进口关税

D. 自由贸易区成员方之间相互给予的优惠进口关税

二、多项选择题

1. 普惠制产地证是指受惠国有关机构就本国出口商向给惠国出口受惠商品而签发的用以证明原产地的文件,其主要有(　　)三种。

A. 普惠制产地证 Form A　　B. 普惠制产地证 Form 59A

C. 普惠制产地证 Form APR　　D. 普惠制产地证

2. 出口企业在向签证机构申领普惠制产地证 Form A 时,应递交的文件有(　　)。

A. 普惠制产地证明书申请书　　B. 普惠制产地证 Form A

C. 商业发票　　D. 签证机构要求的其他文件

3. 出口企业申请办理一般原产地证明书时应提供的文件有(　　)。

A. 一般原产地证明书申请单　　B.《中华人民共和国原产地证明书》

C. 出口商业发票　　D. 保险单

4. 产地证明书是由出口国政府有关机构签发的一种证明货物原产地或制造地的证明文件。通常多用于不需要提供(　　)的国家或地区。

A. 海关发票　　B. 领事发票　　C. 证实发票　　D. 联合发票

5. 原产地证明书是证明本批出口商品的生产地,并符合《中华人民共和国出口货物原产地规则》的一种文件,如果信用证或合同对签证机构未做具体规定,一般由(　　)签发。

A. 中国出入境检验检疫局　　B. 贸促会

C. 海关　　D. 出口商

6. 一般原产地证明书是证明货物原产于某一特定国家或地区,享受进口国正常关税(最惠国)待遇的证明文件,其主要作用是(　　)。

A. 征收关税　　B. 贸易统计

C. 歧视性数量限制　　D. 反倾销和反补贴

7. 出口企业办理原产地申领注册登记手续时需提交的资料有(　　)。

A. 政府主管部门批准的对外贸易经营权的文件

B. 经年审的营业执照副本的复印件

C. 签证机构认为必要补充的有关资料

D. 原产地证明书

8. 具有原产地证明书的申领资格的单位包括(　　)。

A. 在中华人民共和国境内依法设立,享有对外贸易经营权的企业

B. 从事"来料加工""来样加工""来件装配"和"补偿贸易"业务的企业

C. 外商投资企业

D. 以上均不对

9. 给予中国产品以普惠制待遇的国家包括以下选项中的(　　)。

A. 比利时　　B. 荷兰　　C. 加拿大　　D. 韩国

10. 我国出口商可以向以下三大机构(　　)或其下属机构申领原产地证明书。

A. 海关　　B. 国家质量监督检验检疫总局

C. 贸促会　　D. 商务部

三、判断题

1. 普惠制产地证 Form A 上收货人栏目必须详细填写本批货物最终目的地给惠国收货人的名称、地址、国别。如果有中间商,还应详细填写中间商的名称、地址、国别。(　　)

2. 普惠制产地证上的原产地标准应按货物原料进口成分的实际情况分别按比例填制,"W"表示出口加拿大货物中的进口成分在40%以下。(　　)

3. 如信用证未规定普惠制产地证上的收货人,则可在收货人栏填写中间商。(　　)

4. 原产地证明书必须在表面上与发票的货物相关联,其中的货物描述可以使用与信用证不相矛盾的货物统称,但不能太笼统。(　　)

5. 一般原产地证明书的第3栏(Means of transport and route)必须填写运输方式和运输路线,无需填写中转港的名称。(　　)

6. 普惠制产地证中的第6栏(Marks and number of packages)唛头,不可以笼统填写成“As per invoice no...”。(　　)

7. 我国某贸易商把进口布料剪裁缝制为服装再出口至日本,因为布料是进口的所以不能申请办理普惠制产地证 Form A。(　　)

8. 海关规定的实质性加工是指产品加工后,在海关进出口税则中的税号(四位数一级的税则号)已有改变。(　　)

9. 货物经过加工后,增值部分占新产品总值的比例已经达到20%和20%以上的产品,海关认定是经过了实质性加工。(　　)

10. 原产地证明书不可以显示信用证受益人或运输单据上的托运人之外的另外一人为发货人/出口方。(　　)

四、根据信用证(NO.:001/95/14020X)有关内容,缮制普惠制产地证一份

基本资料如下:

(1) 本信用证项下货物的运输方式为海运,在香港转船,所有货物均为中国自制。

(2) 本信用项下的发票号码为95XW10,开票日期为MAR. 12,2004。

(3) 设普惠制产地证签证机构的签证日期为MAR. 13,2004,地点为广州,出口商签证日期为MAR. 12,2004。

(4) 设本信用证项下的货物包装规格及唛头如下:

① XUWANG DOCUMENTATION SYSTEMS:
每10套装一纸箱
唛头:BLG TREE
LONDON
CTNS#1—300
KEEP DRY

② XUWANG EDUCATION SYSTEMS:
每10盒装一纸箱
唛头:BLG TREE
LONDON
CTNS#1—500
KEEP DRY

信用证资料如下:

ISSUING BANK: STANDARD CHARTERED BANK,LONDON

ADVISING BANK: BANK OF CHINA GUANGZHOU

APPLICANT: PETRICO INTERNATIONAL TRADING CORP. UO SHEPPARD ARENUE EAST SUITE 406 WILLOWDALE ONTARIO CANADA M2K W2

BENEFICIARY: XUWANG BUSINESS COMPUTING CO. LTD RM. NA34. ZIJINGYUAN HO-

TEL OF ZHONGSHAN UNIVERSITY, GUANGZHOU. P. R. CHINA

FORM OF L/C: IRREVOCABLE

L/C NO.: 001/95/14020X

ISSUE DATE: 04.02.22

EXPIRY DATE/PLACE: 04.04.30 IN COUNTRY OF BENEFICIARY

L/C AMOUNT: USD 4 458 314.00

AMOUNT SPECIFICATION: CIF

AVAILABLE WITH/BY: FREELY AVAILABLE BY NEGOTIATION

DRAFTS: AT SIGHT DRAWN ON OURSELVES

TRANSPORT DETAILS: FROM CHINESE PORT NOT LATER THAN 15TH APRIL 1995 TO TORONTO, CANADA

DESCRIPTION OF GOODS:

XUWANG DOCUMENTATION SYSTEMS VERSION 5.0 1 000 SETS

XUWANG DOCUMENTATION SYSTEMS VERSION 6.0 2 000 SETS

XUWANG EDUCATION SYSTEMS 5 000 BOXES

DOCUMENTS REQUIRED: CERTIFICATE OF ORIGIN FORM A DULY NOTARIZED IN SIX COPIES

CONDITIONS: CONSIGNEE-BIG TREE BUSINESS CO. LTD SUNRISE STREET EAST, TORONTO, CANADA

五、根据下述提供资料，填制一般原产地证明书

（一）销售合同

销售合同
SALES CONTRACT

卖方	KKK TRADING CO.,LTD.	编号 NO.:	NEO20060116
SELLER:	HUARONG MANSION RM2901 NO.85	日期 DATE:	Nov. 8, 2006
	GUANJIAQIAO, NANJING 210005, CHINA	地点 SIGNED IN:	NANJING, CHINA
	TEL: 0086-25-4715004 FAX: 0086-25-4711363		
买方	NEO GENERAL TRADING CO.		
BUYER:	P.O. BOX 99552, RIYADH 22766, KSA		
	TEL: 00966-1-4659220 FAX: 00966-1-4659213		

买卖双方同意以下条款达成交易：

This contract is made by and agreed between the BUYER and SELLER, in accordance with the terms and conditions stipulated below:

1. 品名及规格 Commodity & Specification	2. 数量 Quantity	3. 单价及价格条款 Unit Price & Trade Terms	4. 金额 Amount
	CFR DAMMAM PORT, SAUDI ARABIA		
ABOUT 1 700 CARTONS CANNED MUSH-ROOMS PIECES & STEMS 24 TINS × 227 GRAMS NET WEIGHT (G. W. 425 GRAMS) AT USD 7.80 PER CARTON. ROSE BRAND.	1 700 CARTONS	USD 7.80	USD 13 260.00
Total:	1 700 CARTONS		USD 13 260.00

允许 With　　溢短装，由卖方决定 More or less of shipment allowed at the sellers' option

5. 总值 Total Value　　USD THIRTEEN THOUSAND TWO HUNDRED AND SIXTY ONLY.

6. 包装 Packing　　EXPORTED BROWN CARTON

7. 唛头 Shipping Marks　　ROSE BRAND
178/2006
RIYADH

8. 装运期及运输方式 Time of Shipment & Means of Transportation　　Not Later Than JAN. 15, 2007 BY VESSEL

9. 装运港及目的地 Port of Loading & Destination　　From: SHANGHAI PORT, CHINA
To: DAMMAM PORT, SAUDI ARABIA

10. 保险 Insurance　　TO BE COVERED BY THE BUYER

11. 付款方式 Terms of Payment　　The BUYER shall open through a bank acceptable to the SELLER an Irrevocable Letter of Credit payable at sight of reach the seller 30 days before the month of shipment, valid for negotiation in China until the 15th day after the date of shipment.

12. 备注 Remarks

The BUYER	The SELLER
NEO GENERAL TRADING CO.	KKK TRADING CO., LTD.
(signature)	(signature)

（二）信用证

MT S700		ISSUE OF A DOCUMENTARY CREDIT	PAGE 00001
APPLICATION HEADER		RJHISARIAXXX * ALRAJHI BANKING AND INVESTMENT * CORPORATION * RIYADH * （HEAD OFFICE）	
SEQUENCE OF TOTAL	* 27	1/1	
FORM OF DOC. CREDIT	* 40A	IRREVOCABLE	
DOC. CREDIT NUMBER	* 20	0011LC123756	
DATE OF ISSUE	31C	061202	
APPLICABLE RULES	40E	UCP LATEST VERSION	
DATE/PLACE EXP.	* 31D	DATE 070130 PLACE CHINA	
APPLICANT	* 50	NEO GENERAL TRADING CO. P. O. BOX 99552, RIYADH 22766, KSA TEL：00966-1-4659220 FAX：00966-1-4659213	
BENEFICIARY	* 59	KKK TRADING CO. ,LTD. HUARONG MANSION RM2901 NO. 85 GUANJIAQIAO, NANJING 210005, CHINA TEL：0086-25-4715004 FAX：0086-25-4711363	
AMOUNT	* 32B	CURRENCY USD AMOUNT 13 260	
PERCENTAGE CREDIT AMOUNT TOLERANCE	39A	10/10	
AVAILABLE WITH/BY	* 41D	ANY BANK IN CHINA, BY NEGOTIATION	
DRAFTS AT...	42C	SIGHT	
DRAWEE	42A	RJHISARI * ALRAJHI BANKING AND INVESTMENT * CORPORATION * RIYADH * （HEAD OFFICE）	
PARTIAL SHIPMTS	43P	NOT ALLOWED	
TRANSSHIPMENT	43T	NOT ALLOWED	
PORT OF LOADING	44E	CHINESE MAIN PORT, CHINA	
PORT OF DISCHARGE	44F	DAMMAM PORT, SAUDI ARABIA	
LATEST SHIPMENT	44C	070115	
GOODS DESCRIPT.	45A	ABOUT 1 700 CARTONS CANNED MUSHROOMS PIECES & STEMS 24 TINS × 227 GRAMS NET WEIGHT（G. W. 425 GRAMS）AT USD 7.80 PER CARTON. ROSE BRAND.	

DOCUMENTS REQUIRED	46A	+ SIGNED COMMERCIAL INVOICE IN TRIPLICATE ORIGINAL AND MUST SHOW BREAK DOWN OF THE AMOUNT AS FOLLOWS: FOB VALUE, FREIGHT CHARGES AND TOTAL AMOUNT C AND F. + FULL SET CLEAN ON BOARD BILL OF LADING MADE OUT TO THE ORDER OF ALRAJHI BANKING AND INVESTMENT CORP, MARKED FREIGHT PREPAID AND NOTIFY APPLICANT, INDICATING THE FULL NAME, ADDRESS AND TEL NO. OF THE CARRYING VESSEL'S AGENT AT THE PORT OF DISCHARGE. + PACKING LIST IN ONE ORIGINAL PLUS 5 COPIES, ALL OF WHICH MUSTBE MANUALLY SIGNED. + INSPECTION (HEALTH) CERTIFICATE FROM C. I. Q. (ENTRY-EXIT INSPECTION AND QUARANTINE OF THE PEOPLES REP. OF CHINA) STATINGGOODS ARE FIT FOR HUMAN BEING. + CERTIFICATE OF ORIGIN DULY CERTIFIED BY C. C. P. I. T. STATING THE NAME OF THE MANUFACTURERS OF PRODUCERSAND THAT GOODS EXPORTED ARE WHOLLY OF CHINESE ORIGIN. + THE PRODUCTION DATE OF THE GOODS NOT TO BE EARLIER THAN HALF MONTH AT TIME OF SHIPMENT. BENEFICIARY MUST CERTIFY THE SAME. + SHIPMENT TO BE EFFECTED BY CONTAINER AND BY REGULARE LINE. SHIPMENT COMPANY'S CERTIFICATE TO THIS EFFECT SHOULD ACCOMPANY THE DOCUMENTS.
ADDITIONAL CONDITION	47A	A DISCREPANCY FEE OF USD 50.00 WILL BE IMPOSED ON EACH SET OF DOCUMENTS PRESENTED FOR NEGOTIATION UNDER THIS L/C WITH DISCREPANCY. THE FEE WILL BE DEDUCTED FROM THE BILL AMOUNT. PAYMENT UNDER THE GOODS WAS APPROVED BY SAUDI GOVERNMENT LAB.
CHARGES	71B	ALL CHARGES AND COMMISSIONS OUTSIDE KSA ON BENEFICIARIES' ACCOUNT INCLUDING REIMBURSING, BANK COMMISSION, DISCREPANCY FEE (IF ANY) AND COURIER CHARGES.
CONFIRMAT INSTR	* 49	WITHOUT
REIMBURS. BANK	53D	ALRAJHI BANKING AND INVESTMENT CORP RIYADH (HEAD OFFICE)

INS PAYING BANK	78	DOCUMENTS TO BE DESPATCHED IN ONE LOT BY COURIER. ALL CORRESPONDENCE TO BE SENT TO ALRAJHI BANKING AND INVESTMENT COPRORATION RIYADH (HEAD OFFICE)
SEND REC INFO	72	REIMBURSEMENT IS SUBJECT TO ICC URR 525

（三）实际货物装运信息

（1）PACKING：1750 CTNS

（2）SIZE OF CARTON：20CM × 25CM × 30CM

（3）INVOICE NO：2006SDT001　INVOICE DATE：DEC. 13，2006

（4）SHIPPING MARKS：

ROSE BRAND

178/2005

RIYADH

（5）FREIGHT 运费为 USD 1 000.00

（6）SHIPPED IN 1 × 20′FCL

（7）DATE OF SHIPMENT：DEC. 26，2006

（8）CANNED MUSHROOMS PIECES & STEMS（碎片蘑菇罐头）的海关编码为 2006.1011

六、根据下列信息制作普惠制产地证

宁波摩士轴承厂欲销往葡萄牙 LEIXOES 一批由本厂生产的轴承，总价 5 666.87 美元，重 800KGS，纸箱包装，由宁波始发，交货条件 CIF LEIXOES，PORTUGAL。由于葡萄牙是中国的给惠国，且该产品列在给惠范围之内，因此该公司为获得普惠制待遇，在出口装运前需申领原产地证明书。以下为有关货物的信息：

SOME MSG FROM L/C

L/C No.：CPP0000E

EXPIRY：2006. 12. 27 CHINA

AMOUNT：USD 5 666.87

APPLICANT：FERNANDO DE BESSA MOREIRA，LDAVIA SA CARNEIRO-Z IND，MAIA I-SEC IX LOTE 29-GUARDA-MOREIRA-4470 MALA

BENEFICIARY：NINGBO MOSS BEARING CO. LTD.，NINGBO，CHINA

...

PORT OF SHIPMENT：NINGBO，CHINA

PORT OF DISCHARGE：LEIXOES，PORTUGAL

SHIPMENT DATE：LATEST BY DEC. 1，2006

...

COVERING:

ROLAMENTOS (BEARINGS),800KGS

AS PER S/C NO. BB3887 NOV.1.2000

SHIPPING MARK: JOSEPHINE

LEIXOES

PORTUGAL

...

REQUIRED DOCUMENTS:

+ORIGINAL CERTIFICATE IMPLYING THE COVERING GOODS PRODUCED IN CHINA, IN TRIPLICATE.

第六单元　制作报关单和办理报关手续

学习目标

1. **知识目标**

了解出境货物报关的基本知识，熟悉出境货物报关的程序，掌握报关单证的内容和制作方法。

2. **能力目标**

能够制作出口货物报关单证，能够办理出口货物报关。

工作任务

2012 年 7 月 11 日，在天津凯捷货运代理有限公司通知配舱成功（配舱回单编号 USC0989A923）之后，北京蓝天贸易有限公司外贸单证员王芳准备出口货物报关单、报关委托书等出口货物报关资料，连同商业发票、装箱单、出境货物换证凭条、外销合同交天津凯捷货运代理有限公司委托其向天津东港海关（0204）申报出口。

注：货物法定计量单位为件。

任务 1：缮制出口货物报关单

任务 2：缮制代理报关委托书/委托报关协议

任务 1：缮制出口货物报关单

操作过程

（一）预录入编号

预录入编号又叫报关单号，基本与海关编号相同，指申报单位或预录入单位对该单位填制录入的报关单的编号，用于该单位与海关之间引用其申报后尚未批准放行的报关单。预录入报关单及 EDI 报关单的预录入编号由接受申报的海关决定编号规则，计算机自动打印。

（二）海关编号

海关编号指海关接受申报时的报关单编号。海关编号标识在报关单的每一联上，报关单海关编号为 18 位，其中第 1—4 位为接受申报海关的编号（海关规定的《关区代码表》中相应的海关代码），第 5—8 位为海关接受申报的公历年份，第 9 位为进出口标志（“1”为进口，“0”为出口；集中申报清单“I”为进口，“E”为出口），后 9 位为顺序编号。在海关 H883/EDI 通关系统向 H2000 通关系统过渡期间，后 9 位的编号规则同 H883/EDI 通关系统的要求，即第 1—2 位为接受申报海关的编号（海关规定的《关区代码表》中相应海关代码的后 2 位），第 3 位为海关接受申报公历年份 4 位数字的最后 1 位，后 6 位为顺序编号。

（三）进口口岸/出口口岸

进口口岸/出口口岸指货物实际进/出我国关境口岸海关的名称。本栏应根据货物实际进/出境的口岸海关选择《关区代码表》中相应的口岸海关名称及代码填报。加工贸易合同项下，货物必须在海关核发的《外商投资企业履行产品出口合同进口料件及加工出口成品登记手册》（以下简称《登记手册》）限定或指定的口岸海关办理报关手续，《登记手册》限定或指定的口岸与货物实际进/出境口岸不符的，应向合同备案主管海关办理《登记手册》变更手续后填报。进口转关运输货物应填报货物进境地海关名称及代码，出口转关运输货物应填报货物出境地海关名称及代码。按转关运输方式监管的跨关区深加工结转货物，出口报关单填报转出地海关名称及代码，进口报关单填报转入地海关名称及代码。其他未实际进/出境的货物，填报接受申报的海关名称及代码。

△本报关单此栏填写为：东港海关 0204。

（四）备案号

备案号指进出口企业在海关办理加工贸易合同备案或征、减、免税审批备案等手续时，海关给予《进料加工登记手册》《来料加工及中小型补偿贸易登记手册》《登记手册》《进出口货物征免税证明》（以下简称《征免税证明》）或其他有关备案审批文件的编号。一份报关单只允许填报一个备案号。

(1) 加工贸易合同项下货物，除少量低价值辅料按规定不使用《登记手册》外，必须在报关单备案号栏填报《登记手册》的 12 位编号。加工贸易合同的备案号长度为12位，其中第1位是标记代码（A为进口备料手册，B为来料加工手册，C为进料加工手册，D为进口设备手册）；第2—5位是关区代码（手册备案主管海关，如中山海关5720、香洲办事处5730……）；第6位是年份；第7位是合同性质（1为国营，2为合作，3为合资，4为独资）；第8—12位为手册顺序号。加工贸易备案号的标记代码必须与"贸易方式"及"征免性质"栏相协调，例如：贸易方式为"来料加工"的，其"征免方式"必须是"来料加工"，备案号的标记代码必须为"B"。

(2) 凡涉及减免税备案审批的报关单，本栏填报《征免税证明》编号，不得为空；《征免税证明》备案号长度为12位，由以下几部分组成：第1位是标记代码Z；第2—3位是直属海关关区代码；第4—5位是分关关区代码；第6位是审批年份；第7位是归档标志（A—外商投资，B—国内投资，C—科教用品，D—国批减免，E—内部暂定，F—远洋渔业，G—其他）；第8—12位是顺序号。

(3) 本关区自行开发的进口批文管理子系统，本栏填报P字头的备案号，进口批文备案号为10位数。第1位是批文标记代码P；第2—3位是年份；第4—5位是备案海关关区代码；第6—10位是顺序号。

(4) 优惠贸易协定项下实行原产地证明书联网管理的货物，应填报原产地证明书代码"Y"和原产地证明书编号；未实行原产地证明书联网管理的货物，本栏免予填报。

△本报关单此栏为空。

(五) 进口日期/出口日期

进口日期指运载所申报货物的运输工具申报进境的日期。本栏填报的日期必须与相应的运输工具进境日期一致。出口日期指运载所申报货物的运输工具办结出境手续的日期。本栏供海关打印报关单证明联用，预录入报关单及EDI报关单均免于填报。无实际进/出口的报关单填报办理申报手续的日期。本栏目为8位数，顺序为年4位，月、日各2位。

△本报关单此栏免于填报。

(六) 申报日期

申报日期指海关接受进/出口货物的收/发货人或其代理人申请办理货物进/出口手续的日期。预录入及EDI报关单填写向海关申报的日期，与实际情况不符时，由审单关员按实际日期修改、批注。本栏目为8位数，顺序为年4位，月、日各2位。

△本报关单此栏填写为:2012.07.11。

（七）经营单位

经营单位指对外签订并执行进出口贸易合同的中国境内企业或单位。本栏应填报经营单位名称及经营单位编码。经营单位编码为10位数字,指进出口企业在所在地主管海关办理注册登记手续时,海关给企业设置的注册登记编码。经营单位编码由10位数组成,规则如下:

第1—4位为行政区域代码,其中1—2位表示省(自治区、中央直辖市),例如北京市为“11”,广东省为“44”;3—4位表示省辖市(地区、省直辖行政单位),包括省会城市、计划单列城市、沿海开放城市,例如北京市为“1100”,广东省珠海市为“4404”,广东省其他未列名地区为“4490”。

第5位表示市内经济区域(1—经济特区,2—经济技术开发区,3—高新技术开发区,4—保税区,9—其他未列名地区)。例如:珠海经济特区为“44041”,珠海市其他地区为“44049”,中山市高新技术开发区为“44203”,中山市其他地区为“44209”。

第6位表示企业性质:1—表示国有企业(包括外贸专业公司、工贸公司及其他有进出口经营权的国有企业);2—表示中外合作企业;3—表示中外合资企业;4—表示外商独资企业;5—表示有进出口经营权的集体企业;6—表示有进出口经营权的个体企业;8—表示有报关权而无进出口经营权的企业;9—表示其他(包括外商企业驻华机构和临时有外贸经营权的企业、外国驻华使领馆等机构)。

第7—10位为顺序号。

对已在海关注册、有进出口经营权的企业(包括三资企业),由主管海关分别设置代码,使每个企业有一个在全国范围内唯一的、始终不变的代码标识。

特殊情况下确定经营单位的原则如下:

(1) 援助、赠送、捐赠的货物,填报直接接受货物的单位;

(2) 进出口企业之间相互代理进出口,或没有进出口经营权的企业委托有进出口经营权的企业代理进出口的填报代理方;

(3) 外商投资企业委托外贸企业进口投资设备、物品的,填报外商投资企业,并在标记唛码及备注栏注明“委托某进出口企业进口”。

△本报关单此栏填写为:

北京蓝天贸易有限公司

1100913344

（八）运输方式

运输方式指载运货物进出关境所使用的运输工具的分类。海关将运输方式分为两大类:实际运输方式和无实际进出境运输方式(特殊运输方式)。

海关规定的实际运输方式专指用于载运货物实际进出关境的运输方式。主要的运输工具有船舶、火车、飞机、汽车、驮畜等。与运输工具相对应,海关为其定义规定了如下的运输方式并对应有代码:江海运输为“2”、铁路运输为“3”、公路运输为“4”、航空运输为“5”、邮件运输为“6”、其他运输为“9”。

无实际进出境的,根据实际情况选择填报《运输方式代码表》中运输方式“0”(非保税区运入保税区和保税区退区)、“1”(境内存入出口监管仓库和出口监管仓库退仓)、“7”(保税区运入非保税区)、“8”(保税仓库转内销)或“9”(其他运输)。

△本报关单此栏填写为:江海运输。

（九）运输工具名称

运输工具名称指载运货物进出境的运输工具的名称或运输工具编号。本栏填制内容应与运输部门向海关申报的载货清单所列相应内容一致。一份报关单只允许填报一个运输工具名称。具体填报要求如下:

(1) 水路运输填报船舶呼号(来往港澳小型船舶为监管簿编号)+“/”+航次号;对来往港澳的定期轮班,目前暂不按此规定填报。

(2) 汽车运输填报该跨境运输车辆的国内行驶车牌号+“/”+进出境日期(8位数字,即年4位,月、日各2位,下同)。

(3) 铁路运输填报车次(或车厢号)+“/”+进出境日期。

(4) 航空运输填报航班号+进出境日期+“/”+总运单号。

(5) 邮政运输填报邮政包裹单号+“/”+进出境日期。

(6) 进口转关运输填报转关标志“@”及转关运输申报单编号,出口转关运输只需填报转关运输标志“@”(本关区内转关不列入此范围)。

(7) 其他运输填报具体运输方式名称,例如管道、驮畜等。

(8) 无实际进出境的加工贸易报关单按以下要求填报:加工贸易深加工结转及料件结转货物,应先办理结转进口报关,并在结转出口报关单本栏填报转入方关区代码(2位)及进口报关单号,即“转入XX(关区代码)XXXXXXXXX(进口报关单号)”。按转关运输货物办理结转手续的,按上列第(6)项规定填报。加工贸易成品凭《征免税证明》转为享受减免税进口货物的,应先办理进口报关手续,并在出口报关单本栏填报进口方关区代码(2 位)及进口报关单号。上述规定以外无实际进出境的,本栏目为空。

△本报关单此栏填写为:

DONGFANG

VOY. NO.007J

(十) 提运单号

提运单号指进出口货物提单或运单的编号。本栏填报的内容应与运输部门向海关申报的载货清单所列相应内容一致。一份报关单只允许填报一个提运单号,一票货物对应多个提运单时,应分单填报。具体填报要求如下:

(1) 水路运输填报进口提单号或出口运单号;

(2) 铁路运输填报运单号;

(3) 汽车运输免于填报;

(4) 航空运输填报运单号,如果有分运单的,填报总运单 + "_" + 分运单(一般是 8 位数字),总运单号只填数字(一般为 11 位数字),其中的"_"和空格不填,无分运单的填报总运单号;

(5) 邮政运输免于填报;

(6) 无实际进出境的,本栏为空;

(7) 进出口转关运输免于填报。

△本报关单此栏填写为:USC0989A923。

(十一) 收货单位/发货单位

收货单位指已知的进口货物在境内的最终消费、使用单位,包括:① 自行从境外进口货物的单位;② 委托有外贸进出口经营权的企业进口货物的单位。

发货单位指出口货物在境内的生产或销售单位,包括:① 自行出口货物的单位;② 委托有外贸进出口经营权的企业出口货物的单位。

收、发货单位已在海关注册登记的,本栏应填报其中文名称及海关注册编码;未在海关注册登记的,本栏应填报其中文名称及组织机构代码;未在海关注册登记且没有组织机构代码的,本栏目应填报"NO"。使用《加工贸易手册》管理的货物,报关单的收、发货单位应与《加工贸易手册》的"经营企业"或"加工企业"一致;减免税货物报关单的收、发货单位应与《征免税证明》的"申请单位"一致。

△本报关单此栏填写为:

北京蓝天贸易有限公司

1100913344

（十二）贸易方式

本栏应根据实际情况，并按海关规定的《贸易方式代码表》选择填报相应的贸易方式简称或代码。一份报关单只允许填报一种贸易方式。主要的贸易方式有如下几种：

1. 一般贸易（代码0110）

一般贸易是指我国境内有进出口经营权的企业单边进口或单边出口的贸易，但海关另外设定贸易方式的单边进出口货物除外。

一般贸易包括以正常交易方式成交的进出口货物；来料养殖、来料种植进出口货物；旅游宾馆、酒店进口营业用的食品和餐佐料等；贷款援助的进出口货物；外商投资企业用国产原材料加工产品出口或经批准自行收购国内产品出口的货物；国内经营租赁业务的企业购进供出租用的货物；经营保税仓库业务的企业购进供自用的货物；经营免税品和免税外汇商品的企业购进自用的手推车、货架等货物；外商投资企业进口供加工内销产品的进口料件；外籍船舶在我国境内添加的国产燃料；对台间接贸易进出口货物；外商用自有资金进口的自用设备及其零部件。

2. 来料加工（代码0214）

来料加工指由外商提供全部或部分原材料、辅料、零部件、元器件、配套件和包装物料（以下简称"料件"，下同），由我方按对方的要求进行加工装配，成品交对方销售，我方收取工缴费的交易形式。

3. 进料对口（代码0615）

进料对口是为另一种形式的加工贸易而设定的监管方式。进料对口和来料加工不同的是，加工贸易经营单位自主从国外购买料件，加工后的产品自行销售给国外。海关对这样的加工贸易形式发放标记代码为C的手册，料件进口和成品出口时都是免税的，报关单上的贸易方式栏填写"进料对口"或"0615"。

4. 合资合作设备（代码2025）

合资合作设备指中外合资企业、中外合作企业在投资总额内（属于投资的）进口的机器设备、零部件和其他物料。

5. 外资设备物品（代码2225）

外资设备物品指外商独资企业在投资总额内（属于投资的）进口的机器设备、零部件和其他物料。

6. 不作价设备(代码0320)

不作价设备专用于加工贸易的设备,由外方免费提供。由于是外方免费提供,经海关批准享受特定减免税待遇,但使用手册管理。海关发放标记代码为D的《加工贸易不作价设备登记手册》,进口报关时免税。报关单上的贸易方式栏填写“不作价设备”或“0320”。

7. 进出境展览品(代码2700)

进出境展览品指外国为来华或我国为到国外举办经济、文化、科技武器装备等展览或参加博览会而进出口的展览品及展览品有关的宣传品、布置品、招待品、小卖品和其他物品。

8. 货样广告品A(代码3010)

货样广告品A指经批准有进出口经营权的企业进出口货样广告品。

9. 无代价抵偿(代码3100)

无代价抵偿是指进口货物经海关征税或免税放行后,发现货物残损、缺少或品质不良,而由国外承运人、发货人或保险公司免费补偿或更换的同类货物。

10. 加工贸易特殊情况填报要求

(1) 少量低值辅料(即5 000美元以下、78种以内的低值辅料)按规定不使用《加工贸易手册》的,辅料进口报关单填报“低值辅料”。使用《加工贸易手册》的,按《加工贸易手册》上的贸易方式填报。使用《加工贸易手册》是指已在《加工贸易手册》中备案的,如果是《进料加工加工贸易手册》,则贸易方式应该填“进料对口”。如果使用的是《来料加工加工贸易手册》,则贸易方式应该填写“来料加工”。

(2) 外商投资企业为加工内销产品而进口的料件,进日报关单填报“一般贸易”。外商投资企业为加工出口产品全部使用国内料件的出口合同,成品出口的报关单填报“一般贸易”。这两种情况在前文对一般贸易的解释已有过说明。

(3) 加工贸易料件转内销货物(及按料件补办进口手续的转内销成品、半成品、残次品)应填制进口报关单,本栏填报“来料料件内销(0245)”或“进料料件内销(0644)”,相关联的还有“来料边角料内销(0845)”“进料边角料内销(0844)”。

(4) 加工贸易成品凭《征免税证明》转为享受减免税进口货物的,应分别填制进、出口报关单。出口报关单本栏填报“来料成品减免(0345)”或“进料成品减免(0744)”。

(5) 加工贸易出口成品因故退运进口的,分别按不同贸易方式填报“来料成品退运(4400)”或“进料成品退运(4600)”。

△本报关单此栏填写为:一般贸易。

(十三) 征免性质

征免性质指海关对进出口货物实施征、减、免税管理的性质类别。本栏应按照海关核发的《征免税证明》中批注的征免性质填报,或根据实际情况按海关规定的《征免性质代码表》选择填报相应的征免性质简称或代码。一份报关单只允许填报一种征免性质。常见的征免性质及代码如下:

1. 一般征税(101)

适用于依照《海关法》《关税条例》《进出口税则》及其他法律、行政法规和规章所规定的税率征收进出口关税、进口环节增值税和其他税费的进出口货物,包括除其他征免性质另有规定的一般照章(包括按照公开暂定税率)征税或补税的进出口货物。

2. 其他法定(299)

适用于依照《海关法》《关税条例》,对除无偿援助进出口物资外的其他实行法定减免税的进出口货物,以及根据有关规定非按全额货值征税的部分进出口货物。

具体适用范围有:无代价抵偿进出口货物(照章征税的除外);无商业价值的广告品和货样;进出境运输工具装载的途中必需的燃料、物料和饮食用品;因故退还的境外进口货物;因故退还的我国出口货物;在境外运输途中或者在起卸时遭受损坏或损失的货物;起卸后海关放行前,因不可抗力遭受损坏或者损失的货物;海关查验时已经破漏、损坏或者腐烂,经证明不是保管不慎造成的货物;我国缔结或者参加的国际条约规定减征、免征关税的货物和物品;暂准进出境货物;出料加工项下的出口料件及复进口的成品;进出境的修理物品;租赁期不满 1 年的进出口货物;边民互市进出境货物;非按全额货值征税的进出口货物(如按租金、修理费征税的进口货物)。

3. 保税区(307)

适用于对保税区单独实施征、减、免税政策的进口自用物资,包括保税区用于基础设施建设的物资以及保税区内企业(外商投资企业除外)进口的生产设备和其他自用物资。

4. 科教用品(401)

包括科教用品和科技开发用品,适用于为促进科学研究和教育事业的发展,科学研究机构与学校以科学研究和教学为目的按照有关征、减、免税政策,在合理数量范围以内,进口国内不能生产的或性能不能满足需要的、直接用于科研或教学的货物。科技开发用品指为鼓励科学研究和技术开发,促进科技进步,科学研究、技术开发机构在规定的时间内,在合理数量范围内进口国内不能生产或者性能不能满足需要的科技开发用品。

5. 加工设备(501)

适用于加工贸易经营单位按照有关征、减、免税政策进口的外商免费(即不需经营单位付汇,也不需用加工费或差价偿还)提供的加工生产所需设备。

6. 来料加工(502)

适用于来料加工装配和补偿贸易进口所需的料件等,以及经加工后出口的成品、半成品。

7. 进料加工(503)

适用于为生产外销产品用外汇购买进口的料件,以及加工后返销出口的成品、半成品。

8. 中外合资(601)

目前一般适用于中外合资企业自产的进出口产品。

9. 中外合作(602)

目前一般适用于中外合作企业自产的进出口产品。

10. 外资企业(603)

目前一般适用于外商独资企业自产的进出口产品。

11. 鼓励项目(789)

适用于1998年1月1日后国家鼓励发展的国内投资项目、外商投资项目、利用外国政府贷款和国际金融组织贷款项目,以及从1999年9月1日起,按国家规定程序审批的外商投资研究开发中心,中西部省、自治区、直辖市利用外资优势产业和优势项目目录的项目,在投资总额内进口的自用设备,以及按合同随设备进口的技术及数量合理的配套件、备件。

12. 自有资金(799)

适用于已设立的鼓励类和原限制乙类外商投资企业(外国投资者的投资比例不低于25%)、外商投资研究开发中心、先进技术型和产品出口型外商投资企业以及符合中西部利用外资优势产业和优势项目目录的项目,在投资总额以外利用自有资金(包括企业储备基金、发展基金、折旧和税后利润),在原批准的生产经营范围内进口国内不能生产或性能不能满足需要的(即不属于《国内投资项目不予免税的进口商品目录》的)自用设备及其配套的技术、配件、备件,用于本企业原有设备更新(不包括成套设备和生产线)或维修。

“鼓励项目”和“自有资金”的使用,须依程序取得海关核发的征免税证明并与之“征免性质”栏批注内容相符。

△本报关单此栏填写为:一般征税。

(十四)征税比例/结汇方式

(1)征税比例是用在进口的时候。“征税比例”这个栏目已经不需要填报。

(2)出口货物报关单应填报结汇方式。填写结汇方式的代码或结汇方式名称或英文缩写。结汇方式也就是说通过什么方式来收取货款,常见的结汇方式有信汇(M/T)、电汇(T/T)、票汇(D/D)、付款交单(D/P)、承兑交单(D/A)、信用证(L/C)等。

表 6-1 结汇方式代码

代码	结汇方式	英文缩写	英文名称
1 *	信汇	M/T	Mail Transfer
2 *	电汇	T/T	Telegraphic Transfer
3 *	票汇	D/D	Remittance by Banker's Demand Draft
4 *	付款交单	D/P	Documents against Payment
5 *	承兑交单	D/A	Documents against Acceptance
6 *	信用证	L/C	Letter of Credit
7	先出后结		
8	先结后出		
9	其他		

△本报关单此栏填写为:信用证。

(十五)许可证号

本栏目填报以下许可证的编号:进(出)口许可证、两用物项和技术进(出)口许可证、两用物项和技术出口许可证(定向)、纺织品临时出口许可证、出口许可证(加工贸易)、出口许可证(边境小额贸易)。一份报关单只允许填报一个许可证号。

△本报关单此栏为:无。

(十六) 启运国(地区)/运抵国(地区)

启运国(地区)指进口货物起始发出的国家(地区)。

运抵国(地区)指出口货物直接运抵的国家(地区)。

对发生运输中转的货物,如中转地未发生任何商业性交易,则启、抵地不变,如中转地发生商业性交易,则以中转地作为启运国(地区)/运抵国(地区)填报。

本栏应按海关规定的《国别(地区)代码表》选择填报相应的启运国(地区)/运抵国(地区)中文名称或代码。主要国家和地区代码如表6-2所示。

无实际进出境的,本栏填报"中国"(代码"142")。

表6-2 主要国家和地区代码

代码	中文名称	代码	中文名称
110	中国香港	307	意大利
116	日本	331	瑞士
121	中国澳门	344	俄罗斯联邦
132	新加坡	501	加拿大
133	韩国	502	美国
142	中国	601	澳大利亚
143	中国台澎金马关税区	609	新西兰
303	英国	701	国(地)别不详的
304	德国	702	联合国及机构和国际组织
305	法国	999	中性包装原产国别

△本报关单此栏填写为:安哥拉。

(十七) 装运港/指运港

装运港指进口货物在运抵我国关境前的最后一个境外装运港。直接运抵货物起始装运的港口就是装运港。而中转的情形实际就是在中转港再次装上运输工具(从原运输工具卸下换装运输工具)驶入我国,因此发生中转时中转港是最后一个境外装运港也即中转港是装运港。

(1) 直接运输的货物,实际装货的港口就是运抵我国关境前的最后一个境外装运港,也即应填报的装运港。

(2)货物在运输途中只要换装了运输工具,无论是否发生商业行为,装运港都发生了改变,中转港(即换装运输工具的港口)应确定为装运港。装运港与发生中转有关,而与是否发生商业行为没有关系。

(3)无实际进出境的,本栏填报“中国境内”,此处填写不能少“境内”两字。

装运港与起运国存在相应的逻辑关系,具体如表6-3、表6-4所示。

表6-3　装运港与起运国的逻辑关系(进口货物报关单栏目)

<table>
<tr><th>装运状况</th><th>交易状况</th><th>装运港</th><th>起运国</th><th>说明</th></tr>
<tr><td>直接运抵我国</td><td>无论与哪一国家的商家发生的交易</td><td>货物起运的港口为装运港(A港口)</td><td>货物起运港口的所在国家(地区)为起运国(A国)</td><td></td></tr>
<tr><td rowspan="2">货物由A港口(A国的港口)起运后途经港B港口(B国的港口)换装运输工具后再运抵我国(在B港口发生中转)</td><td>与中转港以外其他国家的商家交易</td><td rowspan="2">货物换装运输工具的港口(中转港)为装运港(B港口)</td><td>货物起运港口的所在国家(地区)为起运国(A国)</td><td>有中转,装运港改变,起运国不变</td></tr>
<tr><td>与货物换装运输工具的中转港所在国(B国)的贸易商交易</td><td>货物交易及中途换装运输工具港口的所在国家(地区)为起运国(B国)</td><td>有中转,装运港改变,且与中转国交易,起运国改变</td></tr>
</table>

表6-4　指运港与运抵国的逻辑关系(出口货物报关单栏目)

<table>
<tr><th>装运状况</th><th>交易状况</th><th>装运港</th><th>运抵国</th><th>说明</th></tr>
<tr><td>直接运抵目的港A港口(A国的港口)</td><td>无论与哪一国家的商家发生的交易</td><td rowspan="3">货物运往境外的最终目的港口为指运港(A港口)</td><td>货物指运港口所在的国家(地区)为运抵国(A国)</td><td></td></tr>
<tr><td rowspan="2">货物由我国港口起运后途经B港口(B国港口)换装运输工具后再运抵目的港(在B港口发生中转)</td><td>与中转港以外其他国家的商家交易</td><td>货物指运港口的所在国家(地区)为运抵国(A国)</td><td>有中转,但并非与中转国交易,运抵国不变</td></tr>
<tr><td>与货物换装运输工具的中转港所在国(B国)的商家交易</td><td>货物交易及中途换装运输工具港口的所在国家(地区)为运抵国(B国)</td><td>有中转,且与中转国交易,运抵国改变</td></tr>
</table>

直接运抵货物,起运港为装运港,装运港所在的国家(地区)为起运国(地区)。

如果发生中转,装运港就不再填原装运的港口,而要填中转港(装运港发生改变)。

如果发生中转,起运国的填写要看买卖关系发生的情况。与中转港以外的其他国家(地区)的商家交易,则起运国(地区)为起始转运发出的国家(地区)[起运国(地区)不变];与中转港所在国(地区)的贸易商交易,则中转港的所在国(地区)为起运国(地区)[起运国(地区)改变]。

指运港指出口货物运往境外的最终目的港。指运港不受中转影响,这点与装运港不同(装运港受中转的影响)。

本栏要求填报装运港的中文名称。最终目的港是不可预知的,可按尽可能预知的目的港填报。

(1) 对于直接运抵货物,货物直接运抵的港口为指运港。

(2) 对于中转货物,指运港仍然是最后运抵的港口,不受中转的影响。

(3) 无实际进出境的,本栏目填报"中国境内",此处填写不能少"境内"两字。

△本报关单此栏填写为:罗安达。

(十八) 境内目的地/境内货源地

境内目的地指已知的进口货物在国内的消费、使用地或最终运抵地(仅在进口报关单中填写)。

境内货源地指出口货物在国内的产地或原始发货地(仅在出口报关单中填写)。

境内目的地/境内货源地栏目设置的主要目的是国家统计需要,国家要掌握进出口货物在国内的最终消费使用地,以及出口货物在国内的产地或初始发货地。填报要求如下:

(1) 境内目的地和境内货源地按海关规定的《国内地区代码表》选择填报相应的国内地区名称或代码。代码的含义与经营单位代码前5位相同。

(2) 境内目的地的填写主要有以下几种情况:① 委托有外贸进出口经营权的企业进口货物的单位所在地。一般情况下委托单位也就是报关单上的收货单位,是最终消费使用的单位,故其所在地为境内目的地。② 自行从境外进口货物的单位所在地。自行从境外进口货物的单位并不是受委托进口的,因此,它本身就是货物最终消费使用的单位,故其所在地为境内目的地。在前面的"收货单位"中已经讲过,自行从境外进口货物的单位既是经营单位也是收货单位。因此它有经营单位编码,填报时既可以填报该单位所在国内地区名称,也可以填报其经营单位编码的前5位。③ 如难以确定进口货物的消费、使用单位,应以预知的进口货物最终运抵地为准。

(3) 境内货源地以出口货物的生产地为准。如果出口货物在境内多次周转,不能确定生产地,应以最早的起运地为准。

△本报关单此栏填写为:朝阳区。

(十九) 批准文号

进口货物报关单本栏免于填报。

出口货物报关单本栏用于填报"出口收汇核销单"编号。"出口收汇核销单"目前已停止使用,所以此栏不填。

△本报关单此栏为空。

(二十) 成交方式

成交方式指国际贸易中的贸易术语,也称价格术语,我国习惯称为价格条件。可以理解为买卖双方就成交的商品在价格构成、责任、费用和风险的分担,以及货物所有权转移界线上的约定。

成交方式包括两个方面的内容:一方面表示交货的条件;另一方面表示成交价格的构成因素。

报关单填制中海关规定有《成交方式代码表》,如表6-5所示。

无实际进出境的报关单,进口填报 CIF,出口填报 FOB。

表 6-5 成交方式代码表

成交方式代码	成交方式名称
1	CIF
2	C&F(即 CFR)
3	FOB
4	C&I
5	市场价
6	垫仓

填报时应根据实际成交价格条款按海关规定的《成交方式代码表》选择填报

相应的成交方式名称或代码。

这6种成交方式不完全等同于国际贸易实务中贸易术语的概念，它适用于所有的运输方式。代码表给出的成交方式主要体现成本、运费、保险费等成交价格构成因素，目的在于方便海关确定完税价格和计算税费。因此，在填制报关单时，如果买卖双方成交时实际使用的成交方式不属于海关规定的《成交方式代码表》中的成交方式，要依照实际成交方式中的成本、运费、保险费等成交价格构成因素选择代码表中具有相同价格构成的代码填报。比如在报关单填制时，一批空运货物出口实际成交使用的贸易术语是FCA，但由于海关规定的《成交方式代码表》中没有FCA，因此不能够填报FCA。因为FCA的价格只包括成本不包括运费和保险费，所以应该选择《成交方式代码表》中同样只包括成本的成交方式，即FOB。尽管在国际贸易中FOB只适用于江海运输，但在填写报关单时也要填写FOB。对于国际贸易中使用的实际成交方式是CIP、CPT、FCA、EXW的，应转换成《成交方式代码表》中的成交方式后填报，即CIP、CPT、FCA、EXW的代码分别是1、2、3、3。

△本报关单此栏填写为：CIF。

（二十一）运费

运费是指进出口货物从始发地至目的地的国际运输所需要的各种费用。其中所说的“各种费用”是指这里填写的运费，是广义上的运费，它包括已计入运费的搬运费、装卸费等相关费用，也包括运保费合并计算时的保险费。填报要求如下：

（1）进口货物。本栏填报成交价格中不包含的国际段的运费。进口货物的完税价格应该计入国际段的运保费，如果成交价格没有包括运费就应该在本栏另外填写，以便海关计入。而如果成交价格已包含了国际段的运费，则此栏不必再填写运费。从成交方式中可以判断出成交价格中是否包含国际段的运费，因此，可以根据成交方式来确定本栏是否需要填写。如果成交方式填写的是FOB，则本栏一定要填写运费。而其他的成交方式下不填写运费。需要注意的是，成交方式填写FOB时，实际的成交方式可能是“EXW”“FCA”“FAS”“FOB”。

（2）出口货物。本栏填报成交价格中已包含的国际段的运费。出口货物的完税价格应该扣除国际段的运保费，如果成交价格包括运费就应该在本栏另外填写，以便海关扣除。而如果成交价格不包含国际段的运费，此栏就不必再填写。

（3）填写形式。本栏可按运费单价、总价或运费率三种方式之一填报，同时注明运费标记,并按海关规定的《货币代码表》选择填报相应的币种代码。"1"表示运费率,"2"表示每吨货物的运费单价,"3"表示运费总价。运费标记是海关为了填写识别方便,对三种不同的运费计价方式分别设定一个标记。三种方式的填报形式分别是:

① 运费率方式直接填报运费率的数值。如,5%的运费率填报为5;实际填写时运费率的标记不体现,免填。

② 运费单价方式填报"币制代码/运费的单价数值/运费单价标记"。如,24美元/吨的运费单价填报为502/24/2;其中的含义分别是:币制代码(502为美元的代码)/运费的单价(24美元每吨)/运费标记(2表示运费以单价计算)。

③ 运费总价方式填报"币制代码/运费的总价数值/运费总价标记"。例如,7 000欧元的运费总价填报为300/7 000/3。其中的含义分别是:币制代码(300为欧元的代码)/运费的总价(运费共为7 000欧元)/运费标记(3表示运费以总价计算)。

(4) 运保费合并计算的,运保费填报在本栏。所谓的运报费合并计算是指外方提供给我方或者我方提供给外方的是一个运费和保险费的合计费用,并没有分开单列。合并计算的运保费一般都是运保费的总价,海关要运保费合并计算时该费用填报在运费栏。

△本报关单此栏填写为:502/1 250/3。

(二十二) 保费

保费指被保险人向保险人(保险公司)支付的进出口货物在国际运输过程中的保险费。

国际贸易中的习惯做法是以CIF或CIP价格为基础计算保险费。通常,保险费=投保金额×保险费率。在报关的过程中,报关人通常提供保险费率或保险费的总金额来报关。填报要求如下:

(1) 进口货物。本栏填报成交价格中不包含的国际运输过程中的保险费。进口货物的完税价格应该计入保险费,如果成交价格没有包括保险费就应该在本栏中另外填写,以便计入海关关税。而如果成交价格已包含了保险费,则此栏不必再填写。从成交方式中可以判断出成交价格中是否包含国际运输过程中的保险费,因此,可以根据成交方式来确定本栏是否需要填写。成交方式与保险费填写与否的对应表如表6-6所示。

表 6-6 成交方式与保险费填写与否的对应表

	成交方式	运费	保险费
进口	CIF	不填	不填
	CFR	不填	填
	FOB	填	填
出口	FOB	不填	不填
	CFR	填	不填
	CIF	填	填

(2) 出口货物。本栏填报成交价格中已包含的国际运输过程中的保险费。出口货物的完税价格应该扣除国际运输过程中的保险费,如果成交价格包括保险费就应该在本栏另外填写,以便海关扣除。而如果成交价格不包含保险费,则此栏不必再填写。

(3) 填写形式。本栏可按保险费总价和保险费率两种方式之一填报(保险费没有按单价计费的),同时注明保险费标记,并按海关规定的《货币代码表》选择填报相应的币种代码。

保险费标记"1"表示保险费率,"3"表示保险费总价。填报的形式与运费的填报类似。例如,3‰的保险费率填报为 0.3,保险费率的标记不体现,免填;10 000 港元保险费总价填报为 110/10 000/3。

(4) 运保费合并计算的,运保费填报在运费栏中,不填在保费栏。

△本报关单此栏填写为:502/105/3。

(二十三) 杂费

杂费指成交价格以外的,应计入完税价格的费用,或计算完税价格时应扣除的费用。

这里的成交价格是指在进口货物时,我方应该付给或者实际付给卖方并按有关规定调整后的价款总额,包括直接或间接支付的价款。对于出口货物,成交价格是指我方为出口货物向买方直接收取或间接收取的价款总额。填报要求如下:

(1) 填报成交方式总价以外的、应计入完税价格的费用,如佣金、经济费、回扣、包装费、特许权使用费等;或填成交方式总价以内的,计算完税价格时应该扣除的费用,如回扣、折扣、安装费等。

(2) 填报形式可按杂费总价或杂费率两种方式之一填报,同时注明杂费标记,并按海关规定的《货币代码表》选择填报相应的币种代码。

杂费标记“1”表示杂费率，“3”表示杂费总价。例如：

应计入完税价格的1.5%的杂费率，填报为1.5；杂费率的标记不体现，免填。

应从完税价格中扣除的1%的杂费率，填报为-1。

应计入完税价格的总价为500英镑的杂费，填报为303/500/3。

应从完税价格中扣除的总价为10 000港币的折扣，填报为110/-10 000/3（负号填在金额前）。

（3）应计入完税价格的杂费填报为正值或正率。不应包含在完税价格中的，应该扣除的杂费填报为负值或负率。

（4）无杂费时，本栏免填。

（二十四）合同协议号

合同协议号就是买卖双方就买卖的商品所签订的合同或者协议的编号。应填报进（出）口货物合同（协议）编号的全部字头和号码。

△本报关单此栏填写为：LW20120006。

（二十五）件数

件数指按包装种类计数货物的数量。对该含义的理解应该结合包装种类的含义。这里的数量不同于买卖双方成交的数量，而是指货物运输包装的数量。比如，某公司以每双10美元的价格出口皮鞋640双，每双鞋都装入一个纸盒中，而每16双鞋装入一个大纸箱中，共计装有40个纸箱，然后装入集装箱发运。则640双是买卖双方成交的数量，“双”为计算成交数量和价格的单位。大纸箱是为了运输方便而使用的包装，它的数量是40个纸箱，那么，40就是件数。

本栏应填报有外包装的进（出）口货物的实际件数。特殊情况下填报要求如下：

（1）裸装、散装货物，本栏填报为“1”。

（2）有关单据仅列明托盘件数，或者既列明托盘件数，又列明单件包装件数的，本栏填报托盘件数。如：“2 PALLETS 100 CTNS”，件数应填报为2。

（3）有关单据既列明集装箱个数，又列明托盘件数、单件包装件数的，按以上要求填报。如仅列明集装箱个数，未列明托盘或者单件包装件数，则填报集装箱个数。

△本报关单此栏填写为：200。

(二十六) 包装种类

包装种类是指运输过程中货物外表所呈现的状态,也就是货物运输外包装的种类。本栏应填写进出口货物的实际外包装种类的中文,不能填写英文。

1. 裸装

裸装(Nude)主要是指一些自然成件能抵抗外在影响,不必要用包装的货物。这些货物在存储和运输过程中可以保持原有状态,如圆钢、钢板、木材等。本栏填写"裸装"。

2. 散装

散装(Bulk)主要是指一些大宗的、廉价的,成粉、粒、块状的货物,以及不必要包装、不值得包装的疏散地装载在运输工具内的货物,如煤炭、矿砂、粮食、石油等。本栏填写"散装"。

3. 件货

件货是指有包装(装入各种材料制成的容器内)或无包装的成件货物(包括捆扎成件的货物)的统称。件货都是可以计数的,如袋装货物,袋为运输包装,以袋计数。还有如桶装货物、箱装货物、捆扎货物等。件货又分单件运输包装和集合运输包装。单件运输包装的有箱(Cases)、桶(Drums、Casks)、袋(Bags)、包(Bales)、捆(Bundles)。填报时应说明包装物的材料,如木箱(Wooden Cases)、纸箱(Cartons)、木桶(Wooden Casks)、铁桶(Iron Drums)、塑料桶(Plastic Casks)、麻袋(Gunny Bags)、纸袋(Paper Bags)、塑料袋(Plastic Bags)、卷(Rolls)等。集合运输包装的有集装袋、集装包(Flexible Container)、托盘(Pallet)、集装箱(Container)等。

件货进出口时应填报件货的运输包装的种类及其制作材料。

△本报关单此栏填写为:纸箱。

(二十七) 毛重

毛重指货物与其包装材料的重量之和。填报要求如下:

本栏填报所申报的进(出)口货物的实际毛重,计量单位为千克(公斤),不足1千克的填报为1。1千克以上,其小数点后保留4位,第5位及其后的略去。如单证中是GROSS WEIGHT 1.5MT,则此栏应填1 500;

如单证中是GROSS WEIGHT 0.4KG,则应填1;

如单证中是GROSS WEIGHT 98.22889KG,则应填98.2288;

如单证中是 G. WT 234.5KG，则应填 234.5，小数点后实际有多少位填多少位，不必刻意用 0 补齐。

△本报关单此栏填写为：2 000。

（二十八）净重

净重指货物的毛重减去外包装材料后的重量，即商品本身的实际重量，填报要求同毛重。

△本报关单此栏填写为：1 800。

（二十九）集装箱号

集装箱又称货柜，是船舶、汽车运输时经常使用的用于装载货物的柜子。

集装箱号（Container No.）是集装箱两侧标识的全球唯一的编号，通常前 4 位是字母，后跟一串数字。其组成规则是箱主代号（3 位字母）+ 设备识别号“U”+ 顺序号（6 位数字）+ 校验码（1 位数字）。例如，EASU9809490。

集装箱规格分为 20 英尺（20′，以外部的长计，下同）、40 英尺、45 英尺、48 英尺、53 英尺。

自重（Tare）是集装箱本身的重量，以千克计。20 英尺的集装箱自重一般在 2 000 千克以上，40 英尺的集装箱自重一般在 4 000 千克以上。

填报要求如下：

该栏应该填写“集装箱号”+“/”+“规格”+“/”+“自重”，多个集装箱的，第一个集装箱号等信息填报在本栏，其他依次按相同的格式填在“标记唛码及备注”栏中。例如，一个 20 英尺的集装箱，箱号为 TEXU3605231，自重是 2 275 千克，则本栏填报为 TEXU3605231/20/2 275。

非集装箱货物本栏填报“0”（不能为空）。

△本报关单此栏填写为：COSU2233987/20/2 275。

（三十）随附单据

随附单据指随进（出）口货物报关单一并向海关递交的单证或文件。虽然提单、装箱单、发票、许可证等单证都是随附单据的范畴，但本栏的填写只涉及“监管证件名称代码表”（见表 6-7）中许可证以外的监管证件。填报要求如下：

（1）合同、发票、装箱单、提单、许可证等必备的随附单证不在本栏填报。

（2）只填报“监管证件代码表”中的除去“进口许可证”“出口许可证”的监管证件代码及编号。“监管证件名称代码表”中代码为“1”“4”“X”“Y”的是许可证的代码,应填在许可证栏,不可填在此栏。

(3) 填报格式为“监管证件代码”+“:”+“监管证件编号”。

(4) 本栏只填写一个监管证件的信息,多于一个监管证件的,其余的监管证件代码和编号按上述第(3)点的填报格式填写(原产地证明书按原产地证明书的格式填写)在“标记唛码及备注”栏中。多于一个监管证件的,哪个证件填在随附单据栏,哪个证件填在“标记唛码及备注”栏没有限制,可以自由选择。

(5) 原产地证明书的填写比较特殊,不填写原产地证明书的编号,具体如下:

① 适用 CEPA 香港、CEPA 澳门的原产地证明书,已和我国海关联网,此栏目填“Y”+“:”+“(优惠贸易协定代码)”。例如,适用 CEPA 香港的原产地证明书填“Y:(03)”,适用 CEPA 澳门的原产地证明书填“Y:(04)”。而 CEPA 香港、CEPA 澳门的原产地证明书的编号要填写在“备案号”栏。

② 适用其他优惠贸易协定的原产地证明书,由于这些国家都没有和我国的海关计算机系统联网,其填写不同于 CEPA 香港、CEPA 澳门的原产地证明书,应填“Y”+“:”+“(优惠贸易协定代码:需证商品序号)”。例如,《曼谷协定》项下提供的原产地证明书进口报关单中,将商品项号第 1 项、第 3 项及第 5 项列为优惠贸易协定项下商品,因此,此栏应填“Y:(01:1—3,5)”(“01”为《曼谷协定》即《亚太贸易协定》的代码,见表 6-8)。

表 6-7　监管证件代码表

代码	监管证件名称	代码	监管证件名称
1	进口许可证	4	出口许可证
5	纺织品临时出口许可证	A	入境货物通关单
7	自动进口许可证	B	出境货物通关单
E	濒危物种允许出口证明书	F	濒危物种允许进口证明书
O	自动进口许可证	P	固体废物进口许可证
Y	原产地证明	T	关税配额证明

表 6-8　进口货物优惠贸易协定代码表

代码	优惠贸易协定
01	属于《亚太贸易协定》项下的进口货物
02	属于“中国—东盟自由贸易区”项下的进口货物

续表

代码	优惠贸易协定
03	属于“内地与香港紧密经贸关系安排”(CEPA 香港)项下的进口货物
04	属于“内地与澳门紧密经贸关系安排”(CEPA 澳门)项下的进口货物
05	属于“对非洲特惠待遇”的进口货物
06	属于“台湾农产品零关税措施”项下的进口货物
07	属于“中巴自贸区”项下的进出口货物
08	属于“中智自贸区”项下的进出口货物
09	属于“对也门等国特惠待遇”项下的进口货物
10	属于“中新(西兰)自贸区”项下的进出口货物
11	属于“中新(加坡)自贸区”项下的进出口货物

需证商品序号的意思是填报的商品中享受优惠贸易协定税率的商品的项号(项号的含义见“项号”栏)。其原产地证明书编号不需填写。

③ 对于不适用优惠贸易协定的进口货物,其原产地证书不必填报。

△本报关单此栏不必填写。

(三十一) 用途(仅进口货物报关单填写)

用途是指进口货物的实际适用方面或范围。

海关规定有《用途代码表》,应根据进口货物的实际用途在代码表中找到适用的用途填写。主要用途的名称和代码如表 6-9 所示。进口货物填报用途,应根据进口货物的实际用途按海关规定的《用途代码表》选择填报相应的用途或代码。

用途的填写与贸易方式以及征免性质相对应,报关时,如果确定是表格(见表 6-10)里所示的贸易方式和征免性质,用途就一定是填表格后面对应用途,所以要熟悉此表格。

表 6-9 主要用途的名称和代码

代码	名称	代码	名称
01★	外贸自营内销	07	收保证金
02	特区内销	08	免费提供
03★	其他内销	09	作价提供
04★	企业自用	10	货样、广告品

（续表）

代码	名称	代码	名称
05★	加工返销	11	其他
06	借用	13	以产顶进

表 6-10　报关单填制重要逻辑关系

贸易方式（代码）	备案号（第一个字母）	征免性质（代码）	征免（代码）	用途（代码）	项　　号
一般贸易（0110）	空	一般征税（101）	照章征税（1）	外贸自营内销（01）	填报报关单中的商品序号
	Z（征免税证明）	鼓励项目（789）	全免（3）	企业自用（04）	第一行填报报关单中的商品序号，第二行填报与《征免税证明》上一致的商品的项号
		自有资金（799）			
		科教用品（401）			
来料加工（0214）	B（登记手册）	来料加工（502）	全免（3）	加工返销（05）	第一行填报报关单中的商品序号，第二行填报与《登记手册》上一致的商品的项号
进料对口（0615）	C（登记手册）	进料加工（503）	全免（3）	加工返销（05）	第一行填报报关单中的商品序号，第二行填报与《登记手册》上一致的商品的项号
合资合作设备（2025）	Z（征免税证明）	鼓励项目（789）	全免（3）	企业自用（04）	第一行填报报关单中的商品序号，第二行填报与《征免税证明》上一致的商品的项号

（三十二）标记唛码及备注

本栏实际包含两部分内容：一是标记唛码，二是备注。

标记唛码就是指运输的标志，是为方便收货人查找，以及在装卸、运输、储运过程中识别而设。一般来说，在标记唛码中会列出如下信息：收货人的代号（标识）、合同号、目的地、原产国（地区）、中转信息、件数号码等。

应填报货物运输包装上的标记唛码中除图形以外的所有文字、数字（基本是原样照抄）。无标记唛码的免于填报。

备注是指报关单其他栏目不能填写完全以及需要额外说明的内容,或其他需要备注、说明的事项。

报关单其他栏的填报要求中都有讲到需要填写在备注栏的情形,它们包括:

1. 涉及经营单位填报需要备注说明的内容

受外商投资企业委托代理其在投资总额内进口投资设备、物品的外贸企业名称填写在本栏。应填写"委托×××公司进口"(×××为代理的外贸企业名称)。

2. 关联备案号在此栏填写

(1) 关联备案号

关联备案号是指和本报关单申报的货物有关系和联系的其他的报关单上填写的备案号,按海关管理的要求要体现在本报关单上。如加工贸易结转货物及凭证免税转内销货物,其对应的备案号应填报在此栏,格式为"转至(自)××××××××××××手册"。

(2) 填报要求

关联备案号应该填写在"标记唛码及备注"栏。

例如,加工贸易企业甲从事进料加工业务,取得《加工贸易手册》(编号为C××××××××××××),加工成品设备A出口。而经批准新成立的合资企业乙欲从国外进口设备A(享受特定减免税),得知甲生产该设备后与甲签约,从甲企业购买,并向海关申请取得编号为Z××××××××××××的《征免税证明》。

则甲乙两企业向海关正确的申报如下:

甲企业按出口报关填写加工贸易出口货物报关单,报关单的"备案号"栏填手册编号"C××××××××××××"。而乙企业的征免税证明编号对于甲企业来说就是报关单上要填写的关联备案号。其关联备案号填写在"标记唛码及备注"栏,填写的形式为"转至Z× ×××××××××××征免税证明"。乙企业按进口报关填写进口货物报关单,进口报关单的"备案号"栏填征免税证明编号"Z××××××××××××"。而甲企业的加工贸易手册编号对于乙企业来说就是报关单上要填写的关联备案号。其关联备案号填写在"标记唛码及备注"栏,填写的形式为"转自C××××××××××××加工贸易手册"。

3. 关联报关单号在此栏填写

(1) 关联报关单号

关联报关单号是指与本报关单有关联关系的,同时在海关业务管理规范方面又要求填报的报关单号,应填报在"关联报关单"栏。例如,加工贸易深加工结转货物,同样一批货物,转出企业将其作为加工成品报出口,而转入企业将其作为料件报进口。按照海关的规定,应该先由转入企业报进口,并且在进口报关后把其进口报关单号等信息通知转出企业。然后转出企业再报出口,并将转入企业的进口报关单号作为关联报关单号填写在“标记唛码及备注”栏。此处需要注意,同样需要填写关联报关单号的情形还有加工贸易的余料结转报关。

(2) 填报要求

上面提到的两种加工贸易结转类的报关中,由于是先报进口,所以只有出口报关单填写关联报关单号。应该填写在“标记唛码及备注”栏。

上例中,具体填报应为:转至××××……报关单(关联报关单号)。

4. 集装箱号

一票货物有多个集装箱需要填报的,在本栏填写其余集装箱的信息。填写的格式与集装箱号栏相同,即“集装箱号/规格/自重”(应按单证中的所给集装箱顺序填写)。

5. 随附单据栏

有一个以上监管证件的,本栏填写其余的监管证件的代码及编号。具体填报要求为:“监管证件代码”+“:”+“监管证件号码”。监管证件是优惠贸易协定下的原产地证明书的,按联网与不联网的原产地证明书的填报格式填写。

6. 其他

还有其他一些申报时必须说明的事项需要填在此栏,此处不再一一介绍。

△本报关单此栏填写为:

FERREIRA

LW20120006

GL03/GS06

LUANDA, ANGOLA

C/No. 1—200

(三十三) 项号

项号指同一票货物在报关单中的商品排列序号和在备案文件上的商品序号。海关要求在货物申报时名称不同的、编码不同的、原产国(地区)不同的、最终目的国(地区)不同的、征免方式不同的商品都应该分开填报,并按顺序排列,所排列的顺序号即为项号。此外,如果属于使用手册进出口的商品,还应该把该项商品排列在手册中的顺序号填写在项号的第二行。

一张报关单最多可以填写五项商品，每一项商品占据表体的一栏，则一张报关单最多可填五栏。五栏按顺序编号，每一栏对应一个顺序号。填报要求如下：

本栏中每一栏项号下都分两行填报。第一行填报报关单中的商品排列序号，一般都按发票或装箱单中商品的排列顺序填写。第二行要填写上该项商品对应在手册中或原产地证明书中的项号。非备案商品免填。

项号栏的填写按惯例都填两位，如申报的第一项商品项号填“01”，第二项填“02”，依此类推。

△本报关单此栏填写为：01。

(三十四) 商品名称、规格型号

商品名称就是所申报的进出口商品的规范的中文名称。

规格型号是指反映商品性能、品质和规格的一系列指标，如品牌、等级、成分、含量、纯度、大小等。商品名称和规格型号要规范、准确、详尽，这样才能够保证归类准确、统计清晰，便于监管。

本栏分两行填报。第一行填报进(出)口货物规范的中文商品名称，必要时可加注原文。第二行填报规格型号(一般都使用发票、提单或装箱单中规格型号的原文)。

具体填报要求如下：

(1) 规格型号应足够详细，并与所提供的商业发票相符。本栏填报内容包括品名、牌名、规格、型号、成分、含量、等级等。一般是将发票中涉及上述内容的原文照抄填报在本栏的第二行。

(2) 非中文商品名称应当翻译成规范的中文。

(3) 加工贸易等已备案的货物，本栏填报录入的内容必须与备案登记中同项号下货物的名称与规格型号一致。

△本报关单此栏填写为：100% polyester。

(三十五) 数量及单位

数量是指进出口商品的实际数量。单位是指针对数量的计量单位，包括成交计量单位和法定计量单位。数量和单位是相对应的，因此，报关单中的数量既包括成交计量单位的数量也包括法定计量单位的数量。

成交计量单位是指买卖双方用以成交的计量单位(用以确定成交数量或者价格的单位)。比如，中国的厂商向国外的客户出口地毯，在一定的规格下国外客户通常是买多少张或条(数量)，以每条或张的单价来确定最后的成交价格，这个张或条就是成交计量单位。在国际贸易中常用的计量单位有长度单位、面积单位、体积单位、容积单位、个数单位，使用什么样的计量单位需根据具体的商品由买卖双方协商确定。

法定计量单位是按照《计量法》的规定所采用的计量单位，我国采用国际单位制的计量单位，以《海关统计商品目录》中规定的计量单位为准。实际应用中，法定计量单位是指《进出口税则》中标注在每个商品编码后面的计量单位。根据商品的不同，有的有一个法定计量单位，有的有两个法定计量单位。两个计量单位用"/"区分，"/"前面的是法定第一计量单位，后面的是法定第二计量单位。如"个/千克"，"个"是法定第一计量单位，"千克"是法定第二计量单位。

成交计量单位可能与法定计量单位一致，也可能不一致。一致时只需填写法定计量单位，不一致时除了要填法定计量单位外，还要单独填写成交计量单位。

本栏分三行填报。填报的格式是数量在前、单位在后，如 1 200 千克。

具体填报要求如下：

(1) 进出口货物必须按海关法定计量单位和成交计量单位填报。法定第一计量单位及数量填报在本栏第一行。

(2) 凡海关列明法定第二计量单位的，必须报明该商品法定第二计量单位及数量，填报在本栏第二行。无第二计量单位的，本栏第二行为空。

(3) 成交计量单位与海关法定计量单位不一致时，还需填报成交计量单位及数量，填报在本栏第三行。成交计量单位与海关法定计量单位一致时，本栏第三行为空。

△本报关单此栏填写为：2 000 件。

(三十六) 原产国(地区)

原产国(地区)是指进口货物的生产、开采或加工制造的国家或地区。

本栏应按海关规定的《国别(地区)代码表》选择填报相应的国家(地区)名称或代码。

进口货物原产国(地区)无法确定时，报关单"原产国(地区)"栏应该填报"国别不详"或"701"。

同一票货物中，即使是同一种货物，如果原产国(地区)不同，也要分项(分栏)填报，即在不同的项号下填报。比如，我国内地某公司从香港进口 100 台电脑，其中 40 台原产于美国，60 台原产于日本，即使这 100 台电脑相同，但因原产国(地区)不同也要分项填报。

（三十七）最终目的国（地区）

最终目的国（地区）指已知的出口货物最终交付的国家或地区，也即最终实际消费、使用或进一步加工制造的国家（地区）。

本栏应按海关规定的《国别（地区）代码表》选择填报相应的国家（地区）名称或代码。

△本报关单此栏填写为：安哥拉。

（三十八）单价

单价是指商品的一个计量单位以某一种货币表示的价格。商品的单价一般应包括单位商品的价值金额、计量单位、计价货币和价格术语四个部分。例如，“AT USD 459/DRUM FOB DALIAN”，其中，价值金额是459，计量（计价）单位是桶（DRUM），计价货币是美元（USD），价格术语是FOB DALIAN。

填报要求如下：

（1）应填报同一项号下进（出）口货物实际成交的商品单位价格（发票单价）的金额。当一份报关单中有多项商品时，每个单价只对应一个项号下的商品。单价是一个成交计量单位下的价格，单价和数量单位是对应的关系。单价和其对应数量相乘等于总价。单价要和总价相对应。

（2）对无实际成交价格的货物，本栏填报货值，如来料加工进口料件、无代价抵偿货物。

（3）单价的填报只填报单价的数值，不需要填报计价的单位（计量单位）和计价货币（币制），因为已有专门填写计量单位和币制的栏。

（4）单价填报到小数点后4位，第5位及其后略去。如单价为“0.34567”，则应填报“0.3456”。

△本报关单此栏填写为：13。

（三十九）总价

总价是指进（出）口货物实际成交的商品总价。填报要求如下：

（1）应填报同一项号下进（出）口货物实际成交的商品总价。在报关单中，总价是和单价相对应的，单价和其对应数量相乘等于总价，每一项商品都对应一个总价。

（2）无实际成交价格的，本栏填报货值，例如来料加工进口料件、无代价抵偿货物。

(3) 总价填报到小数点后4位,第5位及其后略去(与单价同)。

△本报关单此栏填写为:26 000。

(四十) 征免方式

征免方式指海关对进(出)口货物进行征税、减税、免税或特案处理的实际操作方式。

征免方式是海关在征税的环节具体操作时采用的处理方式。对于进出口货物符合何种法律法规规定,确定属于征税、减税还是免税的管理主要体现在征免性质上。但征免性质确定后具体在执行时还可以采用不同的操作方式。例如,对于征免性质是一般征税的货物,海关实际操作时既可以照章征税,也可以接受收、发货人的申请提供保函、保证金放行。因此,同一张报关单上可以有不同的征免方式。

海关规定有九种征免方式,并给每一种征免方式设定一个代码,形成《征减免税方式代码表》。其中最常使用的征免方式就是照章征税和全免。照章征税就是指对进出口货物依照法定税率计征各类税费;全免是指依照主管海关签发的《征免税证明》或《加工贸易手册》等,对进出口货物免征关税和增值税。

本栏填报要求如下:

本栏应按照海关核发的《征免税证明》或有关政策规定,对报关单所列每项商品选择填报海关规定的《征减免税方式代码表》中相应的征免方式的名称。

表6-11　征减免税方式代码表

征免方式代码	征免方式名称
1	照章征税
2	折半征税
3	全免
4	特案
5	随征免性质
6	保证金
7	保函
8	折半补税
9	全额退税

△本报关单此栏填写为：照章征税。

缮制完成的报关单如下：

中华人民共和国海关出口货物报关单

预录入编号：　　　　　　　　海关编号：

<table>
<tr><td>出口口岸
东港海关 0204</td><td colspan="2">备案号</td><td>出口日期</td><td>申报日期</td></tr>
<tr><td>经营单位
北京蓝天贸易有限公司
1100913344</td><td colspan="2">运输方式
江海运输</td><td>运输工具名称
DONGFANG
VOY NO. 007J</td><td>提运单号
USC0989A923</td></tr>
<tr><td>发货单位
北京蓝天贸易有限公司
1100913344</td><td colspan="2">贸易方式
一般贸易</td><td>征免性质
一般征税</td><td>结汇方式
信用证</td></tr>
<tr><td>许可证号</td><td colspan="2">运抵国(地区)
安哥拉</td><td>指运港
罗安达</td><td>境内货源地
朝阳区</td></tr>
<tr><td>批准文号</td><td>成交方式
CIF</td><td>运费
502/1 250/3</td><td>保费
502/105/3</td><td>杂费</td></tr>
<tr><td>合同协议号
LW20120006</td><td>件数
200</td><td>包装种类
纸箱</td><td>毛重(公斤)
2 000</td><td>净重(公斤)
1 800</td></tr>
<tr><td>集装箱号
COSU2233987/20/2275</td><td colspan="3">随附单据</td><td>生产厂家
北京顺昌针织有限公司</td></tr>
<tr><td colspan="5">标记唛码及备注
FERREIRA
LW20120006
GL03/GS06
LUANDA, ANGOLA
C/No. 1—200</td></tr>
</table>

项号	商品编号	商品名称	规格型号	数量及单位	最终目的国(地区)	单价	总价	币制	征免
01	6301400000	童毯	100% polyester	2 000 件	安哥拉	13.00	26 000	美元	照章征税

（续表）

税费征收情况		
录入员　　录入单位	兹声明以上申报无讹并承担法律责任	海关审单批注及放行日期（签章）
报关员 单位地址： 邮编：　　电话：022-65726574 填制日期：2011-07-01	申报单位（签章）	审单　　审价 征税　　统计 查验　　放行

知识链接与归纳（一）

一、进出口货物的申报

申报是指进口货物的收货人、出口货物的发货人或其代理人在进出口货物时，在海关规定的期限内，以书面或者EDI方式向海关报告其进出口货物的情况，并随附有关货运和商业单据，申请海关审查放行，并对所报告内容的真实准确性承担法律责任的行为，也就是通常所说的“报关”。申报是进出口货物通关的第一个环节。

（一）申报资格

必须是经海关审核准予注册的专业报关企业、代理报关企业和自理报关企业及其报关员。

（二）申报时间

1. 进口货物的申报时间与期限

根据《海关法》第18条、第21条的规定，进口货物的报关期限为自运输工具申报进境之日起14日内。进口货物的收货人或其代理人超过14天未向海关申报的，由海关征收滞报金。滞报金的日征收金额为进口货物到岸价格的0.5‰。进口货物滞报金期限的起算日期为运输工具申报进境之日起第15日。邮运的滞报金起收日期为收件人接到邮局通知之日起第15日。转关运输滞报金起收日期有两个：一是运输工具申报进境之日起第15日，二是货物运抵指运地之日起第15日，两个条件只要达到一个，即征收滞报金；如果两个条件均达到，则要征收两次滞报金。

进口货物自运输工具申报进境之日起超过3个月还没有向海关申报的，其进口货物由海关提取变卖处理。如果属于不宜长期保存的，海关可根据实际情况提前处理。变卖后所得价款在扣除运输、装卸、储存等费用和税费后尚有余款的，自货物变卖之日起1年内，经收货人申请，予以发还；逾期无人申领，上缴国库。

2. 出口货物的申报时间与期限

根据《海关法》同条规定，出口货物的发货人除海关特准外，应当在装货的24小时前向海关申报。

（三）申报地点

根据现行海关法规的规定，进出口货物的报关地点应遵循以下三个原则。

1. 进出境地原则

在正常情况下，进口货物应当由收货人或其代理人在货物的进境地向海关申报，并办理有关进口报关手续；出口货物应当由发货人或其代理人在货物的出境地向海关申报，并办理有关出口报关手续。

2. 转关运输原则

由于进出口货物的批量、性质、内在包装或其他一些原因，经收发货人或其代理人申请，海关同意，进口货物也可以在设有海关的指运地，出口货物也可以在设有海关的启运地向海关申报，并办理有关进出口海关手续。这些货物的转关运输，应当符合海关监管要求，必要时，海关可以派员押运。

3. 指定地点原则

经电缆、管道或其他特殊方式输送进出境的货物，经营单位应当按海关的要求定期向指定的海关申报并办理有关进出口海关手续。这些以特殊方式输送进出境的货物，输送路线长，往往需要跨越几个海关甚至几个省份；输送方式特殊，一般不会流失；有固定的计量工具，如电表、油表等。因此，上一级海关的综合管理部门协商指定其中一个海关管理，经营单位或其代理人可直接与这一海关联系报关。

（四）报关单证

报关单证可分为基本单证、特殊单证、预备单证三种。

1. 基本单证

基本单证是指与进出口货物直接相关的商业和货运单证，主要包括发票，装箱单，提（装）货凭证（或运单、包裹单），海关签发的进出口货物减税、免税证明。

2. 特殊单证

特殊单证是指国家有关法律规定实行特殊管制的证件，主要包括配额许可证管理证件（如配额证明、进出口货物许可证等）和其他各类特殊管理证件（如机电产品进口证明文件、商品检验、动植物检疫、药品检验等）。

3. 预备单证

预备单证是指在办理进出口货物手续时，海关认为必要时查阅或收取的单证，包括贸易合同、货物原产地证明书、委托单位的工商执照证书、委托单位的账册资料及其他有关单证。

二、进出口货物通关基本程序

（一）预录入

报关人预录入可采用以下三种方式：

（1）前往报关大厅委托预录入企业使用连接海关计算机系统的终端录入；

（2）在本企业办公地点使用 EDI 方式自行录入；

（3）委托预录入企业使用 EDI 方式录入。

（二）电子申报

报关人向海关审单中心发送报关单电子数据。海关进行电子审单，并将审单结果与提示信息通过设置在报关或预录入大厅的显示屏幕和自助终端、寻呼机及 EDI 通关系统等手段通知报关人。有报关权的企业可以自行向海关申报，也可以委托代报单位代理申报；无报关权的企业只能委托代报单位代理申报。

（三）现场交单/税费处理

报关人收到海关发布的“现场交单”信息后，至预录入处打印纸质报关单，备齐提（运）单、发票、合同、装箱单、许可证件等随附单证并签章后，到海关接单现场交单。现场关员审核单证和电子数据，打印签发各类税费缴款书后，收发货人缴纳各项税费并凭税费缴纳凭证到接单现场核注税费。收发货人应在海关填发税款缴款书之日起 15 日内缴纳税款（最后一天为法定节假日或休息日的顺延至节假日或休息日后的第一个工作日）。逾期缴纳的，从滞纳税款之日起，海关按日加收滞纳税款万分之五的滞纳金。

（四）查验货物

海关确定是否对货物实施查验以及查验方式采取机器查验还是人工查验，并通知收发货人，收发货人按照海关通知配合海关实施查验。查验货物结果正常且已缴纳税费的，办理放行手续。

1. 工作流程

查验工作流程分为人工查验工作流程和机检查验工作流程。

人工查验工作流程是指查验现场在接到查验指令后,从事人工查验的部门按照派单、查验、出具查验记录、复核、放行等程序开始进行货物查验工作。其中包含报送化验、申请归类、单据传递交接等业务问题。

机检查验工作流程分为报关后机检和转栈前机检两种作业模式。报关后机检是海关机检查验现场对已报关布控货物实施机检查验,对于没有"嫌疑"的货物直接转核放环节;对于有"嫌疑"的货物转人工查验,人工查验无问题的转核放环节,人工查验有问题的转缉私、调查、稽查等部门处理或查验现场即决处理。转栈前机检是查验现场在货物抵港未报关前,通过舱单进行大范围分析筛选,对风险值较高的货物布控机检,并将机检布控要求在货物卸船前提前通知码头,码头可以在货物卸船后向后方堆场转移的过程中按海关的要求进行机检,机检关员依据舱单并结合机检图像进行分析,对重点及有"嫌疑"的货物进行舱单布控,报关后实施人工查验。

人工查验(在具备查验条件且从开始查验时起)4 小时内完毕,机检查验 30 分钟内完毕。查验完毕后,经关员出具查验记录确认无问题的货物,1.5 个小时内放行。

2. 机检

机检查验是海关利用"H996"集装箱检查设备对集装箱货物进行扫描成像,通过分析机检图像判断实货与申报是否相符的一种新型查验手段,该设备的使用在一定程度上改变了海关人工掏箱查验费时、费力的局面,大大提高了海关查验的工作效率和准确性,被誉为海关查验手段的革命。

3. 现场查验

现场查验实行双人查验制度,查验人员根据查验布控要求对货物采取彻底查验、抽查和外形查验等方式,查验货物完毕后,查验人员填写并打印查验记录单,查验人员和收发货人或其代理人当场在查验记录单上签字。

(五) 放行货物

放行环节关员在提运单上加盖放行章退还报关人,并将放行电子数据传至海关监管场所及卡口,报关人即可提取或发运货物。

(六) 签发证明联

进口货物放行后,出口货物核销清洁舱单后,海关向进出口企业签发各种报关单证明联。

三、报关单的法律地位及填制的一般要求

进出口货物报关单是指进出口货物的收发货人或代理人，按照海关规定的格式对进出口货物的实际情况做出书面说明，申请海关对其货物按适用的海关制度办理通关手续的法律文书。进出口货物报关单主要通过商品名称、数量、价格、进出口口岸、贸易方式、成交方式及运输方式等栏目对进出口货物进行说明。报关人要对这些项目认真填写，海关进行审查、核实后，按照所申报的情况，根据相应的法律实施不同的管理。

（一）进出口报关单的类别

1. 按进出口状态分

报关单可分为中华人民共和国进口货物报关单和中华人民共和国出口货物报关单。

2. 按表现形式分

报关单分为纸质报关单和电子报关单。电子报关单与纸制报关单具有同等法律效力。

3. 按使用性质分

报关单分为进料加工进出口货物报关单（粉红色）、来料加工及补偿贸易进出口货物报关单（浅绿色）、外商投资企业进出口货物报关单（浅蓝色）、一般贸易及其他贸易进出口货物报关单（白色）和需国内退税的出口货物报关单（浅黄色）。

4. 按用途分

报关单可分为报关单录入凭证、预录入报关单、电子数据报关单和报关单证明联。报关单录入凭证是指申请单位按海关规定的格式填写的凭证，用作报关单与录入的依据（可将现行报关单放大后使用）；预录入报关单是指预录入公司录入、打印并联网将录入数据传递到海关，由申请单位向海关申报的报关单，是海关监管的依据；电子数据报关单是指申请报关单位采用电子数据方式向海关申报的电子形式的报关及事后打印、补交备核的书面报关单，是海关监管的依据；报关单证明联是指海关在证实货物已实际入、出境后打印的报关退税联或核销联，用作企业向税务、外汇管理部门办结有关手续的证明文件。

（二）报关单的法律地位

《海关法》明确规定，进口货物的收货人应当向海关如实申报、交验进出口许

可证和有关单证。进出口货物报关单就是向海关报告其进出口货物情况,申请海关审查、放行货物的必要的法律文书。它在对外经济贸易活动中具有十分重要的法律效力,既是海关对进出口货物进行监管、征税、统计以及开展稽查和调查的重要依据,又是加工贸易进出口货物核销以及出口退税和外汇管理的重要凭证,也是海关处理进出口货运走私、违规案件及税务与外汇管理部门查处骗税和套汇犯罪活动的重要书面凭证。因此,申报人对报关单所填报的真实性和准确性承担法律责任。

(三) 报关单填写的一般要求

申报人在填制报关单时应当依法如实向海关申报,对申报内容的真实性、准确性、完整性和规范性承担相应的法律责任。

(1) 报关人必须按照《中华人民共和国海关法》《中华人民共和国海关进出口货物报关单填制规范》等有关规定和要求,向海关如实申报。

(2) 报关单上货物的品名、规格、数量、价格等内容的填写必须真实,不得出现差错,更不能伪报、瞒报和虚报,一定要做到两个相符:一是单证相符,即报关单与合同、发票、装箱单、提运单等单据相符;二是单货相符,即报关单中所报内容与实际进出口货物情况相符。

(3) 报关单中填报的项目要准确、齐全、完整、清楚,报关单各栏内容要逐项详细、准确地填写,并尽可能打字填报,如用笔写,字迹要清楚、整洁、端正,不可用铅笔(或红色复写纸)填报;填报项目若有更改,必须在更改项目上加盖校对章。

(4) 不同合同、不同运输工具的名称、不同征税性质、不同许可证号的货物不能填写在同一份报关单上,不同贸易方式的货物须用不同颜色的报关单填写。一份报关单最多填报 20 项商品。超过 20 项商品时,也必须分单填报。一张纸制报关单上最多打印 5 项商品,一份纸制报关单最多允许联单 4 张。

(5) 为实行报关自动化的需要,申报单位除填写报关单上的有关项目外,还应填上有关项目的代码。

(6) 电脑预录入的进出口货物报关单,其内容必须与原始报关单完全一致。报关员应认真核对,防止录错,一旦发现有异,应及时提请录入人员重新录入。

(7) 向海关递交报关单后又发现填报内容与实际进出口货物不相符时,要立即填写报关单更正单,向海关提出更正申请,经海关核准后可对原填报的内容进行更改或撤销。

(8) 对于海关接受申报并放行后的出口货物,由于运输工具配载等原因,全部货物或部分货物未能装载上原申报的运输工具的出口货物发货人应向海关递交出口货物报关单更改申请。

（四）填写报关单的法律责任

《中华人民共和国海关行政处罚实施细则》第十一条第五款规定，“进出境货物的品名、数量、规格、价格、原产国别、贸易方式、消费国别、贸易国别或者其他应当申报的项目申报不实的”，当处货物物品等值以下或者应缴税款两倍以下的罚款；中华人民共和国海关对报关单和报关员的管理规定，“代理报关单位和自理报关单位应当按照海关的要求选用报关员并对本单位报关员的报关行为负法律责任”；报关员应“完整准确地填制报关单”“递交合法齐全有效的报关单证”，不按规定填写报关单将暂停或取消报关员的报关资格。因此，填写报关单是向海关办理报关手续的一项法律行为，报关员必须对其一切报关行为负责，他们必须保证按照海关规定和要求认真如实地填写报关单。海关对发现有违章、走私行为的除依法处理外，还将根据违法行为的情节轻重，在一定时期内停止其报关业务、吊销有关报关员的证书。

任务2：缮制代理报关委托书/委托报关协议

操作过程

进出口货物收发货人委托报关企业办理报关手续的，应向报关企业提供授权委托书，与报关企业签署委托报关协议。实务中，外贸单证员一般只在报关委托书上盖章，而不填写详细内容，详细内容由货运代理公司报关时填写。天津凯捷货运代理有限公司填制的报关委托书和委托报关协议如下：

代理报关委托书

编号：□□□□□□□□□□□□□□□

__________：

我单位现 （√A. 逐票 B. 长期）委托贵公司代理 等通关事宜。（√A. 报关查验√B. 垫缴税款√C. 办理海关证明联 D. 审批手册 E. 核销手册 F. 申办减免税手续 G. 其他）详见《委托报关协议》。

我单位保证遵守《海关法》和国家有关法规，保证所提供的情况真实、完整、单货相符。否则，愿承担相关法律责任。

本委托书有效期自签字之日起至2012年8月30日止。

委托方（盖章）：李彬

法定代表人或其授权签署《代理报关委托书》人（签字）

2012年7月10日

委托报关协议

为明确委托报关具体事项和各自责任，双方经平等协商签订协议如下：

委托方	北京蓝天贸易有限公司
主要货物名称	童毯
H.S.编码	□□□□□□□□□□
进出口日期	2012年7月14日
提单号	
贸易方式	一般贸易
原产地/货源地	北京市朝阳区
传真电话	010-84770000
其他要求：	
背面所列通用条款是本协议不可分割的一部分，对本协议的签署构成了对背面通用条款的同意。	
委托方业务签章： 经办人签章：王芳 联系电话：010-84771111 2012年7月10日	

被委托方	天津凯捷货运代理有限公司	
*报关单编码	No.	
收到单证日期	2012年7月10日	
收到单证情况	合同□√	发票□√
	装箱清单□√	提(运)单□√
	加工贸易手册□	许可证件□
	其他	
报关收费	人民币：　　元	
承诺说明：		
背面所列通用条款是本协议不可分割的一部分，对本协议的签署构成了对背面通用条款的同意。		
被委托方业务签章： 经办报关员签章：张瑶 联系电话：022-65726574 2012年7月10日		

（白联：海关留存；黄联：被委托方留存；红联：委托方留存）　　中国报关协会监制

委托报关协议通用条款

委托方责任

委托方应及时提供报关报检所需的全部单证，并对单证的真实性、准确性和完整性负责。

委托方负责在报关企业办结海关手续后，及时、履约支付代理报关费用，支付垫支费用，以及因委托方责任产生的滞报金、滞纳金和海关等执法单位依法处以的各种罚款。

负责按照海关要求将货物运抵指定场所。

负责与被委托方报关员一同协助海关进行查验，回答海关的询问，配合相关调查，并承担产生的相关费用。

在被委托方无法做到报关前提取货样的情况下，承担单货相符的责任。

被委托方责任

负责解答委托方有关向海关申报的疑问。

负责对委托方提供的货物情况和单证的真实性、完整性进行“合理审查”，审查内容包括：①证明进出口货物实际情况的资料，包括进出口货物的品名、规格、用途、产地、贸易方式等；②有关进出口货物的合同、发票、运输单据、装箱单等商业单据；③进出口所需的许可证件及随附单证；④海关要求的加工贸易(纸质或电子数据的)及其他进出口单证。

由于确定货物的品名、归类等原因，经海关批准，可以看货或提取货样。

在接到委托方交付齐备的随附单证后，负责依据委托方提供的单证，按照《中华人民共和国海关进出口报关单填制规范》认真填制报关单，承担“单单相符”的责任，在海关规定和本委托报关协议中约定的时间内报关，办理海关手续。

负责及时通知委托方共同协助海关进行查验，并配合海关开展相关调查。

负责支付因报关企业的责任给委托方造成的直接经济损失，所产生的滞报金、滞纳金和海关等执法单位依法处以的各种罚款。

负责在本委托书约定的时间内将办结海关手续的有关委托内容的单证、文件交还委托方或其指定的人员(详见《委托报关协议》“其他要求”栏)。

赔偿原则

被委托方不承担因不可抗力给委托方造成损失的责任。因其他过失造成的损失，由双方自行约定或按国家有关法律法规的规定办理。由此造成的风险，委托方可以投保方式自行规避。

不承担的责任

签约双方各自不承担因另外一方原因造成的直接经济损失，以及滞报金、滞纳金和相关罚款。

收费原则

一般货物报关收费原则上按当地《报关行业收费指导价格》的规定执行。特殊商品可由双方另行商定。

法律强制

本《委托报关协议》的任一条款与《海关法》及有关法律、法规不一致时，应以法律、法规为准。但不影响《委托报关协议》其他条款的有效性。

协商解决事项

变更、中止本协议或双方发生争议时，按照《中华人民共和国合同法》有关规定及程序处理。因签约双方以外的原因产生的问题或报关业务需要修改协议条款的，应协商订立补充协议。

知识链接与归纳(二)

缮制代理报关委托书/委托报关协议

进出口货物收发货人委托报关企业办理报关手续的，应向报关企业提供授权委托书，与报关企业签署委托报关协议。代理报关委托书/委托报关协议应使用规范格式的纸质文本，其填写说明为：

(1) 代理报关委托书是进出口货物收发货人根据《海关法》和相关法律法规要求提交报关企业的具有法律效力的授权证明。代理报关委托书由进出口货物收发货人认真填写,并加盖单位行政公章和法定代表人或被授权人签字。

(2) 委托报关协议是进出口货物收发货人(或单位)与报关企业按照《海关法》的要求签署的明确具体委托报关事项和双方责任的具有法律效力的文件,分正文表格和通用条款两大部分。

(3) 规范统一的代理报关委托书/委托报关协议纸质格式,是将两个独立的文件印制在一张 A4 无碳复写纸上,一式三联,由中国报关协会监制。

(4) 根据《中华人民共和国海关进出口货物申报管理规定》的要求,代理报关委托书/委托报关协议作为代理报关时报关单的必备随附单证使用。其编号为 11 位阿拉伯数字,是代理报关业务的流水号。

(5) 双方经办人员应在开始委托报关操作前认真填写格式化的代理报关委托书/委托报关协议,并按照格式提示签字、加盖章后生效。

(6) 委托报关协议正文表格分必填项、补填项。没有标记的各项为必填项,应在签署前填写;标明"*"的各项为补填项,应在本文本作为报关单随附单证递交海关前填写。

(7) 委托方是关税的纳税义务人,应承担 H. S. 编码的填写责任。但因被委托方业务熟悉,故也可在"其他要求"一栏中委托被委托方帮助填写。

(8) 如遇两种以上的货物在同一票报关单申报时,"主要货物名称"一栏请填写涉税额最多的一种货物品名。

(9) 填写"收到单证情况"一栏时,可用"✓"表示收到,否则表示没有收到。

(10) 委托方"其他要求"一栏,是对被委托方服务内容的具体要求和代理报关委托书中 C、D、E、F 项委托事项的进一步描述。被委托方"承诺说明"一栏,是被委托方对能否满足委托方"其他要求"的承诺。

(11) 填写代理报关委托书/委托报关协议应使用签字笔,字迹工整。涂改处盖章后才能有效。

实训练习

一、单项选择题

1. 根据《海关法》规定,进口货物的报关期限为自运输工具申报进境之日起(　　)天之内,进口货物的收货人或其代理人逾期申报的,由海关征收滞报金,滞报金的日征收金额为进口货物到岸价的(　　)。

A. 14,0.05%　　B. 14,0.5%　　C. 15,0.4%　　D. 15,0.5%

2. 进口货物滞报金期限的起算日期为运输工具申报进境之日起第(　　)日。邮运的滞报金期限的起算日期为收件人接到邮局通知之日起第(　　)日。转关运输滞报金期限的起算日期有两个:一是运输工具申报进境之日起第(　　)日,二是货物运抵指运地之日起第(　　)

日，两个条件只要达到一个，即征收滞报金，两个条件均达到则要征收两次滞报金。

A. 15、15、14、14　　B. 15、14、15、14

C. 14、14、15、15　　D. 15、15、15、15

3. 如果专业报关企业受其委托人的要求，在向海关报关时发生伪报或瞒报行为，由海关按照法律规定追究(　　)的经济责任。

A. 委托人　　B. 专业报关企业　　C. 报关员　　D. 以上都是

4. 在海关作业新模式中，海关利用现代信息技术将分散式审单变为集中审单，由(　　)审单中心集中审单后，业务现场海关接单，并按指令查验放行。

A. 隶属海关　　B. 直属海关　　C. 海关总署　　D. 中国电子口岸

5. 一般递交给海关的"报关录入凭单"盖有(　　)单位公章，递交给海关的"预录入报关单"盖有(　　)单位公章。

A. 进出口收发货人，报关企业　　B. 进出口收发货人，进出口收发货人

C. 报关企业，进出口收发货人　　D. 报关企业，报关企业

二、多项选择题

1. 海关对(　　)货物有特定的监管要求。

A. 危险　　B. 保税　　C. 特定减免税　　D. 暂准进出境

2. 申请注册报关员所要提交的证件有(　　)。

A.《报关员资格证书》　　B. 企业的用工劳动合同

C. 企业海关注册登记证书　　D. 报关员注册申请表

E. 申请注册人的居民身份证

3. 一般货物在进出境时，必须提交给海关进(出)口货物报关单和随附单据，以下(　　)需要显示在报关单中"随附单据"一栏中。

A. 进料加工登记手册　　B. 出境货物通关单

C. 商业发票　　D. 进口废物批准书

4. 根据海关对报关单上的"运输方式"项目的分类规定，"其他运输方式"是指：(　　)。

A. 江海运输　　B. 管道运输

C. 自行车运输　　D. 人力扛运

5. 请在下列商品数量的填报中选出符合海关规定的选项。(　　)

A. 可以把类似"一卷""一箱""一捆"等较笼统的数量和单位填报在一份报关单上

B. 可以把整机和零件的数量加在一起填报

C. 规范的数量和单位，应以海关统计商品目录上规范的数量和单位填报

D. 与海关规范的数量和单位不一致的实际成交的数量和单位也可以填在报关单上

6. 一般进口货物报关单有若干联，请指出报关单中的哪几联属于报关单的基本联：(　　)。

A. 海关留存联　　B. 企业留存联　　C. 海关核销联　　D. 海关统计联

7. 下列说法哪些是正确的?(　　)

A. 一份报关单只允许填报一个运输工具名称

B. 一份报关单只允许填报一个提运单号

C. 一份报关单只允许填报一种贸易方式

D. 一份报关单只允许填报一个集装箱号

三、根据以下所列资料,填制一份出口货物报关单

深圳市电子进出口有限公司与 SUNLIT TRADE GMBH PEUTESTRASSE 6A-75589, HAMBURG, GERMANY 所签第 SSAB01-0032 号合同项下商品情况如下:

CAR SPEAKER　PY-1009A　6 720 PAIRS　560 CTNS USD 3.30/PAIR

PY-6960A　1 705 PAIRS　341 CTNS USD 17.10/PAIR

TOTAL USD 51 331.50

2004 年 11 月 28 日,深圳市电子进出口有限公司收到了一份 STATE BANK OF GERMANY, HAMBURG, GERMANY 于 2004 年 11 月 26 日开来的信用证,信用证号码为 GSN118488LY,金额为 USD 51 331.50,价格条件为 CIF BREMEN,该公司立即与深圳市翔达电声器材厂联系,并签了合同 EL2001-321,商品的有关情况如下:

汽车喇叭　PY-1009A 6 720 对　RMB 25.00/对　RMB 168 000.00

PY-6960A 1 705 对　RMB 136.00/对　RMB 231 880.00

TOTAL RMB 399 880.00

货备好后,深圳市电子进出口有限公司于 2004 年 12 月 9 日向深圳蛇口海关申报出口,将货装上了船名为深圳海、航次为 661 的海轮运送出海。其他信息如下:B/L NO. 为 SSAB01-001, NW 为 5.065MT, GW 为 5.966MT, 唛头为 N/M, 2 × 20′ FCL: SZWY7891012/7891013, 核销单编号为 448899662, 海关计量单位为对/个,运费为 USD 3 000.00, 保费率为 0.69%, 商品编码为 8 518.2100。

四、根据下列资料,填制一份出口货物报关单

(1) THE SELLER: DALIAN HAITIAN GARMENT CO., LTD. 中韩合资大连海天服装有限公司 (2115930064)

(2) THE BUYER: WAN DO APPAREL CO. LTD, 550-17, YANGCHUN-GU, SEOUL, KOREA

(3) PORT OF LOADING: DALIAN CHINA

FINAL DESTINATION: INCHON KOREA

CARRIER: DAIN/431E

(4) TERMS OF PAYMENT: DOCUMENTS AGAINST ACCEPTANCE

(5) NO. S OF PACKAGES DESCRIPTION QTY/UNIT UNIT PRICE AMOUNT

FOB DALIAN CHINA

260 CTNS LADY'S JUMPER 1 300 PCS @ $11.00 USD 14,300.00
MAN'S JUMPER 1 300 PCS @ $11.00 USD 14,300.00
TOTAL:USD 28 600.00

(6) B/L NO.: DAINE 431227
INVOICE NO.: HT01A08

(7) NW: 2 600KGS
GW: 3 380KGS
1×40'CONTAINER NO.: EASU9608490

(8) 该公司在来料加工合同 9911113 项下出口男、女羽绒短上衣,分列手册(编号 B09009301018)第2、3项,外汇核销单编号为 215157263,计量单位为件/千克。

(9) 大连亚东国际货运有限公司于 2004 年 3 月 25 日向大连海关申报出口,提单日期为 2004 年 3 月 26 日。

(10) 该男、女羽绒短上衣的商品编码分别为 6201.9310、6202.1310。

五、根据下述提供单据,配齐出口报关所需的全套单证,要求格式清楚、内容完整

(一) 信用证

2006 MAR 22 09:18:11				LOGICAL TERMINAL E106
MT S700			ISSUE OF A DOCUMENTARY CREDIT	PAGE 00006
				FUNC MSG700
				UMR 06881051
MSGACK DWS765I AUTH OK, KEY B198081689580FC5, BKCHCNBJ RJHISARI RECORO				
BASIC HEADER			F 06 BKCHCNBJA940 0588 550628	
APPLICATION HEADER			0 700 1057 060620 RJHISARIAXXX 7277 977367 060613 1557 N	
				* ALRAJHI BANKING AND INVESTMENT
				* CORPORATION
				* RIYADH
				* (HEAD OFFICE)
USER HEADER			SERVICE CODE	106: (银行盖信用证通知专用章)
			BANK PRIORITY	113:
			MSG USER REF.	108:
			INFO. FROM CI	115:
SEQUENCE OF TOTAL *	27		1/1	
FORM OF DOC. CREDIT *	40	A	IRREVOCABLE	
DOC. CREDIT NUMBER *	20		0061LC123756	
DATE OF ISSUE	31	C	060620	

DATE/PLACE EXP.	*	31	D	DATE 060505 PLACE CHINA
APPLICANT	*	50		NEO GENERAL TRADING CO. P. O. BOX 99552, RIYADH 22766, KSA TEL: 00966-1-4659220 FAX: 00966-1-4659213
BENEFICIARY	*	59		KKK TRADING CO., LTD. HUARONG MANSION RM2906 NO. 85 GUANJIAQIAO, NANJING 210005, CHINA TEL: 0086-25-4715006 FAX: 0086-25-4711363
AMOUNT	*	32	B	CURRENCY USD AMOUNT 13 260
AVAILABLE WITH/BY	*	41	D	ANY BANK IN CHINA, BY NEGOTIATION
DRAFTS AT ...		42	C	SIGHT
DRAWEE		42	A	RJHISARI * ALRAJHI BANKING AND INVESTMENT * CORPORATION * RIYADH * (HEAD OFFICE)
PARTIAL SHIPMTS		43	P	NOT ALLOWED
TRANSSHIPMENT		43	T	NOT ALLOWED
LOADING ON BRD		44	A	CHINA MAIN FORT, CHINA
		44	B	DAMMAM PORT, SAUDI ARABIA
LATEST SHIPMENT		44	C	060630
GOODS DESCRIPT.		45	A	ABOUT 1700 CARTONS CANNED MUSRHOOMS PIECES & STEMS 24 TINS × 227 GRAMS NET WEIGHT (G. W. 425 GRAMS) AT USD 7. 80 PER CARTON. CFR DAMMAM PORT, SAUDI ARABIA. ROSE BRAND.
DOCS REQUIRED		46	A	DOCUMENTS REQUIRED: + SIGNED COMMERCIAL INVOICE IN TRIPLICATE ORIGINAL AND MUST SHOW BREAK DOWN OF THE AMOUNT AS FOLLOWS: FOB VALUE, FREIGHT CHARGES AND TOTAL AMOUNT C AND F. + FULL SET CLEAN ON BOARD BILL OF LADING MADE OUT TO THE ORDER OF ALRAJHI BANKING AND INVESTMENT CORP, MARKED FREIGHT PREPAID AND NOTIFY APPLICANT, INDICATING THE FULL NAME, ADDRESS AND TEL NO. OF THE CARRYING VESSEL'S AGENT AT THE PORT OF DISCHARGE.

+ PACKING LIST IN ONE ORIGINAL PLUS 5 COPIES, ALL OF WHICH MUSTBE MANUALLY SIGNED.

+ INSPECTION (HEALTH) CERTIFICATE FROM C. I. Q. (ENTRY-EXITINSPECTION AND QUARANTINE OF THE PEOOPLES REP. OF CHINA) STATINGGOODS ARE FIT FOR HUMAN BEING.

+ CERTIFICATE OF ORIGIN DULY CERTIFIED BY C. C. P. I. T. STATING THE NAME OF THE MANUFACTURERS OF PRODUCERSAND THAT GOODS EXPORTED ARE WHOLLY OF CHINESE ORIGIN.

+ THE PRODUCTION DATE OF THE GOODS NOT TO BE EARLIER THAN HALF MONTH AT TIME OF SHIPMENT. BENEFICIARY MUST CERTIFY THE SAME.

+ SHIPMENT TO BE EFFECTED BY CONTAINER AND BY REGULARE LINE. SHIPMENT COMPANY'S CERTIFICATE TO THIS EFFECT SHOULD ACCOMPANY THE DOCUMENTS.

DD. CONDITIONS 47 A ADDITIONAL CONDITION:

+ A DISCREPANCY FEE OF USD 50.00 WILL BE IMPOSED ON EACH SET OFDOCUMENTS PRESENTED FOR NEGOTIATION UNDER THIS L/C WITHDISCREPANCY. THE FEE WILL BE DEDUCTED FROM THE BILL AMOUNT. PAYMENT UNDER THE GOODS WERE APPROVED BY SAUDI GOVERNMENT LAB.

+ MORE OR LESS 10 PCT OF CREDIT AMOUNT IS ALLOWED.

CHARGES 71 B **ALL CHARGES AND COMMISSIONS OUTSIDE** KSA ON BENEFICIARIES' ACCOUNT INCLUDING REIMBURSING, BANK COMMISSION, DISCREPANCY FEE (IF ANY) AND COURIER CHARGES.

CONFIRMAT INSTR * 49 WITHOUT

REIMBURS. BANK 53 D //

ALRAJHI BANKING AND INVESTMENT CORP

RIYADH(HEAD OFFICE)

INS PAYING BANK 78 DOCUMENTS TO BE DESPATCHED IN ONE LOT BY COURIER.

ALL CORRESPONDENCE TO BE SENT TO ALRAJHI BANKING AND INVESTMENT COPRORATION

RIYADH (HEAD OFFICE)

SEND REC INFO	72	REIMBURSEMENT IS SUBJECT TO ICC URR 525 TRAILERORDER IS <MAC:> <PAC:> <ENC:> <CHK:> <TNG:> <PDE:> MAC:E55927A4 CHK:7B505952829A HOB:

(二) 销售合同

销售合同

SALES CONTRACT

卖方 SELLER:	KKK TRADING CO.,LTD. HUARONG MANSION RM2906 NO. 85 GUANJIAQIAO,NANJING 210005,CHINA TEL: 0086-25-4715006 FAX: 0086-25-4711363	编号 NO.: 日期 DATE: 地点 SIGNED IN:	NEO2006066 Feb. 28,2006 NANJING, CHINA

买方 BUYER:	NEO GENERAL TRADING CO. P.O. BOX 99552,RIYADH 22766,KSA TEL: 00966-1-4659220 FAX: 00966-1-4659213

买卖双方同意以下条款达成交易:

This contract is made by and agreed between the BUYER and SELLER, in accordance with the terms and conditions stipulated below:

1. 品名及规格 Commodity & Specification	2. 数量 Quantity	3. 单价及价格条款 Unit Price & Trade Terms	4. 金额 Amount
		CFR DAMMAM PORT,SAUDI ARABIA	
ABOUT 1 700 CARTONS CANNED MUSRHOOMS PIECES & STEMS 24 TINS × 425 GRAMS NET WEIGHT (D.W. 227 GRAMS) AT USD 7.80 PER CARTON. ROSE BRAND.	1 700 CARTONS	USD 7.80	USD 13 260.00
Total:	1 700 CARTONS		USD 13 260.00

允许 With	溢短装,由卖方决定 More or less of shipment allowed at the sellers' option
5. 总值 Total Value	USD THIRTEEN THOUSAND TWO HUNDRED AND SIXTY ONLY.

6. 包装 Packing — EXPORTED BROWN CARTON

7. 唛头 Shipping Marks — ROSE BRAND
178/2006
RIYADH

8. 装运期及运输方式 Time of Shipment & Means of Transportation — Not Later Than Apr. 30,2006 BY VESSEL

9. 装运港及目的地 Port of Loading & Destination — From : SHANGHAI PORT, CHINA
To: DAMMAM PORT, SAUDI ARABIA

10. 保险 Insurance — TO BE COVERED BY THE BUYER

11. 付款方式 Terms of Payment — The BUYER shall open through a bank acceptable to the SELLER an Irrevocable Letter of Credit payable at sight of reach the seller 30 days before the month of shipment, valid for negotiation in China until the 15th day after the date of shipment.

12. 备注 Remarks

The BUYER	The SELLER
NEO GENERAL TRADING CO.	KKK TRADING CO. ,LTD.
(signature)	(signature)

（三）商业发票

KKK TRADING CO. ,LTD.

HUARONG MANSION RM2906 NO. 85 GUANJIAQIAO, NANJING 210005, CHINA

COMMERCIAL INVOICE

To: NEO GENERAL TRADING CO.
P. O. BOX 99552, RIYADH
22766, KSA

Invoice No. : 2006SDT006
Invoice Date: MAR. 29,2006
S/C No. : NEO2006066
S/C Date: Feb. 28,2006

From: SHANGHAI PORT, CHINA
To: DAMMAM PORT, SAUDI ARABIA

Letter of Credit No. : 0061LC123756
Issued By: ALRAJHI BANKING AND INVEST-MENT CORP.

Marks and Numbers	Number and kind of package. Description of goods	Quantity	Unit Price	Amount
ROSE BRAND 178/2006 RIYADH	CFR DAMMAM PORT, SAUDI ARABIA			
	CANNED MUSRHOOMS PIECES & STEMS 24 TINS × 425 GRAMS NET WEIGHT(D. W. 227 GRAMS) AT USD 7.80 PER CARTON ROSE BRAND-PACKED IN 1×20'FCL.	1 750 CTNS	USD 7.20/CTN FOB SHANGHAI FREIGHT CHARGES USD 0.60/CTN USD 7.80/CTNCFR DAMMAM PORT	USD 12 600.00 USD 1 050.00 TOTAL VALUE: USD 13 650.00

TOTAL: 1 750 CTNS USD 13 650.00

SAY TOTAL: USD THIRTEEN THOUSAND SIX HUNDRED FIFTY ONLY.

KKK TRADING CO., LTD.

+ + + + + + +

IN TRIPLICATE ORIGINAL

（四）装箱单

KKK TRADING CO., LTD.

HUARONG MANSION RM2906 NO. 85 GUANJIAQIAO, NANJING 210005, CHINA

PACKING LIST

To: NEO GENERAL TRADING CO.
P. O. BOX 99552, RIYADH 22766, KSA

Invoice No.: 2006SDT006
Invoice Date: MAR. 29, 2006
S/C No.: NEO2006066
S/C Date: Feb. 28, 2006

From: SHANGHAI PORT, CHINA To: DAMMAM PORT, SAUDI ARABIA

Letter of Credit No.: 0061LC123756 Date of Shipment: APR. 6, 2006

Marks and Numbers	Number and kind of package. Description of goods	Quantity	Package	G. W	N. W	Meas.
ROSE BRAND 178/2006 RIYADH	CANNED MUSRHOOMS PIECES & STEMS 24 TINS × 425 GRAMS NET WEIGHT (D. W. 227 GRAMS) AT USD 7.80 PER CARTON ROSE BRANDPACKED IN 1 × 20′FCL	1 750 CTNS	1 750 CTNS	17 850 KGS	9 534 KGS	26.25M^3

TOTAL:1 750CTNS 1 750CTNS 17 850KGS 9 534KGS 26.25M^3

SAY TOTAL:ONE THOUSAND SEVEN HUNDRED FIFTY CARTONS ONLY

KKK TRADING CO.,LTD.

+ + + + + +

(MANUALLY SIGNED)

IN 1 ORIGINAL PLUS 5 COPIES

（五）换证凭单

中华人民共和国出入境检验检疫

出境货物换证凭单

类别:口岸申报换证 编号:3200600606000668

<table>
<tr><td>发货人</td><td colspan="2">KKK 国际贸易有限公司</td><td rowspan="7">唛头
ROSE BRAND
178/2006
RIYADH</td></tr>
<tr><td>收货人</td><td colspan="2">* * *</td></tr>
<tr><td>品名</td><td colspan="2">蘑菇罐头 24 × 425G</td></tr>
<tr><td>H.S. 编码</td><td colspan="2">2006.1061</td></tr>
<tr><td>报检数/重量</td><td colspan="2">1 750 箱/17 850 公斤(毛重)</td></tr>
<tr><td>包装种类及数量</td><td colspan="2">纸箱 1 750</td></tr>
<tr><td>申报总值</td><td colspan="2">13 650 美元</td></tr>
<tr><td>产地</td><td>江苏省徐州市</td><td>生产单位(注册号)</td><td>6500/554433</td></tr>
<tr><td>生产日期</td><td>2006/06</td><td>生产批号</td><td>* * *</td></tr>
<tr><td rowspan="2">包装性能检验结果单号</td><td rowspan="2">320600681005836</td><td>合同/信用证号</td><td>NEO2006066/0061LC123756</td></tr>
<tr><td>运输工具名称及号码</td><td>船舶</td></tr>
</table>

（续表）

<table>
<tr><td>输往国家或地区</td><td colspan="3">沙特阿拉伯</td><td colspan="2">集装箱规格及数量</td><td colspan="3">*** ***</td></tr>
<tr><td>发货日期</td><td colspan="3">***</td><td colspan="2">检验依据</td><td colspan="3">合同:NEO2006066</td></tr>
<tr><td>检验检疫结果</td><td colspan="8">本批商品经按 QB1006-90 抽取代表性样品检验结果如下:
一、物理检验
1. 外观无膨胀,无损坏,密封良好。
2. 罐外无锈,罐内壁无腐蚀,罐内无杂质。
3. 内容物形状、块粒、色泽、香味正常。
4. 净重 425 克,固形物大于等于 70%。
5. NACL: 1.75%。
二、化学检验(重金属含量:每公斤制品中含量)
锡不超过 200 毫克　铜不超过 5 毫克　铅不超过 1 毫克
砷不超过 0.5 毫克
三、细菌检验
商业无菌。

结论:本批商品符合上述检验依据,适合人类食用。
********　(出入境检验检疫局检验检疫专用章)
签字:张天戟　日期:2006 年 3 月 31 日</td></tr>
<tr><td>本单有效期</td><td colspan="8">截止于 2006 年 7 月 31 日</td></tr>
<tr><td>备注</td><td colspan="8">查验合格</td></tr>
<tr><td rowspan="5">分批出境核销栏</td><td>日期</td><td>出境数/重量</td><td>结存数/重量</td><td>核销人</td><td>日期</td><td>出境数/重量</td><td>结存数/重量</td><td>核销人</td></tr>
<tr><td></td><td></td><td></td><td></td><td></td><td></td><td></td><td></td></tr>
<tr><td></td><td></td><td></td><td></td><td></td><td></td><td></td><td></td></tr>
<tr><td></td><td></td><td></td><td></td><td></td><td></td><td></td><td></td></tr>
<tr><td colspan="8"></td></tr>
</table>

说明:① 货物出境时,经口岸检验检疫机关查验货证相符,且符合检验检疫要求的予以签发通关单或换发检验检疫证书;② 本单不作为国内贸易的品质或其他证明;③ 涂改无效。

第七单元　制作投保单和办理保险操作

学习目标

1. **知识目标**

熟悉国际运输保险公约、险种，熟悉《UCP600》关于保险单的条款，熟悉保险加成的运用和保险金额的计算。

2. **能力目标**

能确定投保条款及投保范围，能分析信用证条款和/或合同条款装运条款，界定投保时间、投保起始目的地、赔付地点。

工作任务

2012 年 7 月 12 日，在完成托运手续确认船期后，北京蓝天贸易有限公司外贸单证员根据信用证中保险单条款“INSURANCE POLICY/CERTIFICATE IN DUPLICATE ENDORSED IN BLANK FOR 110% INVOICE VALUE, COVERING ALL RISKS AND WAR RISK OF PICC (1/1/1981), SHOWING CLAIMS IF ANY, PAYABLE AT THE PORT OF DESTINATION IN CURRENCY OF THE DRAFT”，和“THE NUMBER AND THE DATE OF THIS CREDIT AND THE NAME OF ISSUING BANK MUST BE QUOTED ON ALL DOCUMENTS”等其他相关条款，以及商业发票和装箱单制作投保单，准备投保单据，向保险公司办理投保手续。

任务 1：缮制投保单

任务 2：缮制保险单

任务 1：缮制投保单

操作过程

王芳根据信用证、发票、装箱单和有关信息制作投保单。

1. 被保险人

被保险人(Insured)有以下几种填法:

(1) 信用证无特殊要求,或要求"Endorsed in blank",一般应填信用证受益人名称,可不填详细地址,且出口公司应在保险单背面背书。

(2) 若来证指定以 XX 公司为被保险人,则应在此栏填 XX CO.。出口公司不要背书。

(3) 若来证规定以某银行为抬头,如"to the order of XX bank",则在此栏先填上受益人名称,再填上"held to the order of XX bank"。

△本业务填写的内容:

ZHEJIANG JINYUAN IMPORT AND EXPORT CO. ,LTD.

2. 发票号

发票号(INVOICE NO.)要根据商业发票信息进行填写。

△本业务填写的内容:

INVOICE NO.:BJBS12022。

3. 唛头

保险单上的唛头(Marks & Nos.)应与发票、提单一致。若来证无特殊规定,一般可简单填成"as per Invoice No. XX"。

△本业务填写的内容:

FERREIRA

LW20120006

GL03/GS06

LUANDA,ANGOLA

C/No. 1—200

4. 包装数量

有包装的填写最大包装件数;裸装货物要注明本身件数;煤炭、石油等散装货注明净重;有包装但以重量计价的,应把包装重量与计价重量都注上。

△本业务填写的内容:

200 CTNS。

5. 货物名称

货物名称(Description of goods)允许用统称,但不同类别的多种货物应注明不同类别的各自总称。这里与提单此栏的填写一致。

△本业务填写的内容:

BABY BLANKETS。

6. 保险金额

保险金额(Amount Insured)填写时应注意:

(1) 保险货币应与信用证一致。

(2) 保险金额的加成百分比应严格按信用证或合同规定填写。如未规定,应按 CIF 或 CIP 发票价格的 110% 投保。

(3) 保险金额不要小数。

△本业务填写的内容:

USD 28 600.00。

7. 装载运输工具(Per Conveyance S. S)

海运方式下填写船名,最好再加航次,例如"XIONGXIONG V. 999"。如果整个运输由两次完成,应分别填写一程船名及二程船名,中间用"/"隔开。此处可参考提单内容填写。例如:提单中一程船名为"Joyce",二程船为"Peace",则填"Joyce/Peace"。铁路运输为"By railway",最好再加车号;航空运输为"By air",邮包运输为"By parcel post"。

△本业务填写的内容:

DONGFANG, VOY. NO. 007J。

8. 开航日期(Slg. on or abt.)

应按提单中的签发日期填,还可以简单地填作"AS PER B/L"。

△本业务填写的内容:

AS PER B/L。

9. 装运港和目的港

若提单目的港为美国长滩,来证规定投保至芝加哥,则保单起讫地点应填"From Ningbo to Long Beach and Thence to Chicago"。

△本业务填写的内容:

From TIANJIN to LUANDA。

10. 承保险别

应严格按照信用证的险别(Conditions)投保。如来证没有具体规定险别,或只规定"Marine Risk, Usual Risk or Transport Risk"等,则可投保最低险别平安险"FPA",或投保一切险"All Risks"、水渍险 "WA"或"WPA"、平安险"FPA"中的任何一种,另外还可以加保一种或几种附加险。如来证要求的险别超出了合同规定,或成交价格为 FOB 或 CFR,但来证却由卖方投保,遇到这种情况,如果买方同意支付额外保险费,可按信用证办理。

投保的险别除注明险别名称外,还应注明险别适用的文本和日期。例如:Covering All Risks and War Risks as per Ocean Marine Cargo Clauses & Ocean Marine Cargo War Risks Clauses of The People's Insurance Company of China dated 1981-01-01。上述条款还可写成"... as per C. I. C. All risks & War risks dd 1981-01-01"。

填写时,一般只需填写险别的英文缩写,同时注明险别来源,即颁布这些险别的保险公司。如"PICC"指中国人民保险公司,"CIC"指中国保险条款。最后还需指明险别生效的时间。

△本业务填写的内容:

COVERING ALL RISKS AND WAR RISK OF PICC DATED 1/1/1981。

11. 赔款偿付地点

赔款偿付地点(Claim payable at)严格按照信用证规定打制;若来证未规定,则应打目的港所在国。如信用证规定不止一个目的港或赔付地,则应全部照打。

△本业务填写的内容:

ANGOLA。

12. 投保日期

保险手续要求货物离开出口仓库前办理。投保日期(Date)应早于提单签发日、发运日或接受监管日。

△本业务填写的内容:

JULY 11,2012。

13. 其他

根据信用证中关于保险单的特殊要求条款,投保时应在投保单上注明。如"所有单据注明信用证号码、开证日期和开证行名称""保险单上显示保险公司在目的地的保险代理名称、地址和联系方式"等。

△本业务填写的内容:

INSURANCE POLICY MUST SHOW:

L/C No. DBLC20124501

date:June 14,2012

issuing bank:HSBC BANK,ANGOLA BRANCH

14. 签字

投保人进行盖章签字(Signature)。

缮制完成的投保单如下:

中保财产保险有限公司北京市分公司

The People's Insurance (Property) Company of China, Ltd. Beijing Branch

进出口货物运输保险投保单

Application Form for I/E Marine Cargo Insurance

被保险人 北京蓝天贸易有限公司
Insured's Name BEIJING BLUE SKY TRADING CO., LTD.

发号票码(出口用) 或合同号码(进口用) Invoice No. or Contract No.:	唛头	包装数量 Quantity	保险货物项目 Description of Goods	保险金额 Amount Insured
INVOICE NO.: BJBS12022	FERREIRA LW20120006 GL03/GS06 LUANDA, ANGOLA C/No. 1—200	200 CTNS	BABY BLANKETS	USD 28 600.00

装载运输工具 DONGFANG　　航次、航班或车号 007J　　开航日期 AS PER B/L
Per Conveyance　　Voy. No.　　Slg. Date

自 TIANJIN　至 LUANDA　转运地 ______　赔款地 ANGOLA
From　To　Via　Claim Payable at

承保险别: FOR 110% OF THE INVOICE VALUE
Condition&/or COVERING ALL RISKS AND
WAR RISK
Special Coverage P. I. C. C. DATED 1/1/1981

投保人签章及公司名称、电话、地址:
Applicant's Signature and Co.'s Name, Tel. No., Add.

INSURANCE POLICY MUST SHOW:
L/C No. DBLC20124501
date: June 14, 2012
issuing bank: HSBC BANK, ANGOLA BRANCH

Company: BEIJING BLUE SKY TRADING CO., LTD.
Add: NO. 6 CHAOWAI STREET, DONGCHENG DIS. BEIJING, CHINA
Tel: 0086-10-85270011
章　强

备注:
Remarks:

投保日期: JULY 11, 2010
Date

保险公司填写:　　报单号:　　费率:　　核保人:

任务2:缮制保险单

保险单内容与投保单基本一致,所以这里不再详细介绍保险单的填制方法。需要注意的是,保险单的“保险险别”一栏出口公司不要填写,在保险单交给保险公司审核确认后,由保险公司把承保险别的详细内容加注在正本保单上。

关于保险单正本份数(Number of Original Policy),当信用证没有特别说明保险单份数时,出口公司一般提交一套完整的保险单(一份正本,一份复联)。当来证要求提供的保险单“IN DUPLICATE/IN TWO FOLDS/IN 2 COPIES”时,出口商提交给议付行的是正本保险单和复联保险单构成的全套保险单,其中的正本保险单可经背书转让。根据《UCP600》的规定,正本必须有“正本”(ORIGINAL)字样。在实务中,可根据信用证或合同规定使用一份、两份或三份正本保单,每份正本上分别印有第一正本(THE FIRST ORIGINAL)、第二正本(THE SECOND ORIGINAL)及第三正本(THE THIRD ORIGINAL)以示区别。

保险公司出具的保险单如下:

中保财产保险有限公司

The People's Insurance(Property) Company of China, Ltd.

发票号码

Invoice NO.:BJBS12022

L/C NO.:DBLC20124501

L/C DATE:JUNE 14,2012

ISSUING BANK:HSBC BANK ANGOLA BRANCH

保险单号次

Policy NO.

海洋货物运输保险单

MARINE CARGO TRANSPORTATION INSURANCE POLICY

被保险人

Insured:BEIJING BLUE SKY TRADING CO.,LTD.

中保财产保险有限公司(以下简称本公司)根据被保险人的要求,及其所缴付约定的保险费,按照本保险单承担的险别和背面所载条款与下列特别条款承保下列货物运输保险,特签发本保险单。

This policy of Insurance witnesses that The People's Insurance (Property) Company of China, Ltd. (hereinafter called "The Company"), at the request of the Insured and consideration of the premium paid to the The Company, undertakes to insure the under-mentioned goods in transportation subject to the condition of this Policy as per the Clauses printed overleaf and other special clauses attached hereon.

保险货物项目 Descriptions of Goods	唛头 Marks of Goods	包装单位数量 Packing Unit Quantity	保险金额 Amount Insured
BABY BLANKETS	FERREIRA LW20120006 GL03/GS06 LUANDA, ANGOLA C/No. 1—200	200 CTNS	USD 28 600.00

承保险别

Condition

FOR 110% OF THE INVOICE VALUE COVERING

ALL RISKS AND WAR RISK AS PER P. I. C. C. DATED 1/1/1981

AS PER INVOICE NO.:BJBS12022

总保险金额:

Total Amount Insured:SAY U.S. DOLLARS TWENTY EIGHT THOUSAND SIX HUNDRED ONLY

保费　　运输工具　　开航日期

Premium As Arranged Per conveyance S. S DONGFANG V.007J Slg. On or abt AS PER B/L

起运港　　目的港

From TIANJIN　　To LUANDA

所保货物,如发生本保险单项下可能引起索赔的损失或损坏,应立即通知本公司下述代理人查勘。如有索赔,应向本公司提交保险单正本(本保险单共有 份正本)及有关文件。如一份正本已用于索赔,其余正本则自动失效。

In the event of loss or damage which may result in a claim under this Policy, immediate notice must be given to the Company's Agent as mentioned hereunder. Claims, if any, one of the Original Policy which has been issued in Original (s) together with the relevant documents shall be surrendered to the Company. If one of the Original Policy has been accomplished, the others to be void.

The People's Insurance(Property) Company of China, Ltd. LUANDA Branch

8 CEL STREET VIC316 LUANDA, ANGOLA　　中保财产保险有限公司

TEL: 543657 FAX:543658　　THE PEOPLE'S INSURANCE (PROPERTY) COMPANY OF CHINA, LTD.

赔款偿付地点

Claim Payable at ANGOLA

日期

Date:JULY 11,2012　　General Manager:白　桦

地址:

Address:BEIJING, CHINA

知识链接与归纳

一、保险知识

(一) 货物运输风险和损失类型

1. 货物运输风险

国际货物和运输工具在运输过程中的风险主要来自以下情形:

(1) 自然灾害:如恶劣气候、雷电、洪水、地震、海啸等;

(2) 意外事故:如运输工具遭遇搁浅、触礁、沉没、碰撞、失火、爆炸等;

(3) 一般外来风险:如偷窃、钩损、雨淋、串味、短缺等;

(4) 特殊外来风险:如战争、罢工、拒收、交货不到等。

2. 损失类型

在保险业务中,损失包括损害和灭失。损失按其程度可分为全损与部分损失两种,其中全损又可分为实际全损和推定全损;部分损失又有共同海损和单独海损之分。

实际全损是指货物的全部灭失,如焚毁、沉入海底,或已失去原有的性质和用途,如食品变质等。

推定全损是指在全损货物已不可避免地要变成实际全损,或整理修复使货物恢复原状的费用超过恢复后的价值,或货物在中途出险,将货物运至原定目的地的费用超过该保险标的目的物的货价等情况。

共同海损是指货物运输途中因自然灾害及意外事故造成的损失,是为了保证同一航程中遇险财产的共同安全和免除危险所做出的有意而又合理的特殊牺牲或支出的特殊费用。共同海损的牺牲由船舶、货物与未收运费三方按比例分摊。

单独海损是指属于特定方面的损失,并不涉及其他货主及船方。这种损失是意外发生的,不像共同海损是有意的。此外,单独海损一定是部分损失。因此,单独海损是既非共同海损又非全损的一种损失。

(二) 保险条款和险别

国际上最常用的保险条款是英国伦敦保险业协会的协会货物保险条款(Institute Cargo Clause,ICC)。它包括ICC(A)、ICC(B)、ICC(C)、协会散装油条款、协会货物战争险条款、协会货物罢工险条款和恶意损害险条款。

中国保险条款(China Insurance Clause,CIC)是中国人民保险公司参照国际通常做法结合我国实际情况拟订的，经过几十年来的应用与实践，已被国际贸易、航运、保险界广泛接受。下面着重介绍中国保险条款。

中国保险条款按运输方式来分，有海运、陆运、空运和邮包运输保险条款四大类。其中海运险为主要险种，陆运险、空运险和邮包险是在海运险基础上发展起来的，在一些基本内容上与海运险是相似的。

中国保险条款的保险险别一般分主险（基本险）、一般附加险和特别附加险。

1. 主险

主险包括海洋运输货物保险条款、海洋运输冷藏货物保险条款、海洋运输散装桐油保险条款、陆上运输货物保险条款、陆上运输冷藏货物保险条款、航空运输货物保险条款、邮包险条款，以及活牲畜和家禽的海运、陆运、空运运输保险条款等。

2. 一般附加险

一般附加险包括偷窃提货不着险条款、淡水雨淋险条款、短量险条款、混杂沾污险条款、渗漏险条款、碰损破碎险条款、串味险条款、受潮受热险条款、钩损险条款、包装破裂险条款、锈损险条款等。

3. 特别附加险

特别附加险包括进口关税条款、舱面货物条款、拒收险条款、黄曲霉素险条款、易腐货物条款、交货不到条款、出口货物到港澳存仓火险责任扩展条款、海关检验条款、码头检验条款、战争险条款、战争险的附加费用、罢工险条款等。

（三）海运货物运输保险

1. 平安险

平安险（Free From Particular Average, F. P. A）的责任范围是海运险中最狭小的，主要包括以下责任：

（1）被保险货物在运输中因恶劣气候、雷电、海啸、地震、洪水自然灾害造成整批货物的全损或推定全损，当被保险人要求按推定全损赔付时，须将受损物及权利委付给保险公司。

（2）运输工具遭受搁浅、触礁、沉没、互撞、与流冰或其他物体碰撞，以及失火、爆炸意外事故造成货物的全部或部分损失。

（3）在运输工具已经发生搁浅、触礁、沉没、焚毁意外事故的情况下，货物在此前后又在海上遭受恶劣气候、雷电、海啸等自然灾害所造成的部分损失。

（4）在装卸或转运时由于一件或数件货物落海造成的全部或部分损失。

(5) 被保险人对遭受承保责任内危险的货物采取抢救、防止或减少货损的措施而支付的合理费用,但以不超过这批被救货物的保险金额为限。

(6) 运输工具遭遇海难后,在避难港由于卸货所引起的损失,以及在中途港和避难港由于卸货、存仓以及运送货物所产生的特别费用。

(7) 共同海损的牺牲、分摊和救助费用。

(8) 运输契约订有"船舶互撞责任"条款,根据该条款规定应由货方偿还船方的损失。

2. 水渍险

水渍险(With Particular Average,W. A. 或 W. P. A.)的责任范围包括平安险的全部责任和上述列举的自然灾害造成的部分损失。

3. 一切险

一切险(All Risks)的责任范围包括平安险和水渍险的全部责任以及因各种外来原因所造成的保险货物的损失。这里所指的"各种外来原因",是指以上 11 种一般附加险所涵盖的风险。

(四) 航空货物运输保险

航空货物运输保险条款的险别有下列两种:

1. 航空运输险

航空运输险(Air Transportation Risks)对被保险货物在运输途中遭受雷电、火灾、爆炸或由于飞机遭受恶劣气候或其他危难事故而被抛弃,或由于飞机遭受碰撞、倾覆、坠落或失踪等意外事故所造成的全部或部分损失负责赔偿。

2. 航空运输一切险

除包括航空运输险责任外,航空运输一切险(Air Transportation All Risks)还对被保险货物在运输途中由于外来原因造成的包括被偷窃、短少等全部或部分损失负责赔偿。

(五) 陆运货物运输保险

货物如采用陆上运输工具运输,则有陆运货物运输保险条款。险别有下列两种:

1. 陆运险

陆运险(Overland Transportation Risks)对被保险货物在运输途中遭受暴风、雷电、洪水、地震等自然灾害,或由于陆上运输工具遭受碰撞、倾覆、出轨,或驳运过程中因驳运工具遭受搁浅、触礁、沉没、碰撞，或由于遭受隧道坍塌、崖崩或火灾、爆炸等意外事故所造成的全部或部分损失负责赔偿。

2. 陆运一切险

除包括上述陆运险责任外，陆运一切险(Overland Transportation All Risks)还对由于外来原因造成的货物短少、短量、偷窃、渗漏等全部或部分损失负责赔偿。

(六) 邮包保险

邮包保险的险别有下列两种：

1. 邮包险

邮包险(Parcel Post Risks)对被保险货物在运输途中由于遭受暴风雨、雷电、流冰、海啸、地震、洪水等自然灾害，或由于运输工具搁浅、触礁、沉没、碰撞、出轨、倾覆、坠落或失踪，或由于失火和爆炸等意外事故所造成的全部或部分损失负责赔偿。此外，还包括共同海损的牺牲、分摊和救助费用。

2. 邮包一切险

除包括上述邮包险责任外，邮包一切险(Parcel Post All Risks)还对被保险货物在运输途中由于外来原因造成的包括被偷窃而短少在内的全部或部分损失负责赔偿。

(七) 除外责任

保险公司对下列损失不负赔偿责任：

(1) 被保险人的故意行为或过失所造成的损失。

(2) 由发货人责任所引起的损失。

(3) 在保险责任开始前，被保险货物已存在的品质不良或数量短差所造成的损失。

(4) 被保险货物的自然损耗、本质缺陷、特性以及市价跌落、运输延迟所引起的损失或费用。

(八) 责任起讫

(1) 海运险、陆运险、空运险和邮包险负“仓至仓”责任，自被保险货物运离保险单所载明的起运地仓库或储存处所开始运输时生效，包括正常运输过程中的海上、陆上、内河和驳船运输在内，直至该项货物到达保险单所载明目的地收货人的最后仓库或储存处所，或被保险人用作分配、分派或非正常运输的其他储存处所为止。如未抵达上述仓库或储存处所，则以被保险货物在最后卸载地点全部卸离运输工具后满 60 天(空运险为 30 天)为止。如在上述 60 天内被保险货物需转运到非保险单所载明的目的地时,则以该项货物开始转运时终止。

(2) 由于被保险人无法控制的运输延迟、绕道、被迫卸货、重行装载、转载或承运人运用运输契约赋予的权限所做的任何运输上的变更或终止运输契约,致使被保险货物运到非保险单所载明目的地时,在被保险人及时将获知的情况通知保险人,并在必要时加缴保险费的情况下,本保险仍继续有效,保险责任按下列规定终止:① 被保险货物如在非保险单所载明的目的地出售,保险责任至交货时为止,但不论任何情况,均以被保险货物在卸载地点全部卸离运输工具后满 60 天(空运险为 30 天) 为止;② 被保险货物如在上述 60 天(空运险为 30 天)期限内继续运往保险单所载原目的地或其他目的地时,保险责任仍按上述第(1)款的规定终止。

(九) 保险单的作用和种类

保险单是一份保险合同证明,也是一份赔偿合同。保险单经过背书后,还可以随货物所有权的转移而进行转让。目前,我国进出口业务中使用的保险单的种类主要有保险单、保险凭证、预约保险单、保险批单。

1. 保险单

保险单(Insurance Policy)又称大保单,是保险人与被保险人之间订立保险合同的一种正式证明。

保险单的正面印制了海上保险所需的基本事项,包括被保险人和保险人名称,保险标的名称、数量、包装,保险金额、保险费率和保险费,运输工具开航日期、装运港和目的港,承保险别,检验理赔人或代理人名称,赔款偿付地点,合同签订日期等。而保险单的背面则列明了一般保险条款,规定保险人与被保险人的各项权利和义务、保险责任范围、除外责任、责任起讫、损失处理、索赔理赔、保险争议处理、时效条款等各项内容。

2. 保险凭证

保险凭证(Insurance Certificate)实质上是一种简化的保险单,保险凭证与海上保险单具有同等的法律效力,故又被称为小保单,用以证明海上货物运输保险合同的有效存在。现在实际业务中已经很少使用保险凭证。保险凭证正面所列内容与海上保险单是一样的,但是其背面是空白的,没有载明保险条款,而在正面声明以同类海上保险单所载条款为准。

3. 预约保险单

预约保险单(Open Policy)又称开口保险单,它一般适用于经常有相同类型货物需要陆续装运的保险。这种事先预约的保险合同在我国的货物进出口中广泛适用,特别是我国进口货物基本上都采用预约保险单。许多贸易公司与保险公司订有预约保险合约,凡该公司出口或进口的货物均在预约保险的保障范围内。

4. 保险批单

保险批单(Endorsement)是保险公司在保险单出立后,根据投保人的需求,对保险内容补充或变更而出具的一种凭证。批单是保险单的组成部分。保险单据应按信用证规定的内容提交。如信用证规定提交保险单,则只能接受保险单;如信用证规定是预约保险下的保险证明/声明,则保险单可做替代。除非信用证特别授权,否则预约保单是不能被接受的。

(十) 保险金额和保险费

保险金额是保险公司承担赔偿或给付保险金责任的最高限额,也是保险公司计算保险费的依据。

保险金额的计算公式为:

保险金额 = CIF(CIP)价 × (1 + 投保加成率)

保险费的计算公式为:

保险费 = 保险金额 × 保险费率

= CIF(CIP)价 × (1 + 投保加成率) × 保险费率

二、《UCP600》条款中有关保险单据的规定

(1)《UCP600》第 28 条 a 款规定,保险单据,例如保险单或预约保险项下的保险证明书或者声明书,必须看似由保险公司或承保人或其代理人或代表出具并签署;代理人或代表的签字必须标明其系代表保险公司或承保人签字。

(2)《UCP600》第 28 条 b 款规定,如果保险单据表明其以多份正本出具,所有正本均须提交。

(3)《UCP600》第 28 条 c 款规定,暂保单将不被接受。

(4)《UCP600》第 28 条 d 款规定,可以接受保险单代替预约保险项下的保险证明书或声明书。

(5)《UCP600》第28条e款规定,保险单据日期不得晚于发运日期,除非保险单据表明保险责任不迟于发运日生效。

(6)《UCP600》第28条f款规定,保险单据必须标明投保金额并以与信用证相同的货币表示;信用证对于投保金额为货物价值、发票金额或类似金额的某一比例的要求,将被视为对最低保额的要求;如果信用证对投保金额未做规定,投保金额须至少为货物的CIF或CIP价格的110%;如果从单据中不能确定CIF或者CIP价格,投保金额必须基于要求承付或议付的金额,或者基于发票上显示的货物总值来计算,两者之中取金额较高者;保险单据须标明承包的风险区间至少涵盖从信用证规定的货物监管地或发运地开始到卸货地或最终目的地为止。

(7)《UCP600》第28条g款规定,信用证应规定所需投保的险别及附加险(如有的话)。

如果信用证使用诸如"通常风险"或"惯常风险"等含义不确切的用语,则无论是否有漏保之风险,保险单据将照样被接受。

(8)《UCP600》第28条h款规定,当信用证规定投保"一切险"时,如保险单据载有任何"一切险"批注或条款,无论是否有"一切险"字样,均将被接受,即使其声明任何风险除外。

(9)《UCP600》第28条i款规定,保险单据可以援引任何除外责任条款。

(10)《UCP600》第28条j款规定,保险单据可以注明受免赔率或免赔额(减除额)约束。

实训练习

一、单项选择题

1. 某公司出口的货物在运输途中遭遇风暴,运输船舶与货物均沉入海底。该公司损失的货物应属于(　　)。

A. 部分损失　　B. 全部损失　　C. 共同损失　　D. 共同海损

2. 出口到美国的木材,如在运输中发生风险,下列哪些情况会导致实际全损?(　　)

A. 船只失踪2个月　　B. 船只遇难沉没

C. 船只被海盗劫去　　D. 船只在避难港避难

3. 我国海运货物保险条款的规定,投保一切险后还可加保(　　)。

A. 偷窃、提货不着险　　B. 卖方利益险

C. 战争、罢工险　　D. 淡水雨淋险

4. 按照国际保险市场的惯例,投保时的保险加成率一般为(　　)。

A. 2% B. 5% C. 10% D. 没有惯例

5. 下列不在一切险承保范围内的险别是(　　)。

A. 偷窃、提货不着险 B. 渗漏险

C. 交货不到险 D. 碰损险

6. 下列何种情况属于特殊附加险?(　　)

A. 偷窃 B. 串味 C. 罢工 D. 锈损

7. 下列我国海运货物保险条款中不能单独投保的险别是(　　)。

A. 平安险 B. 水渍险 C. 一切险 D. 战争险

8. 我国海运货物保险条款中基本险的责任起讫采用(　　)条款。

A. OCP B. 仓至仓 C. 港至港 D. 门到门

9. 偷窃、提货不着险属于(　　)。

A. 一切险 B. 平安险 C. 水渍险 D. 附加险

10. 舱面险属于(　　)。

A. 一切险 B. 平安险 C. 水渍险 D. 附加险

二、多项选择题

1. 我国海运货物保险条款将海运货物保险险别分为(　　)两类。

A. 基本险 B. 附加险 C. 平安险 D. 水渍险

2. 在海洋运输货物保险业务中,海上损失按程度可分为(　　)两种。

A. 全部损失 B. 部分损失 C. 实际损失 D. 共同损失

3. 下列属于海上风险的有(　　)。

A. 雨淋 B. 地震 C. 失火 D. 锈损

4. 土产公司出口肠衣一批,为防止在运输途中因容器损坏而引起渗漏,应投保(　　)。

A. 渗漏险 B. 一切险

C. 一切险加渗漏险 D. 水渍险加渗漏险

5. 共同海损分摊时,涉及的受益方包括(　　)。

A. 货方 B. 船方 C. 运费方 D. 救助方

三、判断题

1. 计算保险费的公式为保险费=保险金额×保险费率。(　　)

2. 一般外来风险是指由于一般外来原因所造成的风险。(　　)

3. 邮包保险的责任从邮包离开保险单所载启运地寄件人处所运往邮局开始。(　　)

4. 海上风险也叫海难,它包括海上的一切危险。(　　)

5. 海上损失一般是指海运保险货物在海洋运输中由于海上风险所造成的损失和毁灭失。(　　)

6. 我国某公司按FOB价格条件进口时,在国内投保了一切险,保险公司的保险责任起讫应为“仓至仓”。(　　)

7. 出口玻璃器皿,因运输途中易出现破碎,故应在投保一切险的基础上加保破碎险。(　　)

8. 全部损失是指运输中的整批货物或不可分割的一批货物的全部损失。(　　)

9. 在海运货物保险业务中,“仓至仓”条款对于驳船运输造成的损失,保险公司不承担责任。(　　)

10. ICC(A)类似于我国的平安险。(　　)

四、根据下列国外来证及有关信息填制投保单和保险单

AWC-23-522号合同项下商品的有关信息如下:该批商品用纸箱包装,每箱装10盒,每箱净重为75公斤,毛重为80公斤,纸箱尺寸为113×56×30CM,商品编码为6 802.2110,货物由“胜利”轮运送出海。

FROM: HONGKONG AND SHANGHAI BANKING CORP. ,HONGKONG

TO: BANK OF CHINA,XIAMEN BRANCH,XIAMEN CHINA

TEST: 12345 DD. 010705 BETWEEN YOUR HEAD OFFICE AND US. PLEASE CONTACT YOUR NO. FOR VERIFICATION.

WE HEREBY ISSUED AN IRREVOCABLE LETTER OF CREDIT NO. HKH123123 FOR USD 8 440.00, DATED 040705.

APPLICANT: PROSPERITY INDUSTRIAL CO. LTD.

342-3 FLYING BUILDING KINGDOM STREET HONGKONG

BENEFICIARY: XIAMEN TAIXIANG IMP. AND EXP. CO. LTD.

NO. 88 YILA ROAD 13/F XIANG YE BLOOK RONG HUA BUILDING,XIAMEN,CHINA

THIS L/C IS AVAILABLE WITH BENEFICIARY'S DRAFT AT 30 DAYS AFTER SIGHT DRAWN ON US ACCOMPANIED BY THE FOLLOWING DOCUMENTS:

1. SIGNED COMMERCIAL INVOICE IN TRIPLICATE.
2. PACKING LIST IN TRIPLICATE INDICATING ALL PACKAGE MUST BE PACKED IN CARTON/NEW IRON DRUM SUITABLE FOR LONG DISTANCE OCEAN TRANSPORTATION.
3. CERTIFICATE OF CHINESE ORIGIN IN DUPLICATE.
4. FULL SET OF CLEAN ON BOARD OCEAN MARINE BILL OF LADING MADE OUT TO ORDER AND BLANK ENDORSED MARKED “FREIGHT PREPAID” AND NOTIFY APPLICANT.
5. INSURANCE POLICY OR CERTIFICATE IN DUPLICATE ENDORSED IN BLANK FOR THE VALUE OF 110 PERCENT OF THE INVOICE COVERING FPA/WA/ALL RISKS AND WAR RISK AS PER CIC DATED 1/1/81.

SHIPMENT FROM: XIAMEN,CHINA. SHIPMENT TO: HONGKONG

LATEST SHIPMENT 31 AUGUST 2004

PARTIAL SHIPMENT IS ALLOWED, TRANSSHIPMENT IS NOT ALLOWED.

COVERING SHIPMENT OF:

COMMODITY AND SPECIFICATIONS QUANTITY UNIT PRICE AMOUNT

COMMODITY AND SPECIFICATIONS	QUANTITY	UNIT PRICE	AMOUNT
		CIF	HONGKONG.
1625/3D GLASS MARBLE	2 000 BOXES	USD 2.39/BOX	USD 4 780.00
1641/3D GLASS MARBLE	1 000 BOXES	USD 1.81/BOX	USD 1 810.00
2506D GLASS MARBLE	1 000 BOXES	USD 1.85/BOX	USD 1 850.00

SHIPPING MARK: P.7.

HONGKONG

NO. 1—400

ADDITIONAL CONDITIONS:

5 PERCENT MORE OR LESS BOTH IN QUANTITY AND AMOUNT IS ALLOWED.

ALL BANKING CHARGES OUTSIDE ISSUING BANK ARE FOR ACCOUNT OF BENEFICIARY.

DOCUMENTS TO BE PRESENTED WITHIN 15 DAYS AFTER THE DATE OF ISSUANCE OF THE SHIPPING DOCUMENT BUT WITHIN THE VALIDITY OF THE CREDIT.

INSTRUCTIONS:

NEGOTIATING BANK IS TO SEND DOCUMENTS TO US IN ONE LOT BY DHL.

UPON RECEIPT OF THE DOCUMENTS IN ORDER WE WILL COVER YOU AS PER YOUR INSTRUCTIONS.

L/C EXPIRATION: 15 SEP. 2004.

THIS L/C IS SUBJECT TO UNIFORM CUSTOMS AND PRACTICE FOR DOCUMENTARY CREDITS (1993 REVISION) INTERNATIONAL CHAMBER OF COMMERCE PUBLICATION NO. 500.

PLEASE ADVISE THIS L/C TO THE BENEFICIARY WITHOUT ADDING YOUR CONFIRMATION.

THIS TELEX IS THE OPERATIVE INSTRUMENT AND NO MAIL CONFIRMATION WILL BE FOLLOWED.

第八单元　出口货物装运相关单据缮制

学习目标

1. 知识目标

熟悉提单的种类和其他各种出口运输单据，掌握海运提单的内容和制作方法。

2. 能力目标

能够制作海运提单、装船通知等单据。

工作任务

北京蓝天贸易有限公司配合货运代理公司安排调运、装船事宜。装船后，王芳从货运代理公司处得到了由船公司转交过来的收货单。之后王芳开始与货运代理公司核对提单内容，协助货运代理公司按要求缮制海运提单。天津凯捷货运代理有限公司代为凭收货单向船运公司交付运费并换取经过北京蓝天贸易有限公司确认内容的正式提单。货物装船后，王芳及时向 FERREIRA TRADING CO. LTD 公司发出了装船通知。

注：(1) 货物装 1 个 20 英尺的、自重 2 275 千克的集装箱；

(2) 运输工具名称为 DONGFANG V. 007J；

(3) CONTAINER & SEAL NO.: 1X20′　CY/CY　COSU2233987

任务 1：审核海运提单

任务 2：发装船通知

任务 1：审核海运提单

操作过程

北京蓝天贸易有限公司的外贸单证员王芳在确认海运提单的内容时必须认真

审核，保证提单内容准确无误。不同船公司签发的海运提单的正面格式有所不同，王芳拿到的提单格式如下：

Shipper Insert Name, Address and Phone		B/L NO. USC0989A923
BEIJING BLUE SKY TRADING CO. ,LTD. NO. 6 CHAOWAI STREET, DONGCHENG DIS. BEIJING, CHINA TEL:0086-10-85270011		中远集装箱运输有限公司 COSCO CONTATAINER LINES
Consignee Insert Name, Address and Phone		
TO ORDER		
Notified Insert Name, Address and Phone		
FERREIRA TRADING CO. LTD ADD: RUA 21 DE JANEIRO N. 21, LUANDA ANGOLA TEL:054-5270011		TLX: 33057 COSCO CN
Ocean Vessel Voy. No.	Port of loading	FAX: +86(021)696934560
DONGFANG,007J	TIANJIN	
Port of discharge	Port of transshipment	RIGINAL
LUANDA		

Marks and Nos. , Container, Seal No.	No. of Container or packages	Description of goods	Gross weight (kgs.)	Measurement (m^3)
FERREIRA LW20120006 GL03/GS06 LUANDA, ANGOLA C/No. 1—200 1×20'CY—CY CN: COSU2233987 S/5087002	1 CONTAINERS SHIPPER'S LOAD & COUNT SAID TO CONTAIN: 200 CARTONS	BABY BLANKET L/C No. DBLC20124501 date: June 14, 2012 issuing bank: HSBC BANK, ANGOLA BRANCH	2 000	22.275

Description of Container for Shipper's Use Only (Not part of This B/L Contract)

Total Number of containers and/or packages(in words): SAY ONE CONTAINER ONLY.

Ex. Rate	Prepaid at	payable at	Place and date of issue
	TIANJIN		TIANJIN JULY 14,2011
	Total Prepaid	Number of original B/L	Signed for the Carrier
		THREE(3)	COSCO CONTATAINER LINES AS CARRIER

LOADING ON BOARD THE VESSEL
DATE 14 JULY,2011 BY LINDA Li

1. 托运人

托运人(Shipper)是委托运输的人,一般是合同的卖方。信用证方式下,托运人栏一般填写信用证中的受益人姓名和地址;在托收方式下,以托收的委托人为托运人。如果信用证受益人并未规定地址,托运人栏也可以不加注地址。如果开证人为了贸易上的需要,要求做第三者提单(THIRD PARTY B/L),也可照办。

△本提单中托运人填写正确。

2. 收货人

收货人(Consignee)又称为抬头栏,提单的收货人一栏决定了海运提单的性质和货权的归属。此栏应严格按照合同和信用证的有关规定填写。本栏有记名式收货人、不记名式收货人和指示式收货人三种填写方法。

记名式收货人指在收货人栏内填写某人或某企业的具体名称,如信用证条款为"Full set of B/L consigned to D. E. company",则此栏填写"consigned to D. E. company"或"D. E. company"。

不记名式收货人即在本栏留空不填或仅填入"To Bearer(给持有者)"。这种提单谁持谁就都可以提货,转让时也不必背书,因而风险较大,目前国际上很少使用。

指示式收货人又可分为不记名指示式(To order)和记名指示式(To order of...)两种,使用较为广泛。① To order:凭指示或称空白抬头,常见信用证条款为"Full set of B/L made out to order",则收货人栏填写"To order"。这种提单需由托运人在提单背面背书,才可以转让。② To order of...:凭 XXX 指示,常见的有三种表达方法。凭开证行指示,常见信用证条款为"Full set of B/L made out to our order",收货人栏填写"To order of... bank"或"To... bank's order"。此种提单需经银行背书才可转让给买方,有利于开证银行在向买方收汇前牢牢掌握物权。凭开证申请人指示,常见信用证条款为"B/L issued to order of applicant",收货人栏填写"To order of A. J. company"(A. J. company 为 applicant 的公司名称)。这种提单需经开证申请人背书才能转让,不利于银行掌握物权。凭托运人指示,这种提单等同于凭指示(To order)提单,常见信用证条款为"Full set of B/L made out to order of shipper",收货人栏填写"To order of shipper",这在国际贸易中使用得非常普遍。

指示式收货人的提单,即指示提单,必须在提单背面背书才可转让。通常所说的背书(ENDORSEMENT)指转让人(背书人)在提单背面写明或不写明受让人(被背书人)并签名的手续,分为记名背书、不记名背书和指示背书三种。

记名背书,是指背书人在提单背面写明被背书人的名称,背书人签名并注明背书日期的背书形式。如 ABC 公司将提单转让给 DEF 公司,可做如下背书:

DELIVER TO DEF CO.

ABC CO.

JUN. 18,2009

不记名背书,又称空白背书,是指背书人在提单背面签名,但不记载受让人的背书形式。例如,信用证规定:"BILL OF LADING MADE OUT TO ORDER ENDORSED IN BLANK",则背书人只需在提单背面签章并注明背书日期即可。如 ABC 公司可做如下背书:

ABC CO.

JUN. 18,2009

指示背书,是指背书人在提单背面写明"凭 XX 指示"的字样,同时由背书人签名的背书形式,经过指示背书的指示提单还可以进行背书,但背书必须连续。如 ABC 公司将提单转让给 DEF 公司,可做如下背书:

DELIVER TO ORDER OF DEF CO.

ABC CO.

JUN. 18,2009

△本提单中信用证对提单收货人做了规定,即"MADE OUT TO ORDER",所以收货人填写"TO ORDER"正确。

3. 被通知人

被通知人(Notified Party)是船公司在货物到达目的港时发送到货通知的收件人,有时即为进口人。在信用证项下的提单,如信用证对提单被通知人有具体规定时,则必须严格按信用证的要求填写。如果信用证没有规定被通知人,那么就应将信用证的开证申请人名称、地址填入副本提单的这一栏中,而正本的这一栏为空白。托收方式下,被通知方一般填托收的付款人。

△本提单中信用证对提单通知方做了规定,即"NOTIFY APPLICANT",所以通知方填写买方公司的名称、地址正确。

4. 提单号码

提单号码(B/L No.)由承运人或其代理人提供,一般列在提单右上角,以便于工作联系和查核。没有编号的提单无效。

△本提单中提单号码已填写。

5. 前段运输

如果货物需转运,前段运输(Pre-carriage by)一栏填写第一程船的船名;如果货物不需转运,则此栏空白不填。

△本提单中因是直运,所以此栏空白。

6. 收货地点

如果货物需转运,收货地点(Place of Receipt)填写收货的港口名称;如果货物不需转运,则此栏空白不填。

△本提单中因是直运,所以此栏空白。

7. 船名航次

如果货物需转运,船名航次(Vessel Voy. No.)填写第二程船的船名和航次;如果货物不需转运,则填写该批货物实际所装运的船名和航次号。如使用驳船(Lighter),应将驳船的名称写在大船名称之前,如 Lighter/HUANGHE(黄河轮),但对日本、美国不能用"Lighter",须填写驳船的具体名称,如"昌河 110"(CHANGHE 110)。

△本提单中船名航次填写正确。

8. 装运港

装运港(Port of Loading)填实际装船港口的具体名称。如果信用证中对装运港仅做笼统的规定(如"China Main Port")或同时列明几个装运港,应填写实际装运的港口名称。如果货物需转运,则填写转运港的名称。

△本提单中装运港填写正确。

9. 卸货港

卸货港(Port Of Discharge)填列货物实际卸下的港口名称,即目的港。如属选择卸货港提单,假设选择港为日本的神户/横滨,则此栏填写"Option Kobe/Yokohama"。

△本提单中卸货港填写正确。

10. 最终目的地

最终目的地(Final Destination)栏填写最终目的地名称。如果货物的最终目的地是目的港的话,则此栏空白。

△本提单中此栏空白。

11. 唛头、集装箱箱号与封号

本栏填写唛头、集装箱箱号和封号(Marks & Nos., Container, Seal No.)。信用

证上对唛头有规定的，则按信用证规定填写；如信用证上未做规定，可按卖方自己设计的唛头填写；如果货物包装上没有唛头，则填写“N/M”。唛头应与发票和装箱单上的完全一致。

托运单上集装箱的封号一般不填，但在提单上必须填报每一个集装箱的箱号、封号。

△本提单中此栏填写正确。

12. 件数和包装种类

件数和包装种类(Number and Kind of Packages)填写装入集装箱内货物的外包装件数或集装箱个数，分别用罗马数字小写和英文数字大写表示。件数有时是承运人对货物的灭失或损坏支付赔偿金的计费标准，所以，一般在填写件数的小写数字的同时还要填写大写件数，以防有人篡改。本栏按货物实际包装情况填列，具体如下：

(1) 对于包装货物，本栏应注明包装数量和单位，并加大写数量。如 100 个纸箱，则此栏填写“100 CARTONS”和“SAY ONE HUNDRED CARTONS ONLY”。

(2) 对于散装货物，如煤炭、原油等，此栏可加“IN BULK”，数量无需加大写。

(3) 对于裸装货物，应加件数，如一台机器或一辆汽车，填“1 UNIT”，100 头猪则应填“100 HEADS”等，并加大写数量。

(4) 如果是集装箱运输，由托运人装箱的整箱货物可只写集装箱数量，如 2 个集装箱，则此栏填“2 CONTAINERS”。只要海关已对集装箱封箱，承运人对箱内的内容和数量不负责任，提单内应加注“SHIPPER'S LOAD & COUNT”(托运人装货并计数)。如要注明集装箱箱内小件数量时，数量前应加“STC(SAID TO CONTAIN)”，如“2 CONTAINER(STC 100 CARTONS)”。

(5) 如果是托盘装运，则此栏应填托盘数量，同时用括号加注货物的包装件数，如“3 PALLETS(STC 45 CARTONS)”。提单内还应加注“SHIPPER'S LOAD & COUNT”。

(6) 如果是两种或多种包装，件数要显示数字相加的和，种类用“PACKAGE”表示，并在大写栏内写大写合计数量。如：

10 CARTONS

6 WOODEN CASES

16 PACKAGES

(7) 如果提单件数栏注 20 CARTONS，但同时提单内又注有“SHUT OUT 1

CARTON"或"SHORT LOADED(SHIPPED)1 CTNS"等,表示少装 1 箱,发票、装箱单等单据应注"19 CARTONS"。

△本提单中此栏填写正确。

13. 货物名称或货物描述

货物名称或货物描述(Description of Goods)应严格按照信用证或发票上的货名和文字填具。如果信用证中规定的品名繁多,提单上的货物名称可以用货物的统称表示;但商品描述应与发票上所列的无矛盾,且不含有对货物或包装状况不利的描述。

△本提单中此栏填写正确。

14. 毛重

填报实际货物的毛重(Gross Weight),一般以公斤为计量单位。毛重指包括包装材料在内的货物重量。如果一次装运的货物中有几种不同的包装材料或完全不同的货物,那么应先分别计算并将合计的毛重填写在此栏中。

△本提单中此栏填写正确。

15. 尺码

尺码(Measurement)应填写实际货物的体积,一般以立方米为计量单位,小数点后保留 3 位,且应填一批货物的总尺码。

△本提单中此栏填写正确。

16. 特殊条款

特殊条款(Special Clauses)主要有指定船名,强调运费的支付,不显示发票金额、单价、价格等的条款;或强调显示信用证号码、合同号码等的条款;或限制使用班轮公会的条款或指定承运人的条款。

△本提单中根据信用证的要求显示信用证号码、开证日期和开证行名称。

17. 运费条款

运费条款(Freight and Charges)的填写应按信用证规定并根据成交的价格条件来确定。当使用 CIF 或 CFR 时,应填"Freight prepaid"(运费预付)或"Freight paid"(运费已付);当使用 FOB 时,应填"Freight collect"(运费待付)或"Freight payable at destination"(运费到付)。有时,信用证还要求注明运费的金额,此时要填写实际运费支付额。

另外,如出现运费支付与价格术语矛盾的情况,如来证一方面规定"B/L Marked Freight Prepaid",另一方面又规定价格条件为 FOB,对于这样的规定,出口公司应要求对方修改信用证。如果不修改,至少应要求对方在支付运费时,要加入从卖方支付运费时起算至买方支付运费为止这一期间内产生的利息数额。

△本提单中根据信用证的要求填写“FREIGHT PREPAID”。

18. 正本提单份数

提单有正本副本之分。正本提单上印有“ORIGINAL”字样,并注明提单签发日期和签名。正本提单可交银行议付并流通转让,副本只能供参考用。正本提单每份具有同等效力,收货人凭其中任何一份提取货物后,其他几份自动失去效力。正本提单的份数(Number of Original B/L)必须符合信用证的要求。例如,信用证规定:① FULL SET OF B/L,指全套提单,没有具体标明份数,按惯例签发三份正本交银行议付。② 2/3 ORIGINAL CLEAN ON BOARD B/L,则表明签发三份正本提单,两份向银行议付时提交。③ FULL SET OF B/L IN TRIPLICATE WITH TWO NONNEGOTIABLE B/L,则表明向银行议付时应提交三份正本提单和两份副本提单。

△本提单中信用证规定为“FULL SET OF...”,所以,要提交的正本份数为三份,填写正确。

19. 提单签发地点及日期

提单签发地点(Place of Issue)一般为装运港所在城市。

提单签发日期(Date of Issue)表示货物实际装运的时间或已经接受船方、船代理等有关方面监管的时间。此时间应不迟于信用证或合同规定的最迟装运日期。已装船提单的签发日期视为装运日期。

△本提单中此栏填写正确。

20. 提单的签署

提单必须经过签署(Signature)手续后才能生效,有权签署提单的除了船长,还有承运人,或由他们授权的代理人。提单签署时应表明签署人的身份,代理人的任何签字必须标明其系代表承运人签字还是代表船长签字。

(1) 承运人(CHINA OCEAN SHIPPING COMPANY)本人签字。

提单签字处:CHINA OCEAN SHIPPING COMPANY AS CARRIER。

(2) 承运代理人(DEF SHIPPING CO.)签字。

提单签字处:DEF SHIPPING CO.。

As agent for and/or on behalf of CHINA OCEAN SHIPPING COMPANY as Carrier (或 the master)。

(3) 船长(CAPTAIN Jame Brown)签字。

提单签字处:CAPTAIN Jame Brown as master 或 the master。

(4) 船长代理签字。

提单签字处:DEF SHIPPING CO.。

As agent for and /or on behalf of CAPTAIN Jame Brown as master(或 the master)。

△本提单中此栏填写正确。

21. 已装船批注、装船日期、发运日期(on board notation, on board date, shipment date)

根据《UCP600》,通过以下两种方式表明货物已在信用证规定的装货港装上具名船只:

(1) 提单上预先印就"已装船"文字或相同意思。例如:"Shipped on board the vessel named here in apparent good order and condition..."或"Shipped in apparent good order and condition..."。这种提单通常被称为"已装船提单",不必另行加注"已装船"批注,提单的出具日期就是发运日期,除非提单载有表明发运日期的已装船批注,此时已装船批注中显示的日期将被视为发运日期。

(2) 如果提单载有"预期船只"或类似的关于船名的限定语,则需以已装船批注明确发运日期以及实际船名。通常这种提单被称为"收妥备运提单",提单上加注"已装船(On board)"字样,批注旁边显示的是装船日期即发运日期,而提单的出具日期不能视作发运日期。

△本提单中此栏填写正确。

任务2:发装船通知

根据信用证的要求"BENEFICIARY'S CERTIFIED COPY OF FAX DISPATCHED TO THE BUYER WITHIN THREE DAYS AFTER SHIPMENT ADVISING B/L NO., NAME, QUANTITY AND AMOUNT OF GOODS NUMBER OF PACKAGES, NAME OF VESSEL AND VOYAGE NO., AND DATE OF SHIPMENT",王芳在确认了提单内容后需要立即向进口商发出装船通知。不同公司装船通知的格式可能有所差异,但基本内容一致。北京蓝天贸易有限公司的装船通知格式如下。

BEIJING BLUE SKY TRADING CO. ,LTD.

NO.6 CHAOWAI STREET,DONGCHENG DIS. BEIJING,CHINA

TEL:0086-10-85270011 FAX:0086-10-845270012

SHIPPING ADVICE

TO:		ISSUE DATE:	
		S/C NO. :	
		L/C NO. :	
		L/C DATE:	
		ISSUE BANK:	

Dear Sir or Madam,

We are pleased to advise you that the following mentioned goods have been shipped. Full details are shown as follows:

Invoice Number:	
Bill of Lading Number:	
Ocean Vessel:	
Port of Loading:	
Date of Shipment:	
Port of Destination	
Estimated Date of Arrival:	
Containers/Seals Number:	
Description of Goods:	
Number of Packages	
Shipping Marks:	
Quantity:	
Total Value:	

Thank you for your patronage. We look forward to the pleasure of receiving your valuable repeat orders.

Sincerely yours

缮制方法如下：

1. 单据名称

有关装船通知性质的单据名称常见的有 Shipping/Shipment Advice、Advice of Shipment、Insurance Declaration、Beneficiary's Certified Copy of Fax 以及 Declaration of Shipment。不同名称的装船通知在内容上也有所不同。如信用证对单据名称有具体规定的，应从其规定。

△本装船通知中单据名称已经确定，为 SHIPPING ADVICE。

2. 通知对象

应按信用证规定填写，可以是开证申请人、申请人的指定人或保险公司等。若抬头为买方指定的保险公司，则应同时注明预约保险单号码。

△本装船通知中此栏填写如下：

FERREIRA TRADING CO. LTD

ADD:RUA 21 DE JANEIRO N.21,LUANDA ANGOLA

3. 通知内容

通知内容主要包括所发运货物的合同号或信用证号、品名、数量、金额、运输工具名称、开行日期、启运地和目的地、提运单号、运输标志、ETD(船舶预离港时间)、ETA(船舶预抵港时间)等，并且与其他相关单据保持一致。如信用证提出具体项目要求，应严格按规定出单。

△本装船通知中此部分填写如下：

Invoice Number:	BJBS12022
Bill of Lading Number:	USC0989A923
Ocean Vessel:	DONGFANG,007J
Port of Loading:	TIANJIN,CHINA
Date of Shipment:	JULY 14, 2012
Port of Destination:	Luanda
Estimated Date of Arrival:	AUGUST 1,2012
Containers/Seal Number:	COSU2233987
Description of Goods:	Baby Blanket

（续表）

Number of Packages	200 cartons
Shipping Marks:	FERREIRA LW20120006 GL03/GS06 LUANDA, ANGOLA C/No. 1—200
Quantity:	2 000pcs
Total Value:	USD 26 000.00

4. 特殊要求

根据信用证要求加具一些特殊说明。

△本装船通知中根据信用证的要求要显示的特殊条款有：

L/C No.：DBLC20124501

date：June 14，2012

issuing bank：HSBC BANK，ANGOLA BRANCH

另外，信用证中要求副本装运通知须有证明文字，所以应该加注如下证明：

We hereby certify that the content of the shipping advice is true.

5. 制作和发出时间

日期不能超过信用证约定的时间，常见的有以小时为准(within 24/48 hours)和以天为准(within 2 days after shipment date)两种情形。若信用证未对装船通知的出单日期做出明确规定，或要求装船后立即通知(immediately after shipment)，一般要求出口商在货物离开启运地后三个工作日内向进口商发出装船通知，即提单日后三个工作日内。

△本装船通知中此栏填写如下：

July 14，2012。

6. 签署

一般可以不签署，但如果信用证要求“CERTIFIED COPY OF SHIPPING ADVICE”，则受益人必须在该装船通知上进行签字盖章。

△本装船通知中此栏需加盖公司印章，王芳需签名。

BEIJING BLUE SKY TRADING CO. ,LTD.

NO. 6 CHAOWAI STREET,DONGCHENG DIS. BEIJING,CHINA

TEL:0086-10-85270011 FAX:0086-10-845270012

SHIPPING ADVICE

TO:	FERREIRA TRADING CO. LTD ADD:RUA 21 DE JANEIRO N. 21,LUANDA ANGOLA	ISSUE DATE:	JULY 14, 2012
		S/C NO. :	LW20120006
		L/C NO. :	DBLC20124501
		L/C DATE:	JUNE,14,2012
		ISSUE BANK:	HSBC BANK ANGOLA BRANCH

Dear Sir or Madam,

We are pleased to advise you that the following mentioned goods have been shipped. Full details are shown as follows:

Invoice Number:	BJBS12022
Bill of Lading Number:	USC0989A923
Ocean Vessel:	DONGFANG,007J
Port of Loading:	TIANJIN,CHINA
Date of Shipment:	JULY 14, 2012
Port of Destination:	Luanda
Estimated Date of Arrival:	AUGUST 1,2012
Containers/Seal Number:	COSU2233987
Description of Goods:	Baby Blanket
Shipping Marks:	FERREIRA LW20120006 GL03/GS06 LUANDA,ANGOLA C/No. 1—200 L/C No. :DBLC20124501 date:June 14,2012 issuing bank:HSBC BANK,ANGOLA BRANCH
Quantity:	2 000 pcs
Total Value:	USD 26 000.00

Thank you for your patronage. We look forward to the pleasure of receiving your valuable repeat orders.
Sincerely yours

We hereby certify that the content of the shipping advice is true.

BEIJING BLUE SKY TRADING CO. ,LTD.

王芳

知识链接与归纳

一、海运提单的含义、性质和作用

（一）海运提单的含义

海运提单（Ocean Bill of Lading, Marine Bill of Lading, B/L，以下简称“提单”）是由船长或承运人或其代理人签发的，证明收到特定的货物，允许将货物运至指定的目的地并交付于收货人的收据。

（二）提单的性质和作用

1. 货物收据

提单是承运人签发给托运人的表明货物已经收讫的收据。它表明货物已运至承运人指定的仓库或地点，并置于承运人的有效监管之下，承运人许诺按收据内容将货交付给收货人。

2. 运输契约证明

提单是托运人与承运人之间订立运输契约的证明。

承运人之所以为托运人承运有关货物，是因为承运人和托运人之间存在一定的权利义务关系，而提单是承运人与托运人处理双方在运输中的权利和义务问题的主要依据。

3. 物权凭证

提单代表货物的所有权，谁拥有提单，谁就拥有货物。在国际贸易中，正本提单作为一种货物所有权凭证，承运人据以交付货物。提单持有人可据以提取货物，也可凭此向银行押汇，还可在载货船舶到达目的港交货之前进行转让。

4. 运费证明

提单可以作为收取运费的证明，以及在运输过程中起到办理货物的装卸、发运和交付等的作用。

5. 索赔依据

提单可以作为向船公司或保险公司索赔的重要依据。

二、提单的种类

(一) 根据货物是否装船分类

1. 已装船提单

已装船提单(On Board B/L)是指船公司将货物装在指定的船舶上后签发的提单。提单上应注明船名和装船日期,并有承运人或船长签名。进口商为了确保在目的地按时接货,往往都明确要求出口商提供已装船或已装运于指定船只的提单。

2. 备运提单

备运提单(Received for Shipment B/L),又称收妥待运提单,是指承运人在收到托运货物等待装船期间签发的提单。

由于备运提单没有肯定的装船日期,一般也不注明船名,无法估计货物到达目的港的日期,因此进口商一般不愿接受。备运提单在货物装船后,如经承运人加注"已装船(On Board)"字样,并注明日期和签章,便成为已装船提单。

(二) 根据提单格式与内容的繁简分类

1. 全式提单

全式提单(Long Form B/L),又称繁式提单,是在提单的背面详细注明承运人和托运人之间各自的权利、义务等详细条款的提单。这是一种在实际业务中应用较广的提单格式。

2. 略式提单

略式提单(Short Form B/L),又称简式提单,是指仅保留全式提单正面的必要项目,例如船名、货名、标志、件数、重量或体积、装运港、托运人名称等,而略去提单背面全部条款的提单。略式提单和全式提单的法律效力相同。

(三) 根据运输方式分类

1. 直达提单

直运提单(Direct B/L)是指货物自装运港装船后由同一船舶将货物从装运港运达目的港,中途不经换船直接驶到目的港卸货而签发的提单。提单上不得有"转船""在 XXX 港转船"字样。

2. 转船提单

转船提单(Transshipment B/L)是指从装运港到目的港的海运过程中,货物在中途从一船卸下并再装另一艘船继续运输的提单。出具转船提单,在由第一程船的承运人签发的全程运单上加注“在 XXX 港转船”即可。

3. 联运提单

联运提单(Through B/L)是指需用两种或两种以上的运输方式联合运输货物,其中第一程运输方式为海运,由第一程承运人签发的,包括全程并能在目的港提货的提单。

4. 多式联运提单

多式联运单据(Multimodal Transport Document)是指货物从启运地(港)到最终目的地(港)的全程运输过程中需使用陆、海、空其中的两种或两种以上运输方式,由多式联运经营人签发的货运单据,而其中一程为海运者称为多式联运提单(Multimodal Transport B/L)。

(四)根据提单上对货物外表状况有无不良批注分类

1. 清洁提单

清洁提单(Clean B/L)是指货物交付运输时表面状况良好,承运人在签发提单时未加任何有关货物受损或包装不良等批注的提单。在正常情况下,向银行办理结汇时,应提交清洁提单。

2. 不清洁提单

不清洁提单(Unclean B/L;Foul B/L)是指承运人在提单上加注货物表面状况受损或包装不良等批注的提单。在正常情况下,银行将拒绝以不清洁提单办理结汇。

(五)根据提单收货人抬头分类

1. 记名提单

记名提单(Straight B/L),即在提单“收货人”一栏内具体写上特定的收货人名称的提单。这种提单只能由提单上注明的收货人提货,不得转让流通。记名提单可以避免因转让而带来的风险,但也失去了其代表货物可转让流通的便利。银行一般不愿接受这种提单。

2. 不记名提单

不记名提单(Bearer B/L 或 Open B/L),即在提单“收货人”一栏内注明应向提单持有人(Bearer)交付货物或在提单“收货人”一栏不填写任何内容(空白)的提单。这种提单不需背书即可任意流通转让,且谁拥有提单,谁就可以提货。在实务中,这种提单风险较大,应避免使用。

3. 指示提单

指示提单(Order B/L),即在提单"收货人"一栏注明"凭指示(To Order)"或"凭 XXX 人指示(To Order of...)"的提单。这种提单通过记名背书或空白背书而转让流通。在实务中,指示提单被广泛采用。

(六) 根据船舶运营方式的不同分类

1. 班轮提单

班轮提单(Liner B/L)指在班轮运输中,由班轮公司或其代理人所签发的提单。提单上载明运输合同的条款,船公司与托运人都受其约束。

2. 租船提单

租船提单(Charter Party B/L)是指承运人根据租船合同签发的提单。在这种提单上注明"一切条件、条款和免责事项按照某年某月某日的租船合同"或批注"根据 XXX 租船合同出立"字样。这种提单受租船合同条款的约束,故在使用该提单时,往往要提供租船合同副本。

(七) 其他种类

1. 预借提单

预借提单(Advanced B/L),又称无货提单,指由于信用证规定的装运期或交单结汇期已到,而货物尚未装船或货物尚未装船完毕时,应托运人要求而由承运人或其代理人提前签发的已装船提单。

但是,承运人签发预借提单要冒极大的风险,因为这种做法掩盖了提单签发时的真实情况。一旦货物受损,承运人将承担风险责任。

2. 倒签提单

倒签提单(Anti-date B/L)是指承运人或其代理人应托运人的要求签发的、其签发日期早于实际装船日期的提单。承运人倒签提单的做法同样掩盖了真实的情况,因此也要承担由此而产生的风险责任。

3. 过期提单

过期提单(Stale B/L)是指错过规定的交单日期或迟于货物到达目的港的提单。前者指超过信用证规定的有效日期或者出口商在超过提单签发日期 21 天才到银行议付的提单,银行将有权拒收此类提单;后者一般是因近洋运输航线较短或银行传递较慢造成的。对于后者,一般均认可。

4. 舱面提单

舱面提单(On Deck B/L)是指承运人或其代理人将货物装上舱面甲板而签发

的注明"货装舱面"的提单。

一般货物都要装在舱里,装在甲板上的货物不仅遭受损失的可能性较大,而且承运人对货物的灭失或损坏不负赔偿责任,一旦发生共同海损也不能得到分摊。因此,货主一般在合同中或信用证上规定不能将货物放在甲板上,如果一定要装,托运人或货主应投保甲板险。

5. 集装箱提单

集装箱提单(Container B/L)是指货物以集装箱运输所签发的提单。集装箱提单有两种处理方法:一种是在普通的海运提单上加注"用集装箱装运(Containerized)"字样;另一种是使用"多式联运提单",这种提单的内容增加了集装箱号码和封号。使用多式联运提单,最好在信用证上有"Multimodal Transport Bill of Lading is acceptable"字样为妥。

6. 货代提单

货代提单(House Bill of Lading,HBL)即无船承运人签发的提单,属分单。

7. 船东提单

船东提单(Master Bill of Lading,MBL),又称船公司提单,是船公司签发的提单,属主单。

三、装船通知的含义及作用

(一) 装船通知的含义

装船通知是出口商根据信用证规定在货物装船并取得提单后,以传真、电报或电传方式将与装船有关的情况及时告知收货人等有关当事人的单据。议付时,须提供该传真、电报或电传副本予以证明。

(二) 装船通知的作用

装船通知的主要作用有两项:其一,让收货人等有关当事人及时了解货物装运的情况;其二,在 FOB 或 CFR 条件下,是进口商办理进口货物保险的凭证。按惯例,在 FOB 或 CFR 条件下,卖方未及时通知买方投保,货物在运输途中发生的损失,应由卖方负责。因此,在 FOB 或 CFR 条件下,卖方是否及时发出装船通知显得尤为重要。

实训练习

一、选择题

1. 经过背书可以转让的提单是(　　)。

A. 不记名提单　　B. 记名提单　　C. 联运提单　　D. 指示提单

2. 提单的抬头是指提单的(　　)。

A. Shipper　　B. Consignee　　C. Notified Party　　D. Voyage No.

3. 各种运输单据中,能同时具有货物收据、运输合同和物权凭证作用的是(　　)。

A. 铁路运单　　B. 航空运单　　C. 海运提单　　D. 海运单

4. 根据《UCP500》,受益人超过提单签发日期后21天才交到银行议付的提单称为(　　)。

A. 过期提单　　B. 倒签提单　　C. 预借提单　　D. 转船提单

5. 下列不属于提单的主要作用的是(　　)。

A. 物权凭证　　B. 装船依据　　C. 货物收据　　D. 运输合同的证明

6. 某信用证要求提单的份数为“In Duplicate”,其意思为(　　)。

A. 一式两份　　B. 一式三份　　C. 一式六份　　D. 一式十份

二、判断题

1. 航空运单不是物权凭证,不能转让,但可以做成“指示抬头”。(　　)

2. 不清洁提单是指承运人在签发提单时,对货物的包装等状况加注不良批注的提单。(　　)

3. 提单的收货人栏在填写“To order of shipper”的情况下,提单需要做背书。(　　)

4. 提单的签发日期应早于保险单的签发日期。(　　)

5. “空白抬头”的提单就是提单抬头处为空白。(　　)

6. 正本提单如出具一式几份,则每份具有的效力相同,但只要其中一份凭以提货,其他各份立即失效。(　　)

7. 所有提单和保险单都可以背书后转让。(　　)

8. 货代提单也可以是物权凭证。(　　)

9. 全式提单与略式提单的区别在于全式提单是一式三份,而略式提单是一份正本。(　　)

10. 提单的签发者必须要表明身份。(　　)

三、请根据下列所给内容缮制装船通知,注意唛头由卖方自行设计

BUYER: WEILI INT'L TRADING CORP.

SELLER: SUNSHINE TOY CORP.

DESCRIPTION:

ORDER NO.　GOODS　QUANTITY/PACKAGES　COLOUR

A220	BAGS	3 200 PCS/100 CTNS	GREY
A320	BAGS	4 000 PCS/200 CTNS	WHITE
C153	BAGS	4 000 PCS/200 CTNS	WHITE

SHIPMENT: MAR. 22,2004 FROM SHANGHAI TO HAMBURG

CONTAINER NO. & SEAL NO. : 1X40'GP MLCU4578610/ C423775

VOYAGE NAME & NO. : CMA CGM NEPTUNE V.485W

B/L NO. : CGLSHA0303088NA

INVOICE NO. & AMOUNT: SUNJA20040322 TOTAL USD 22 000.00

SUNSHINE TOY CORP.

221/18 SUNSHINE BUILDING, SHANGHAI, CHINA

四、根据下列所供信息，填制提单一份

注意：本批货物共600套(SET)，装于150个纸箱(CTN)，放在15个托盘(PALLETS)内，每套内有3个(3 PCS IN ONE SET)，每箱毛重28KGS，体积0.04 M^3，发货港为XINGANG, TIANJIN，目的港为BREMEN，提单号为123，船名为PAUL RICKMERS，提单日期为2004.8.1。信用证内容如下：

DRESENER BANK, BREMEN BRANCH

DATE: JULY 4, 2004

CREDIT NO. : TS-36376　　EXPIRY: AUG. 31, 2004

APPLICANT: SCHLITER CO.

BREMEN. 3 601 AW. HERO ROAD, BREMEN, GERMAN

BENEFICIARY: HANJIN ARTS AND CRAFTS I/E CORP. TIANJIN, CHINA

ADVISING BANK: BANK OF CHINA, TIANJIN, CHINA

AMOUNT: DEM 6 600.00 (SAY DEM SIX THOUSAND SIX HUNDRED ONLY)

DEARS SIRS,

WE OPEN THIS IRREVOCABLE DOCUMENTS CREDIT AVAILABLE AGAINST THE FOLLOWING DOCUMENTS:

……

FULL SET OF CLEAN ON BOARD BILL OF LADING MADE OUT TO ORDER AND BLANK ENDORSED MARKED "FREIGHT PREPAID", NOTIFY OPENER.

SHIPMENT FROM TIANJIN TO BREMEN LATEST ON AUG. 25, 2004

COVERING:

600 SETS (3 PCS OF EACH) "WILLON PRODUCTS" ART NO. TSSR-16 @ DEM11 PER SET,

CIF BREMEN
PARTIAL AND TRANSSHIPMENT ARE NOT ALLOWED
SHIPPING MARKS:

BREMEN
NO. 1-UP

五、请根据信用证相关内容确认提单,若有误请予以改正

L/C No.:894010151719
PLACE AND DATE OF ISSUE:HONG KONG MAR. 4,2004
APPLICANT:BERNARD & COMPANY LIMITED
UNIT 1001-3 10/F YUE XIU BLDG
160—174 LOCKHART ROAD
WANCHAI HONG KONG
BENEFICIARY:NANJING CANTI IMPORT AND EXPORT CORP.
120 MX STREET,NANJING,CHINA
SHIPMENT:FROM SHANGHAI,CHINA TO SYDNEY,AUSTRALIA BEFORE APR.4,2004
TRANSHIPMENT:ALLOWED
PARTIAL SHIPMENT:NOT ALLOWED
DOCUMENTS REQUIRED:
+FULL SET OF CLEAN ON BOARD FREIGHT COLLECT OCEAN BILL OF LADING,MADE OUT TO ORDER OF SHIPPER AND BLANK ENDORSED,MARKED "NOTIFY ID COM CO.,79—81 WALES RD,NSW,AUSTRALIA" AND THE L/C NO.
+INVOICE IN TRIPLICATE
+PACKING LIST IN TRIPLICATE
DESCRIPTION OF GOODS: LUGGAGE SET OF 8 PCS

Bill of Lading

SHIPPER: NANJING CANTI IMPORT AND EXPORT LTD. 120 MX STREET,NANJING,CHINA	B/L NO.:
CONSIGNEE: TO ORDER	**COSCO**
NOTIFY: BERNARD & COMPANY LIMITED UNIT 1001-3 10/F YUE XIU BLDG,160—174 LOCKHART ROAD WANCHAI HONG KONG	***OCEAN BILL OF LADING***

（续表）

<table>
<tr><td colspan="2">PRE CARRIAGE BY</td><td colspan="2">PORT OF LOADING
SHANGHAI, CHINA</td><td colspan="2">PORT OF RECEIPT
SHANGHAI, CHINA</td></tr>
<tr><td colspan="2">OCEAN VESSEL/VOYAGE NO.
BERLIN EXPRESS V. 06W01</td><td colspan="2">PORT OF DISCHARGE
SYDNEY, AUSTRIA</td><td colspan="2">PLACE OF DELIVERY
SYDNEY, AUSTRIA</td></tr>
<tr><td>MKS& NOS.
CONTAINER NO.
SEAL NUMBER</td><td colspan="2">NOS. AND
KIND OF PKGS</td><td colspan="2">DESCRIPTION
OF GOODS</td><td>GROSS
WEIGHT</td><td>MEASURE-
MENT</td></tr>
<tr><td>ID COM

PART OF 1 ×40′GP
MLCU4578618/
C423776

FREIGHT PREPAID</td><td colspan="2">372CNTS</td><td colspan="2">SAID TO
CONTAIN:
LUGGAGE SET OF
5PCS</td><td>8 484.00KGS</td><td>47.768CBM</td></tr>
<tr><td colspan="7">TOTAL NO. OF CONTAINERS
OR PACKAGES (IN WORDS): SAY THREE HUNDRED AND SEVENTY CARTONS ONLY</td></tr>
<tr><td rowspan="3">OVERSEA OFFICE OR
DESTINATION PORT
AGENT</td><td colspan="2">NO. OF ORIGINAL B/Ls
THREE
(3)</td><td colspan="4">FREIGHT PAYBALE AT
DESTINATION</td></tr>
<tr><td colspan="2">ON BOARD DATE
2004-04-08</td><td colspan="4">PLACE & DATE OF ISSUE
SHANGHAI, 04-04-08</td></tr>
<tr><td colspan="6">SIGNED BY:
AS AGENT FOR THE CARRIER</td></tr>
</table>

第九单元　结汇相关单据制作与审单

学习目标

1. **知识目标**

明确汇票、受益人证明、船公司证明等其他常用结汇单证的内容及制作方法。

2. **能力目标**

能制作汇票、受益人证明、船公司证明等其他常用结汇单证。

工作任务

王芳现在拿出信用证，将信用证要求的单据种类、份数、要求仔细检查了一遍，确认单据齐全、无误后着手缮制汇票，最后汇集信用证要求的全套单据，2012年7月20日向中国银行北京分行交单议付。

任务1：缮制汇票

任务2：审核全套单据

任务1：缮制汇票

汇票各栏目的内容缮制如下。

（一）出票条款

出票条款又称出票依据。信用证业务中，如信用证有具体规定的，则必须按信用证的规定填写；信用证没有规定的，则填开证行名称与地址、信用证号码、开证日期。

在托收业务中，一般应加具货物的名称、数量、启运港、目的港及合同号码等，并注明"FOR COLLECTION"，如"drawn under contract No. 123 against shipment of 200 M/T peanut from Xingang to Sydney"。

△本汇票中信用证对出票条款未做规定，所以出票条款填写如下：

Drawn under HSBC BANK，ANGOLA BRANCH

L/C or A/P No. DBLC20124501

Dated JUNE 14,2012

(二) 年息

这一栏由结汇银行填写,用以清算企业与银行间的利息费用。出口公司不必填写此栏。

(三) 号码

号码即汇票号码,一般都以相应的发票号码兼做汇票号码。其用意是核对发票与汇票中相同和相关的内容,例如金额、信用证号码等。一旦一套单据出现错误或需要修改时,只要找出与发票号码相同的汇票,就能确定它们是否是同一笔交易的单据,给核对和纠正错误带来了便利。

△本汇票号码填写如下:

NO.:BJBS12022

(四) 汇票金额

汇票上应填上小写金额和大写金额。汇票小写金额填在 Exchange for 后,由货币名称缩写和阿拉伯数字组成。金额保留两位小数,如 USD 1 078.60。汇票大写金额填在 The Sum of 后,要求顶格写,以防有人故意在汇票金额上做手脚。

在填制汇票金额时,应注意以下几点:

(1) 除非信用证另有规定,汇票金额应与发票金额一致。

(2) 如信用证规定汇票金额为发票金额的百分之几,例如 97%,那么发票金额应为 100%,汇票金额为 97%,其差额 3% 一般为应付的佣金。这种做法通常用于中间商代开信用证的场合。

(3) 如信用证规定部分信用证付款、部分托收,则分做两套汇票:信用证项下付款的按信用证允许的金额填制,以银行为付款人;其余部分为托收项下汇票的金额,以客户为付款人;两者之和等于发票金额。

(4) 如信用证要求两张汇票分别支付一笔交易额,则在两张汇票上打上信用证所要求的金额。

(5) 如信用证规定以贷记通知单(Credit Note)扣应付佣金的,那么发票金额开 100%,而汇票金额应按发票金额减去贷记通知单上的金额后的余额开立。

(6) 汇票上的金额大、小写必须一致,不得涂改,不允许更改后加盖校对章。

△本汇票金额填写如下:

Exchange for USD 26 000.00

the sum of U. S. DOLLARS TWENTY SIX THOUSAND ONLY

(五) 出票日期和出票地点

出票地点一般是出口商所在地,一般事先已印好,无需现填。出票地点后的横线填出票日期,信用证方式下,一般以议付日期作为出票日期。该日期不得早于随附的各种单据的出单日期,同时不能迟于信用证的交单期。托收方式下,该日期按托收行寄单日期填写。该日期一般由银行代填,需用英文,不能全部用阿拉伯数字。

△本汇票出票地点已印好,为:BEIJING。

△本汇票出票日期为:JULY 14,2012。

(六) 汇票付款期限

汇票付款期限分即期和远期两种,需按不同的付款期限缮制。

(1) 即期付款,只需在横线上用"***"或"——"或"XXX"表示,也可直接打上"AT SIGHT",但不能留空。

(2) 远期付款,按信用证的规定填入相应的付款期限。

例如,来证规定"drafts at 30 days after sight",这是见票后30天付款的远期汇票,填写时,在此栏打上"30 DAYS AFTER";

来证规定"drafts at 45 days after date",这是汇票出票日后45天付款的远期汇票,填写时,在此栏打上"45 DAYS AFTER DATE",并把已印的sight划掉;

来证规定"drafts at 60 days after the B/L date",这是提单日后60天付款的远期汇票,填写时,在此栏打上"60 DAYS AFTER THE B/L DATE",把已印的sight划掉,并在汇票空白处注明提单的具体日期,以便当汇票与其他单据分开时,也能从汇票上计算出到期日。

来证规定"drafts to be drawn as follows: USD 29 000.00—drafts to be drawn at sight on National Australia Bank LTD., Brisbane, Queensland, Australia USD 21 000.00—drafts to be drawn at 90 days sight on National Australia Bank LTD., Brisbane, Queensland, Australia"。这是要求一笔交易分两个期限付款的信用证,需要填写两张汇票。一张在付款期限上用"* * *"或"——"或"XXX"表示,也可直接打上"AT SIGHT",该汇票金额为USD 29 000.00;另一张在付款期限中填"90 DAYS",表示见票后90天付款,该汇票金额为USD 21 000.00。

对于假远期信用证,此栏应注明远期天数,即"XXX天远期汇票(按即期议付)"[At XXX days sight and negotiable on sight basis 或 At XXX days(negotiable on sight basis)]。

托收方式下的汇票付款期限,除表明即期或远期的期限外,还要在期限前注明具体的托收种类,如“D/P AT SIGHT”或“D/P AT XXX DAYS AFTER SIGHT”或“D/A AT XXX DAYS AFTER SIGHT”。

△本汇票付款期限填写如下:

AT 60 DAYS SIGHT。

(七)受款人

受款人又称收款人,也称汇票抬头人,具体写法有三种:① 限制性抬头。如“仅付给甲公司(Pay A Co. Only)”或“付给甲公司,不准转让(Pay A Co. ,not transferable)”。这种汇票不能经背书进行转让。② 指示式抬头。如“付给甲公司或其指定人(Pay A Co. or order;Pay to the order of A Co.)”。这种载有指示性抬头的汇票可以经过背书转让。③ 来人抬头,即在汇票上不指定收款人名称,而只写明“付给持票人(Pay holder)”或“付给来人(Pay bearer)”字样。按《英国票据法》,汇票可以做成来人抬头,这种汇票可以仅凭交付汇票本身即可进行转让,而无需由持票人背书。我国票据法规定不记载收款人名称的汇票是无效的。目前出口业务中使用最广泛的是指示式抬头,汇票的格式上也基本印好“Pay to the order of XXX”,XXX 是汇票的记名收款人,通过他的背书,汇票可以转让。

在信用证方式下,汇票中受款人这一栏中填写的应是银行名称和地址,一般都是议付行的名称和地址。究竟要哪家银行作为受款人,这要看信用证中是否有具体的规定。

通常,信用证对受款人的规定是通过两种形式表示的。一种是限制受款人,即限制议付行;另一种是不限制受款人,即不限制议付行,可自由议付。

例如,来证规定“by negotiation against the documents detailed herein and beneficiary's drafts at 30 days after sight with BANK OF CHINA, HANGZHOU BRANCH”。此证限制在中国银行杭州分行议付,即受款人是中国银行杭州分行。在填写这样要求的汇票时,应在 pay to the order of 之后的栏目中打上“BANK OF CHINA,HANGZHOU BRANCH”。

来证规定“by negotiation against the documents detailed herein and beneficiary's drafts at 30 days after sight with ABC Banking Group LTD,120 Wall Street,New York, USA”。此证限制在美国纽约的 ABC 银行集团议付,即受款人是美国纽约的 ABC 银行集团。在填写这样要求的汇票时,应在 pay to the order of 之后的栏目中打上

“ABC Banking Group LTD. ,120 Wall Street,New York,USA”。但是,对限制在国外银行议付的来证,受益人往往要仔细考虑是否办得到,这意味着受益人要把全套制作好的单据交到在国外的一家银行,从那里取得货款。对于这种限制在国外议付的信用证,我方不主张接受。

来证规定“by negotiation against the documents detailed herein and beneficiary's drafts at 30 days after sight with any bank in beneficiary's country”。此证不限制议付行,不限制受款人,可在受益人所在国家的任何银行议付。收款人可以在自己的国家里选择任何一个合适的银行作为受款人或议付行。在填写这样要求的汇票时,应在此栏中直接填入选择好的银行名称、地址。若选择中国银行杭州分行议付时,则在此栏中打上“BANK OF CHINA,HANGZHOU BRANCH”。

在托收方式下,一般以托收行(出口地银行)作为收款人。

△本汇票中信用证对议付行没做限制,所以出口商选择通知行作为议付行,收款人填写如下:

BANK OF CHINA,BEIJING BRANCH。

(八) 付款人

付款人又称受票人。在信用证方式下,汇票的付款人应按照信用证的规定填写;若信用证中未规定付款人,则填写开证行。

例如,来证规定“draft drawn on ROYAL BANK OF CANADA,VANCOUVER”。付款人为 ROYAL BANK OF CANADA, VANCOUVER,应在付款人一栏中打上“ROYAL BANK OF CANADA,VANCOUVER”。倘若信用证中未指定付款人,应填写开证行。

来证规定“drafts drawn on us”。这里的“us”是开证行,应把开证行的名称和地址填在付款人一栏中。注意在此栏中不能打上“us”字样,这样填写,银行是无法查到付款人的。

来证规定“drafts drawn on applicant”。在填写汇票付款人时,应把开证申请人的名称与地址全部填上。注意在此栏中不能打上“applicant”字样,这样填写,银行是无法查到付款人的。

按《UCP600》规定:“信用证不得开成凭以申请人为付款人的汇票支付。但如信用证要求以申请人为付款人,银行将视此种汇票为一项额外的单据。”据此,如信用证要求以申请人为付款人的汇票,仍应照办,但这只能作为一种额外的单据。

托收方式下,一般以进口商作为汇票的付款人。

△本汇票中信用证规定由开证行作为付款行,其填写如下:

HSBC BANK,ANGOLA BRANCH

55 Water Street,Room 1702,LUANDA, ANGOLA

(九) 出票人

出票人一般填出口企业,包括企业全称和负责人的签字或盖章。在可转让信用证情况下,也有可能为信用证的第二受益人。

△本汇票中出票人填写如下:

BEIJING BLUE SKY TRADING CO. ,LTD.

李彬

(十) 汇票份数

汇票在没有特殊规定时,都打两张,一式两份。汇票一般都在醒目的位置上印着"1""2"字样,表示第一联和第二联。汇票的第一联和第二联在法律效力上无区别。第一联生效则第二联自动作废,第二联生效则第一联自动作废,即付一不付二、付二不付一。

填制完成的汇票如下:

BILL OF EXCHANGE

Drawn under HSBC BANK,ANGOLA BRANCH

L/C NO. DBLC20124501 Dated JUNE 14,2012

No. BJBS12022

Exchange for USD 26 000.00 BEIJING,JULY 14,2012

At 60 DAYS AFTER SIGHT of this First of Exchange (Second of the same tenor and unpaid), pay to BANK OF CHINA BEIJING BRANCH or the Order of the sum of SAY U. S. DOLLARS TWENTY SIX THOUSAND ONLY.

To HSBC BANK,ANGOLA BRANCH

55 Water Street,Room 1702,LUANDA, ANGOLA

BEIJING BLUE SKY TRADING CO. ,LTD.

李彬

知识链接与归纳(一)

一、汇票概述

汇票(Bill of Exchange,简称 Draft 或 Exchange)是国际结算中使用得最多的主要票据。

（一）汇票的定义

《中华人民共和国票据法》第19条对汇票下了如下定义："汇票是出票人签发的，委托付款人在见票时或在指定日期无条件支付确定的金额给收款人或其指定人或持票人的票据。"

按照各国广泛引用或参照的《英国票据法》所下的定义，汇票是"由一人签发给另一人的无条件书面命令，要求受票人见票时或于未来某一规定的或可以确定的时间，将一定金额的款项支付给某一特定的人或其指定人或持票人"。

（二）汇票的种类

汇票可从不同角度进行分类：

1. 按照出票人的不同，汇票可分为银行汇票和商业汇票

银行汇票的出票人是银行。在国际结算中，银行汇票签发后，一般交汇款人，由汇款人寄交国外收款人向指定的付款银行取款。出票行签发汇票后，必须将付款通知书寄给国外付款行，以便付款行在收款人持票取款时进行核对。银行汇票一般为光票，不随附货运单据。

商业汇票的出票人是工商企业或个人。在国际结算中，商业汇票通常是由出口人开立，向国外进口人或银行收取货款时使用的汇票。商业汇票的出票人不必向付款人寄送付款通知书。商业汇票大都附有货运单据。在信用证结算中，通常使用的是商业汇票。

2. 按照付款时间的不同，汇票可分为即期汇票和远期汇票

见票即付的是即期汇票，将来某一时间付款的是远期汇票。远期汇票的付款日期的记载方法主要有四种：① 规定某一个特定日期，即定日付款；② 付款人见票后若干天；③ 出票日后若干天；④ 运输单据日后若干天。其中，较多用"提单日期后若干天"。

3. 按照承兑人的不同，汇票可分为商业承兑汇票和银行承兑汇票

商业承兑汇票是由工商企业或个人承兑的远期汇票。商业承兑汇票是建立在商业信用基础之上的汇票，其出票人也是工商企业或个人。

银行承兑汇票是由银行承兑的远期商业汇票。银行承兑汇票通常由出口人签发，银行对汇票承兑后即成为该汇票的主债务人，而出票人则成为次债务人。所以银行承兑汇票是建立在银行信用基础之上的汇票。

4. 按照是否附有货运单据，汇票可分为光票和跟单汇票

光票是指不附带货运单据的汇票。光票的流通全靠出票人、付款人或出让人

(背书人)的信用。在国际结算中,除少量用于货款结算外,一般仅限于贸易从属费用、货款尾数、佣金等的托收或支付时使用。

跟单汇票是指附有货运单据的汇票。跟单汇票的付款以附交货运单据为条件,付款人要取得货运单据提取货物,必须付清货款或提供一定的担保。跟单汇票体现了钱款与单据对流的原则,对进出口双方提供了一定的安全保证。在国际结算中,大都采用跟单汇票作为结算工具。

一份汇票通常同时具备几种属性,如一份商业汇票,可以同时是即期的跟单汇票或远期的银行承兑跟单汇票或远期的商业承兑跟单汇票。

(三)汇票的使用

汇票的使用随汇票是即期还是远期而有所不同。即期汇票只需经过出票、提示和付款。远期汇票须经过承兑手续。如需流通转让,通常要经过背书。汇票遭到拒付时,还要涉及做出拒绝证明、依法行使追索权等法律问题。

1. 出票

出票是指出票人签发票据并将其交付给收款人的票据行为。出票由两个动作组成,一是由出票人写成汇票,并在汇票上签字;二是由出票人将汇票交付给收款人。由于出票是设立债权债务的行为,所以,只有经过交付汇票才开始生效。

出票人签发汇票后,即承担保证该汇票必然会被承兑和/或付款的责任。出票人在汇票得不到承兑或付款时,应当向持票人清偿被拒绝付款的汇票金额和自到期日或提示付款日起至清偿日的利息,以及取得拒绝证书和发出通知等的费用。

2. 提示

提示是指收款人或持票人将汇票提交付款人要求付款或承兑的行为。提示可分为两种:

(1) 提示承兑。提示承兑是指远期汇票持票人向付款人出示汇票,并要求付款人承诺付款的行为。

(2) 提示付款。提示付款是指汇票的持票人向付款人(或远期汇票的承兑人)出示汇票要求付款人(或承兑人)付款的行为。

3. 承兑

承兑是指汇票付款人承诺在汇票到期日支付汇票金额的票据行为。汇票一经承兑,付款人就成为汇票的承兑人,并成为汇票的主债务人,而出票人便成为汇票的次债务人。

4. 付款

付款是指付款人向持票人支付汇票金额的行为。即期汇票在付款人见票时付款;远期汇票于到期日在持票人作提示付款时由付款人付款。汇票一经付款,汇票上的一切债权债务即告结束。

5. 背书

背书是一种以转让票据权利为目的的行为。背书通常由持票人在汇票的背面或粘单上签上自己的名字,或者再加上受让人即被背书人的名字,并把汇票交给受让人。汇票经过背书后,收款的权利就转让给了受让人,由被背书人取得了汇票的所有权。出让人对受让人负有保证汇票必然会被承兑或付款的担保责任。

6. 拒付与追索

拒付包括拒绝付款和拒绝承兑两个内容。汇票被拒付,持票人除可向承兑人追索外,还有权向其前手,包括所有的背书人和出票人行使追索权。持票人进行追索时,应将拒付事实书面通知其前手,并提供被拒绝承兑或被拒绝付款的证明或退票理由书。持票人不能出示拒绝证明、退票理由书的,丧失对其前手的追索权。追索的金额包括被拒付的汇票金额和自到期日或提示付款日起至清偿日的利息,以及取得拒绝证书和向前手发出被拒绝通知的费用。

二、其他附属单据介绍

除了本信用证业务中所介绍的常见单证以外,根据具体业务的需要,结汇可能还需要其他一些单据。我们不可能也没有必要全部列举出来,只要在外贸实践的过程中,注意单据的名称、种类、作用、使用范围、内容和申领条件,就可以掌握这些单据的制作要点了。下面我们介绍几种常见的其他业务单据。

(一) 受益人证明

受益人证明(BENEFICIARY'S CERTIFICATE)是由受益人根据进口商的要求出具的证明文件,受益人证明的内容和侧重点各有不同,证明的内容包括:寄出有关的副本单据、船样、样卡、码样、包装标签;商品已经检验;已发出装船通知等。应根据合同和信用证的规定以及具体业务的不同自行设计受益人证明。

常见的受益人证明有寄单证明和寄样证明。寄单证明(BENEFICIARY'S CERTIFICATE FOR DESPATCH OF DOCUMENTS)是受益人在货物装运前后的一段时间内,向进口商或其指定人做出的证明受益人已经把合同和信用证规定的单据交给对方的证明文件。寄单证明的重要内容有单据名称、证明内容、出单日期、公司名称等。寄样证明(BENEFICIARY'S CERTIFICATE FOR DESPATCH OF SAMPLE)是由受益人出具的,说明已经寄出样品、样卡、码样的证明。下面是一个寄单证明示例。

BEIJING BLUE SKY TRADING CO. LTD

NO.6 CHAOWAI STREET,DONGCHENG DIS. BEIJING,CHINA

Beneficiary's Certificate

S/C NO.: LW20120006

L/C NO.: DBLC20124501

INV. NO.: BJBS12022

TO WHOM IT MAY CONCERN:

WE HEREBY CERTIFY THAT ONE SET OF NON-NEGOTIABLE DOCUMENTS HAVE BEEN FAXED AND COURIERED TO APPLICANT WITHIN 3 DAYS AFTER SHIPMENT.

BEIJING BLUE SKY TRADING CO. LTD

×××

July 20,2012

受益人证明一般有以下一些内容:

<table>
<tr><td colspan="4">NAME & ADDRESS OF BENEFICIARY
BENEFICAIRY'S CERTIFICATE</td></tr>
<tr><td>TO:</td><td></td><td>Date</td><td></td></tr>
<tr><td></td><td></td><td>Invoice No.</td><td></td></tr>
<tr><td></td><td></td><td>B/L NO.</td><td></td></tr>
<tr><td></td><td></td><td>L/C NO.</td><td></td></tr>
<tr><td colspan="4">Dear Sirs:
We hereby certify that...
Signature</td></tr>
</table>

填写方法为:

第1栏:填写出口公司名称和地址。

第2栏:填写单据名称,按信用证规定填,如 BENEFICIARY'S CERTIFICATE、BENEFICIARY'S STATEMENT、BENEFICIARY'S DECLARATION。

第3栏:抬头栏,类似这样的公开证明或声明,抬头可采用笼统填法,即"致有关当事人(TO:WHOM IT MAY CONCERN)"。

第4栏:日期,应与证明的内容符合。如证明副本单据必须在装船后XXX天内寄给开证申请人,那么受益人证明的签发日期最好在这段时间内。例如:提单日期是3月12日,受益人证明的有关内容是"WE HEREBY CERTIFY THAT ONE SET OF NONNEGOTIABLE SHIPPING DECUMENTS HAS BEEN AIRMAILED TO THE APPLICANT WITHIN 2 DAYS AFTER THE SHIPMENT DATE",受益人证明不能早于3月12日,当然也不能晚于交单日期,最好在3月12日至3月14日之间。

第5栏:参考号码,填写信用证号码和发票号码。

第6栏:证明内容,根据信用证填写,但有时应对所用时态做相应变化。例如:信用证条款规定"BENEFICIARY'S CERTIFICATE CERTIFY THAT ALL THE PACKAGES TO BE LINED WITH WATERPROOF PAPER AND BOUND WITH TWO IRON STRAPS OUTSIDE",则受益人证明应做成"... PACKAGES HAVE BEEN LINED..."。

第7栏:签名,受益人证明一般不分正副本。若来证要求正本,可在单据名称的正下方打上"ORIGINAL"字样。受益人证明必须要有出口公司签名才能生效。

(二) 运输证明

运输证明(SHIPPING CERTIFICATE)是船长或其代理人出具的,用来证明船籍(船舶国籍)、航程(载货船舶航程中停靠的港口)、船龄(船舶年龄)、运费等的证明文件,一般由受益人应开证申请人的要求向船公司或其代理索取。常见的运输证明有:

1. 船籍证明

船籍证明(Ship's Nationality Certificate)是说明载货船舶国籍的证明。有时买方出于政治原因,对装货船舶的国籍予以限制,要求卖方仅用某些国家或不用某些国家的船舶装货,并要求卖方提供相应证明。

2. 航程证明

航程证明(Itinerary Certificate)是说明载货船舶航程中停靠的港口的证明。有时买方出于政治原因,为了避免航行途中货船被扣的风险,对装货船舶的航行路线、停靠港口予以限制,要求船舶不能经过某些地区,或不在某些港口停靠,并要求卖方提供相应证明。

中东的阿拉伯国家和地区的进口商常常要求提供上述两类证明。如来证要求:"Shipment must not be effected on Israeli vessel and not call at any Israeli ports, and not black listed vessel。"信用证要求提供非以色列船只、不得停靠以色列港口、不是黑名单船只,按此条款,应提供由船方或其代理出具的船籍和航程证明。

3. 船龄证明

船龄证明(Ship's Age Certificate)是说明载货船舶船龄的证明。有时信用证要求提供表明运输船舶的船龄不得超过多少年的证明。一般15年以上的船为超龄船,许多保险公司不予承保或要增收保险费。25年以上的船为报废船。此外,有些国家规定船龄超过15年的船只不准停泊卸货,因为15年以上的老船设备差、装卸效率不高,有些港口在泊位紧张时把它排在最后卸货。买方为了保障船只及货物在运输途中的安全,要求卖方不装超过15年船龄的老船,并提供相应的证明。如"shipment to be effected by regular liner vessel under 15 years of age otherwise the overage premium, if any, to be paid by the beneficiary"。

4. 船级证明

船级证明(Ship's Classification Certificate)是船级社通过对船舶的技术状况进行评审、检验后出具的说明船舶船级标准和技术规范的一种文件。世界上主要的船级社有:英国劳合氏船级社(Lloyd's Register of Shipping, LR)、挪威船级社(Det Norske Veritas, DNV)、中国船级社(China Classification Society, CCS)、日本海事协会(Nippon Kaiji Kyokai, NK)、美国船级社(American Bureau of Shipping, ABS)等。船级证明可根据信用证列明的语句缮制,也可使用船级社提供的规范文本。

例如,来证要求"certificate issued by Lloyd's Register of Shipping London certifying that the carrying vessel is classified as 100A1"。按此条款,应提供英国劳合氏船级社签发的船级证明。

5. 集装箱船只证明

信用证仅规定货物须装载集装箱船只,则只要在提单上注明货物是集装箱运输(THE GOODS HAVE BEEN SHIPPED BY CONTAINER)即可。信用证不仅规定货物须装载集装箱船只且要求单独递交证明文本,则不仅须在提单上注明货物是集装箱运输,还须提供集装箱船只证明(Container Ship Certificate)。例如,来证要求:"SHIPMENT TO BE MADE BY CONTAINER VESSEL AND BENEFICIARY TO CERTIFY THIS EFFECT."

6. 船长收据

船长收据(Master'S/Captain'S Receipt)亦称收单证明,是由船长出具的用以说明收到托运人委托随船转交单据的凭证。有些信用证规定货物装运后将有关副本单据交装货船只的船长随船带交收货人,以便收货人在货到目的港后能及时提货或办理其他手续。此时,需船长签发收据,收据上须由船长转递单据的承诺。有些船长收据由交寄人出函，请船长手签生效。要求船长收据的条款常见于日本来证，因中日航线很短，往往船只已经到达，单据却未到，日本商人因而常在来证上做此要求。船长收据的签发日期应等于或晚于提单日期。

例如，来证要求："COPIES OF SHIPPING DOCUMENTS MUST BE SENT TO THE MASTER OF THE CARRYING VESSELS, AND THE MASTER'S RECEIPT REQUIRED FOR NEGOTIATION。"按此条款，应提供由船长签发的随船单据的收据。

7. 运费证明

运费收据（Freight Note）是船公司出具的用以说明运费支付情况的证明文件。通常买方请卖方代办运输时，进口方往往要求提供运费收据，以便了解已付运费的实际情况，并作为双方结算运费的依据。运费收据的签发日期应先于或等于提单日期。

例如，来证要求"Freight Note, Freight Voucher, Invoice for Freight, Certificate from Shipping Company, Certifying Amount of Freight Paid"时，出口方应提供运费收据。

任务2：审核全套单据

王芳填制、收集了全套的结汇单据之后，为了确保顺利安全收汇，再次认真研究了信用证，并依据信用证及《UCP600》审核出口结汇的单据。

操作过程

第一步：根据外商开来的信用证审核商业发票。

第二步：根据信用证、商业发票审核装箱单。

第三步：根据信用证、商业发票、装箱单审核原产地证。

第四步：根据信用证、商业发票、装箱单审核提单。

第五步：根据信用证、商业发票、装箱单、提单审核保险单。

第六步：根据信用证、商业发票、装箱单、提单审核装运通知。

第七步：根据信用证、商业发票审核汇票。

知识链接与归纳（二）

审单是指对已缮制的诸单据的复核和审查。

一、审单原则

在信用证结算方式下，外贸单证员审单的原则是单货一致、单证一致、单单一致;银行审单的原则是单证一致、单单一致。在托收结算方式下,外贸单证员审单的原则是单货一致、单约一致、单单一致;银行审单的原则是审核单据的名称、份数是否与托收申请书一致,并无审核单据内容的义务。在汇款结算方式下,外贸单证员审单的原则是单货一致、单约一致、单单一致。

1. 单证一致

单证一致是指所提交的单据在种类、份数和内容上都要与信用证的要求一致。单证一致具体体现在:① 单据与信用证条款相符;② 单据与 UCP 与 ISBP 等信用证国际惯例相符。

2. 单单一致

单单一致是指所提交单据内容之间要一致。单单一致审核时,要以发票为中心来审核各单据之间的一致情况。

3. 单约一致

单约一致是指各单据要与合同条款一致。

4. 单货一致

单货一致是指单据要与实际装运货物一致。

二、主要单据的审核要点

1. 汇票的审核要点

① 汇票载有正确的信用证参考号码;② 有当前的日期;③ 签字及/或出票人的名称与受益人的名称一致;④ 开致正确的付款人,不能是开证申请人;⑤ 金额大小写一致,并与信用证规定、发票相符;⑥ 汇票的期限就是信用证所要求的;⑦ 收款人应是受益人或交单银行;⑧ 如果需要背书,是否已被正确地背书;⑨ 是否有限制性背书;⑩ 是否包含信用证要求的条款;⑪ 所开立的金额不超过信用证可以使用的余额。

2. 商业发票的审核要点

① 除非信用证另有规定,商业发票的出具人与汇票的出票人应相同,在绝大多数情况下为信用证的受益人。② 除非信用证另有规定,抬头为开证申请人。③ 不得为"形式发票"或"临时发票"。④ 货物描述和信用证的商品描述相符。⑤ 没有表现出来任何附加的、不利的涉及货物状态或价值的描述。⑥ 发票上包括信用证所提及的货物细节、价格条款。⑦ 发票上提供的其他资料如唛头、号码、运输通知等与其他单据是否一致。⑧ 发票上的货币与信用证一致。⑨ 发票金额与

汇票金额一致。⑩ 发票金额不超过信用证可使用的余额，如不允许分批装运，发票应包括信用证要求的整批装运金额；如允许分批装运，金额在总、分之间互不矛盾，并与信用证规定、汇票相符。⑪ 按照信用证要求发票已被签字（或公证人证实、合法化、签证等）。⑫ 有些资料关于装运、包装、重量、运费或其他有关的运输费用符合其他单据上所载明的。⑬ 提交正确张数的正本及副本。⑭ 显示的合同号与信用证规定一致。⑮ 注意上下浮动幅度，如信用证的金额、单价、商品数量前有"大约"（About、Circa）字样，则有关金额、单价、数量允许有10%的上下浮动幅度；除非信用证规定货物的数量不得增减，在所支款项不超过信用证金额的条件下，货物的数量准许有5%上下的浮动幅度，但当信用证规定数量以包装单位或个体计数时，此项浮动不适用。

3. 运输单据的审核要点

① 运输单据的种类必须与信用证规定相符；② 运输单据应具备法定条件并由运输公司（如船公司、航空公司等）或其代理人签名；③ 除非信用证另有规定，必须提交全套提单；④ 收货人和被通知人名称、地址、启运港、目的港、装运日期等，应符合信用证规定；⑤ 除非信用证另有规定，发货人通常为受益人或转让信用证中的受让人，但若是受益人以外的一方作为发货人，也可接受；⑥ 提单货物描述一般符合信用证所说明的货物描述，货名可以用统称（General Term），唛头、数量、重量、船名、线路等应与信用证相符，并与其他单据一致；⑦ 提单上价格条款或有关运费的记载必须与信用证及其他单据一致，如CIF、CFR，相应的费用记载应为"Freight Prepaid"（运费已预付）或"Freight Paid"（运费已付）；FOB，相应的费用记载应为"Freight Collect"（运费到付）或"Freight Payable at Destination"（目的地支付运费）；⑧ 提单抬头若为"To Order Of Shipper""To Shipper' S Order""To Order"，均应做背书；⑨ 收妥备运提单，必须于货物实际装船后，加注"On Board"（已装船）字样及已装船日期；⑩ 修改提单，必须在更正处加盖更正章及船公司或其代理人，或船长的小签（Initial Signature，即签上姓氏，也叫简签）；⑪ 运输单据上没有条款能够使其瑕疵或不清洁（见《UCP600》第32条a款）。

4. 保险单的审核要点

① 应明确保险单的全套正本份数，并且除非信用证另有规定，必须提交全套正本保险单；② 保险单必须由保险公司（Insurance Company）或承保人（Underwriters）或他们的代理人（Agents）开立及签署，除非信用证另有规定，银行不接受由保险经纪人（Broker）签发的暂保单（Cover Note）；③ 保险单日期必须早于或等于提单

日期;④ 除非信用证另有规定,保险单显示的金额、币别必须与信用证要求一致;⑤ 投保的险种必须符合信用证的要求,若信用证使用了含义不明确的条款,如"通常险别(Usual Risks)"或"惯常险别(Customary Risks)",银行当按照所提示的保险单予以接受;⑥ 除非信用证另有规定,银行将接受免赔率(Franchise)或免赔额约束的保险单;⑦ 当信用证规定"投保一切险"时,银行应接受含有任何"一切险"批注或条文的保险单,不论其有无"一切险"标题,甚至表明不包括某种险别;⑧ 保险单的船名、航程、装运港、目的港、唛头等应与提单、发票等其他单据一致;⑨ 应表明赔付地、在目的地的支付赔款代理人、支付的货币种类,信用证如无此项规定,赔付地点可以选择在进出口人的任何一方;⑩ 信用证要求保险单(Insurance Policy)时,不得以保险凭证(Insurance Certificate)代替,反之则可以;⑪ 份数完全符合信用证规定的数量。

5. 产地证的审核要点

① 产地证是独立的单据,不要与其他单据联合起来,必须由信用证指定的机构出具,若信用证无此规定,可以由包括受益人在内的任何人出具;② 按照信用证要求,产地证已被签字、被公证人证实、合法化、签证等;③ 内容必须符合信用证的要求,并与其他单据不矛盾;如信用证规定货物为某地生产,则产地证必须表明为某地生产;④ 载明原产地国家,应该符合信用证的要求;⑤ 含有检验意义的产地证的日期不能迟于提单日期;特殊产地证的格式必须符合进口国惯例的要求;⑥ 份数不能少于信用证规定的数量。

6. 装箱单、重量单的审核要点

① 单据的名称和份数必须与信用证要求相符;② 货物的名称、规格、数量及唛头等,必须与其他单据相符,可以相互补充,不可互相矛盾;③ 数量、重量及尺码的小计必须吻合,并与信用证、提单、发票等单据相符;④ 提供的单据份数不能少于信用证规定的数量。

三、信用证结算方式下的审单方法和依据

(一) 审单方法

1. 纵向审核法

纵向审核法,即依据信用证规定的条款与诸单据所列内容,两者对照,一句一字地予以审核,做到单据与信用证完全相符。

2. 横向审核法

横向审核法，即在诸单据中选择一份主要的单据，亦称大单据（例如商业发票或汇票），与其他单据相对照地予以审核，做到一份主单据与其他单据所列内容完全一样，而且完全相符。

（二）审单依据

1. 按照《UCP600》的规定审单

《UCP600》是确保在世界范围内将信用证作为可靠支付手段的准则，已被大多数国家与地区接受和使用。《UCP600》所体现出来的国际标准和银行惯例是各国银行处理结算业务必须遵循的基本准则。我们必须按照《UCP600》的要求，合理谨慎地审核信用证要求的所有单据，以确定其表面上是否与信用证条款相符。

2. 按照信用证所规定的条件、条款审单

信用证是根据买卖双方的贸易合同而开立的，它一旦为各有关当事人所接受，即成为各有关当事人必须遵循的契约性文件。在信用证结算业务中，各有关当事人必须受其约束，按照信用证所规定的条件、条款，逐条对照，以确定单据是否满足信用证的要求。当信用证的规定与《UCP600》有抵触时，则应遵循信用证优先于《UCP600》的原则，按照信用证的要求审核单据。这其中又包括表面一致性和内容相符性两条原则：

（1）遵循表面一致性原则。受益人提交的单据名称及其内容等表面上必须与信用证规定完全一致。例如，某信用证将货物描述为“ATTACHES SANITAIRE（卫生洁具附件）”，而受益人具体的货为“EXPASION BOLT（膨胀螺栓）”。虽然如此，有关单据中的货物描述仍必须与信用证的规定相一致，填写“ATTACHES SANITAIRE”。有的单据因某种特殊作用如清关报税而需显示具体货名时，则必须将信用证所规定的“ATTACHES SANITAIRE”显示在有关单据上，而后加注具体货名“EXPASION BOLT”。

（2）遵循内容相符性原则。审单时应注意避免照搬、照抄信用证的原话，只要内容相符即可，例如，信用证的有关人称指向、时态、语态等，转到单据上时，即应做相应的调整，以避免不必要的误会。

3. 按照银行的经营思想、操作规程审单

国际贸易结算是银行的一项重要业务，企业（商家）是通过银行来进行结算的。因此，在操作过程中，必须按照银行的有关操作规程行事，以免银行不受理或拒付。

4. 结合上下文内容审单

信用证是一个与商务合同分离的独立文件,其内容是完整的、互为联系的,其所要求的条件和单据等是相辅相成、前后一致的。审单时必须遵循普遍联系的观点,结合上下文内容进行,避免片面、孤立地看待某一条款。例如,欧共体某国开来一信用证,要求提交的单据中有一项是产地证,而在后文中又要求受益人将正本普惠制产地证寄交开证申请人。结合上下文内容,就能判断出信用证要求向银行提交的是副本普惠制产地证,而非一般的产地证。

5. 按照合情、合理、合法的原则审单

所谓合情、合理、合法是指审单员应根据自己所掌握的国际贸易结算知识,对各种单据的完整性和准确性,做出合乎情理的判断。例如,普惠制产地证是施惠国赋予受惠国出口货物减免税收的一种优惠凭证,其"收货人"一栏,应填写最终买主。如信用证未做明确规定,应根据提单的收货人、通知人及货至目的地等信息对最终买主做出合理的选择。

6. 按照单据的商业功能和结算功能相统一的原则审单

单据的商业功能即在商务流转及商品买卖过程中的作用是主要的,结算功能是次要的,审单时应着重考虑其商业功能。审单人员应该了解各类单据的作用及功能,按照各类单据自身的功能及用途审单,避免将不必要的内容强加于单据。

实训练习

一、判断题

1. 汇票经背书后,汇票的收款权利转让给被背书人,被背书人若日后遭到拒付,可向前手行使追索权。(　　)

2. 一张商业汇票上的收款人是"仅付给 ABC 有限公司(Pay to ABC Co., Ltd. only)",这种汇票不能转让。(　　)

3. D/A 方式下既可以使用即期汇票也可以使用远期汇票,但只能是商业汇票。(　　)

4. 假远期信用证下的汇票,其利息由卖方承担。(　　)

5. 商业汇票与银行汇票的区别在于前者的付款人是商业企业,后者的付款人是银行。(　　)

6. 托收项下汇票的受票人是买方。(　　)

7. 一般汇票有两张正本,根据票据法规定,两张汇票具有同等效力,都可以同时收取款项。(　　)

8. 装船通知是卖方发给买方或保险公司的,用来通知买方做好接货准备或办保险,通知保险公司使预约保单生效。(　　)

二、根据下列内容填制汇票一份

ISSUING BANK: DEUTSCHE BANK (ASIA) HONGKONG

L/C NO. AND DATE: 756/05/1495988, NOV. 20, 2004

AMOUNT: USD 19 745.00

APPLICANT: MELCHERS (H. K) LTD., RM. 1210, SHUNTAK CENTRE, 200 CONNAUGHT ROAD, CENTRAL, HONGKONG

BENEFICIARY: CHINA NATIONAL ARTS AND CRAFTS IMP. & EXP. CORP. GUANG DONG (HOLDINGS) BRANCH

WE OPENED IRREVOCABLE DOCUMENTS CREDIT AVAILABLE BY NEGOTIATION AGAINST PRESENTATION OF THE DOCUMENTS DETAILED HEREIN AND OF BENEFICIARY'S DRAFTS IN DUPLICATE AT SIGHT DRAWN ON OUR BANK.

INV. NO.: ITBE001121

DATE OF NEGOTIATION: DEC. 20, 2004

凭
Drawn under ____________________

信用证 第 号
L/C No ____________________

日期
Dated ____________________

按 息 付款
Payable with interest @ ____________________ % per annum

号码 汇票金额 1 中 国，广 州 年 月 日
No: ________________ Exchange for Guangzhou, China ________________

见票 日后（本汇票之副本未付）
At ____________ Sight of this FIRST of Exchange (Second of exchange being unpaid)

pay to the order of **BANK OF CHINA, TIANJIN BRANCH** 或其指定人

付金额
The sum of

To ____________________

____

三、根据下列所给资料，制作受益人证明一份

L/C NO.: 894010151719

BENEFICIARY: CATICO IMPORT AND EXPROT CORP.
87 LIANHU ROAD, NANJING, CHINA

APPLICANT: FLY TRAVEL GOODS I/E GROUP.
OSSERSTRA 12, 7256DZ ENSCHEDE THE NETHERLANDS

DOCUMENTS REQUIRED:

+ INVOICE IN TRIPLICATE
+ PACKING LIST IN DUPLICATE
+ FULL SET ORIGINAL CLEAN B/L IN TRIPLICATE
+ CERTIFICATE ISSUED BY BEFICIARY STATING THAT GOODS UNDER ORDER NO. 8561 HAS BEEN SHIPPED BEFORE MAR. 6, 2004 AND ALL THE REQUIRED DOCUMENTS HAVE BEEN FAXED TO THE APPLICANT IN ONE WEEK AFTER SHIPPING DATE.

(INVOICE & PACKING LIST NO.: SUNJA0306; B/L NO.: NIFBCMAFF990887)

四、根据提供的信用证内容审核全套结汇单据，指出单据中的不符点并改正

2003AUG01				LOGICAL TERMINAL E102
MT S700			ISSUE OF A DOCUMENTARY CREDIT	PAGE 00001
				FUNC JSRVPR1
USER HEADER			SERVICE CODE 103:	（银行盖信用证通知专用章）
			BANK PRIORITY 113:	
			MSG USER REF. 108:	
			INFO. FROM CI 115:	
SEQUENCE OF TOTAL	*	27	1/1	
FORM OF DOC. CREDIT	*	40 A	IRREVOCABLE	
DOC. CREDIT NUMBER	*	20	4006LC129336	
DATE OF ISSUE		31 C	050801	
EXPIRY	*	31 D	DATE 051005 PLACE CHINA	
APPLICANT	*	50	INTERCOM IMPOTR & EXPORT CO., LTD 123 FRIEDRICH-EBERT STREET, HAMBURG	
BENEFICIARY	*	59	NANJING DECHUANGWEIYE IMPORT & EXPORT CO., LTD HONGWU ROAD 16#, NANJING 210004 P. R. CHINA	
AMOUNT	*	32 B	CURRENCY USD AMOUNT 31 428	
POS./NEG. TOL. (%)		39 A	03/03	

AVAILABLE WITH/BY	* 41	D	ANY BANK IN CHINA,BY NEGOTIATION AGAINST THE DOCUMENTS DETAILED HEREIN AND BENEFICIARY'S DRAFT AT 30 DAYS SIGHT DRAWN ON US UNDER L/C NO. 4006LC129336 FOR 100 P. C. OF THE INVOICE VALUE.
DRAWEE	42	A	THE CHARTERED BANK AG HAMBURG
PARTIAL SHIPMTS	43	P	NOT ALLOWED
TRANSSHIPMENT	43	T	NOT ALLOWED
LOADING IN CHARGE	44	A	CHINA FORT
FOR TRANSPIRT TO...	44	B	HAMBURG
LATEST SHIPMENT	44	C	AT THE LATEST SEPT. 10,2005
GOODS DESCRIPT.	45	A	4 439 CHINA BLACK TEA BAT. 8 000KGS @ USD 4.05/KG CIF 3% HAMBURG (1 × 20'FCL/200 PAPERSACKS) PACKED IN PAPERSACKS. PALLETIZED AND CUNTAINERIZED AS PER THE SALES CONFIRMATION NO. BT7095 THE PRICE IS TO BE UNDERSTOOD PER KILO NET SHIPPED WEIGHT CIF HAMBURG LESS 3 PERCENT COMISSION.
DOCS. REQUIRED	46	A	+ SIGNED COMMERCIAL INVOICE IN 4-FOLD. + FULL SET OF CLEAN ON BOARD MARINE BILL OF LADING MADE OUT TO THE ORDER, MARKED FREIGHT PREPAID AND NOTIFY APPLICANT. + CERTIFICATE OF WEIGHT IN 4-FOLD. + GSP CERTIFICATE OF ORIGIN FORM A,CERTIFYING GOODS OF ORIGIN IN CHINA,ISSUED BY COMPETENT AUTHORITIES. + INSURANCE POLICY OR CERTIFICATE COVERING ALL RISKS AND WAR RISK,INCLUDING WAREHOUSE TO WAREHOUSE CLAUSE, ISSUED FOR AT LEAST 110 % OF CIF-VALUE.

ADDITIONAL CONDITION	*	47 A	IF BILL OF LADING ARE REQUIRED ABOVE, PLEASE FORWARD DOCUMENT IN TWO MAILS, ORIGINALS SEND BY COURIER AND DUPLICATES BY REGISTERED AIRMAIL.
DETAILS OF CHARGES		71 B	BANK CHARGES EXCLUDING ISSUING BANKS ARE FOR ACCOUNT OF BENEFICIARY.
PRESENTATION PERIOD		48	DOCUMENTS TO BE PRESENTED WITHIN 15 DAYS FROM SHIPMENT DATE
CONFIRMATION	*	49	WITHOUT
INSTRUCTIONS		78	DISCREPANT DOCUMENTS, IF ACCEPTABLE, WILL BE SUBJECT TO A DISCREPANCY HANDLING FEE OF USD 50. 00 OR EQUIVALENT WHICH WILL BE FOR ACCOUNT OF BENEFICIARY. SPECIAL NOTE: ISSUING BANK WILL DISCOUNT ACCEPTANCES ON REQUEST, FOR A/C FO BENEFICIARY (UNLESS OTHERWISE STATED) AT APPROPRIATE LIBOR RATE PLUS 1.00 PER CENT MARGIN.
SEND. TO REC. INFO.		72	THIS CREDIT IS ISSUED SUBJECT TO 1993 RECISION, P. I. C. C. PUBLICATIONS NO. 500
TRAILER			ORDER IS <MAC: > <PAC: > <ENC: > <CHK: > <TNG: > <PDE: > MAC: E55927A4 CHK: 7B505952829A

相关资料如下:

发票号码:WHC-05Y2988

发票日期:2005.08.15

FORM A 号码:GZ7/80067/0158

船名:SUISU/SENTOR V.001

产品原材料情况:完全自产品

集装箱号码:TEXU3730336/20′

装运港:NANJING

毛重:40.7KGS/PAPERSACK

净重:40KGS/PAPERSACK

总尺码:24CBM

提单号码:GSG05-723858

提单日期:2005.09.01

唛头:H&L/HAMBUGR/NO.1—200

包装:200 PAPERSACK

南京德创伟业进出口有限公司

Nanjing Dechuangweiye Import & Export Co.,ltd

Hongwu Road 16#,Nanjing 210004 P.R. China

Date 2005.08.15

COMMERCIAL INVOICE Invoice No. WHC-05Y2988

S/C No.: BT7095

Messrs: Intercom Import & Export Co.,ltd

123 FRIEDRICH-EBERT STREET,HAMBURG

Terms of Payment: L/C AT SIGHT

Marks and Numbers	Description & Quantity	Quantity	Unit Price	Amount
H&L HAMBUGR NO.1—200	4 439 CHINA BLACK TEA	8 000KGS	USD 4.05	USD 32 400.00

TOTAL:CIF HAMBURG USD 31 428.00

TOTAL QUANTITY:8 000 KGS PACKING;200 PAPERSACKS

TOTAL WEIGHT:N.W.,8 000 KGS;G.W.,8 140 KGS

TOTAL U.S. DOLLARS THIRTY ONE THOUSAND FOUR HUNDRED AND TEWNTY EIGHT ONLY.

PACKING: IN PAPERSACKS,PALLETIZED AND CUNTAINERIZED INTO 1×20′FCL.

南京德创伟业进出口有限公司

Nanjing Dechuangweiye Import & Export Co. ,ltd

Hongwu Road 16#, Nanjing 210004 P. R. China

CERTIFICATE OF WEIGHT

DATE: 2005. 08. 15

INVOICE NO. : WHC-05Y2988

LOADING

PORT: ____________

S/C No. : BT7095

L/C NO. : 4006LC129336

Shipping Marks	Descriptions of Goods	Quantity	G. W	N. W
H&L HAMBUGR NO. 1—200	4 439 CHINA BLACK TEA 200 PAPERSACKS	8 000KGS	40. 7KGS/ PAPERSACK	40KGS/ PAPERSACK
TOTAL:		8 000KGS	8 140 KGS	8 000 KGS

SAY TOTAL: EIGHT THOUSAND KGS ONLY.

ORIGINAL

<table>
<tr><td>1. Goods consigned from (Exporter's business name, address, country)
NANJING DECHUANGWEIYE IMPORT & EXPORT CO. ,LTD
HONGWU ROAD 16#, NANJING 210004 P. R. CHINA</td><td rowspan="2">Reference No. GZ7/80067/0158

GENERALIZED SYSTEM OF PREFERENCES
CERTIFICATE OF ORIGIN
(Combined declaration and certificate)

Issued in
FORM ATHE PEOPLE'S REPUBLIC OF CHINA
(country)

See Notes overleaf</td></tr>
<tr><td>2. Goods consigned to (Consignee's name, address, country)
INTERCOM IMPORT & EXPORT CO. ,LTD
123 FRIEDRICH-EBERT STREET, HAMBURG</td></tr>
</table>

（续表）

3. Means of transport and route (as far as known) ON/AFTER AUGUST 15,2005 FROM NANJING TO HAMBURG BY VESSEL			4. For official use		
5. Item number	6. Marks and numbers of packages	7. Number and kind of packages; description of goods	8. Origin criterion(see Notes overleaf)	9. Gross weight or other quantity	10. Number and date of invoices
1	H&L HAMBUGR NO.1—200	(8 000) EIGHT THOUSAND KGS OF 4 439 CHINA BLACK TEA ***********	"P" **** TO	8 140KGS ***** TAL:2 550 KGS	WHC-05Y2988 AUG. 15,2005
11. Certification It is hereby certified, on the basis of control carried out, that the declaration by the exporter is correct.			12. Declaration by the exporter The undersigned hereby declares that the above details and statements are correct, that all the goods were produced in CHINA (country) and that they comply with the origin requirements specified for those goods in the Generalized System of Preferences for goods exported to GERMANY		
NANJING, JIANGSU AUG. 20,2005 Place and date, signature and stamp of certifying authority			Place and date, signature and stamp of authorized signatory		

1. Shipper Insert Name, Address and Phone
NANJING DECHUANGWEIYE IMPORT & EXPORT CO. LTD, HONGWU ROAD 16#, NANJING 210004 P. R. CHINA

2. Consignee Insert Name, Address and Phone
TO ORDER

3. Notify Party Insert Name, Address and Phone
(It is agreed that no responsibility shall attach to the Carrier or his agents for failure to notify)
INTERCOM IMPORT & EXPORT CO., LTD
123 FRIEDRICH-EBERT STREET, HAMBURG

4. Combined Transport * Pre-carriage by	5. Combined Transport * Place of Receipt
6. Ocean Vessel Voy. No. SUISU/SENTOR V.001	7. Port of Loading NANJING PORT, CHINA
8. Port of Discharge HAMBURG	9. Combined Transport * Place of Delivery

B/L No.
GSG05-723858

中远集装箱运输有限公司
COSCO CONTAINER LINES
TLX: 33057 COSCO CN
FAX: +86(021) 6545 8984
ORIGINAL

Port-to-Port or Combined Transport
BILL OF LADING

RECEIVED in external apparent good order and condition except as other-wise noted. The total number of packages or unites stuffed in the container. The description of the goods and the weights shown in this Bill of Lading are furnished by the Merchants, and which the carrier has no reasonable means of checking and is not a part of this Bill of Lading contract. The carrier has issued the number of Bills of Lading stated below, all of this tenor and date, one of the original Bills of Lading must be surrendered and endorsed or signed against the delivery of the shipment and whereupon any other original Bills of Lading shall be void. The Merchants agree to be bound by the terms and conditions of this Bill of Lading as if each had personally signed this Bill of Lading.

SEE clause 4 on the back of this Bill of Lading (Terms continued on the back Hereof, please read carefully).

* Applicable Only When Document Used as a Combined Transport Bill of Lading.

Marks & Nos. Container/Seal No.	No. of Containers or Packages	Description of Goods (If Dangerous Goods, See Clause 20)	Gross Weight Kgs	Measurement

（续表）

CH&L HAMBUGR NO. 1—200	200 PAPERSACKS	4 439 CHINA BLACK TEA FREIGHT PREPAID TOTOAL TWO HUNDRED PAPERSACKS ONLY	8 140KGS	24CBM
		Description of Contents for Shipper's Use Only (Not part of This B/L Contract)		
10. Total Number of containers and/or packages (in words) Subject to Clause 7 Limitation	SAY: FORTY DRUMS ONLY			

11. Freight & Charges	Revenue Tons	Rate	Per	Prepaid	Collect
Declared Value Charge					

Ex. Rate:	Prepaid at	Payable at	Place and date of issue NANJING, CHINA
	Total Prepaid	No. of Original B(s)/L TWO	Signed for the Carrier, COSCO CONTAINER LINES

ADEN ON BOARD THE VESSEL

DATE BY

第十单元　交单收汇

学习目标

1. **知识目标**

熟悉不同结算方式下的交单规定，了解单据归档的有关要求。

2. **能力目标**

能按信用证或合同条款交单；能按业务的要求将单据归档。

工作任务

2012 年 7 月 20 日，北京蓝天贸易有限公司王芳通过审核，认为单据无误，就把结汇单据及信用证、信用证修改的正本向中国银行北京分行国际业务部进行交单。交单时，王芳需要填写交单委托书。2012 年 8 月 21 日，北京蓝天贸易有限公司收到中国银行北京分行结汇收账通知。收汇之后，王芳催促货运代理公司把报关相关单据退回以便办理出口退税手续。随后，王芳进行单据归档工作。

任务 1：填写出口信用证交单委托书

任务 2：进行单据归档处理

任务 1：填写出口信用证交单委托书

操作过程

中国银行的出口信用证交单委托书填写如下：

中国银行 BANK OF CHINA

出口信用证交单委托书

致：中国银行北京市分行__________

兹随附下列银行正本信用证及所属出口单据，请贵行根据国际商会跟单信用证统一惯例（UCP600）予以审核并办理寄单索汇：

开证行：HSBC BANK，ANGOLA BRANCH	信用证号：DBLC20124501 通知编号：BCBJ20120614001
发票号码：BJJM110611	发票金额：USD 53 000.00

单据名称	汇票	发票	提单	空运单	保险单	装箱单	重量单	产地证	FORM A	检验证	受益人证明	船证明	装船通知	海关发票	
份数	2	3	3		2	3		1				1			

付款指示：　　　　核销单编号：__________

请将收汇款以原币（　）/人民币（√）划入我司下列账户：

开户行：中国银行北京分行　　账号：____________________

特别指示：

1. 邮寄方式：☐ 快邮　☐ 普邮　☐ 指定快邮__________

2. 本次提交的正本信用证含___1___份正本修改书。

3. 单据中有下列不符点：

a. __________　b. __________　c. __________

☐ 请向开证行寄单，我公司承担一切责任，不符点请以（　）表提（　）内确方式处理

☐ 请电询开证行同意后寄单

4. ____________________

5. ____________________

公司联系人姓名：___王芳___　　　　公司签章

电话：010-85270011　传真：__________　　　　2012 年 7 月 20 日

银行签收人：	签收日期：
改单/退单记录：	

任务 2：进行单据归档处理

顺利收汇后，王芳应按照发票号码的顺序进行单据归档处理。对于每票业务，外贸单证员需归档的单据一般包括信用证、发票、装箱单、订舱委托书、报检单、报关单、报关委托书、产地证、运输单据、保险单据、其他结汇单据等。

知识链接与归纳

出口业务中，货款的结算是通过银行进行的。所以，出口商要根据出口合同的规定，及时递交单据和指示，请求银行办理货款结算。

一、信用证结算方式下的交单收汇

（一）交单时间

信用证是纯单据买卖，出口商要想及时、安全收汇，应在信用证规定的交单期限和信用证的有效期内，向信用证中指定的银行交付全套单据。若信用证中没有规定交单期限，银行将不接受自装运日起 21 天后提交的单据，但无论如何，单据的提交不得迟于信用证的有效期。如果信用证的截止日或最迟交单日适逢接受交单的银行因天灾、暴动、骚乱、叛乱、战争、恐怖主义行为或任何罢工、停工或其无法控制的任何其他原因导致的营业中断而歇业，则截止日或最迟交单日，将顺延至其重新开业的第一个银行工作日。

（二）交单地点

所有信用证必须规定一个付款或承兑的交单地点，或在议付信用证的情况下须规定一交单议付的地点，但自由议付信用证除外。若开证行将信用证的交单地点规定在本国或其自己的营业柜台，而不是受益人国家，这对受益人极为不利，因为受益人必须保证在信用证的有效期内在开证行营业柜台前提交单据。

（三）银行对不符单据的处理

单据与信用证条款不一致或单据之间彼此矛盾，即单证不符，称 Discrepancy。开证行对单证不符的情况有权拒绝付款。银行为保证出口商安全收汇，对单证不符要及时做相应处理。

1. 议付行对单证不符的处理

（1）将单据退回受益人修改。若不符点是由于受益人制单疏忽所致，由议付行退回受益人修改，再交银行议付。如果是打字拼写错误，银行又与受益人较熟悉,为了争取时间也可代劳。但若属提交单据不全,则必须由受益人补齐。处理单据必须在国际惯例允许的期限内和信用证的有效期内进行。

(2) 担保议付。有时议付行对单证不符可要求受益人提供一份保证书,然后再进行议付。保证书上要注明:① 单据与信用证条款不相符的内容;② 银行为有不符点的单据议付,一旦遭受损失及付出费用由受益人负担。保证书对开证行无效力,它只是受益人与议付行之间的协议。

(3) 电提不符点。议付行通过电传等将不符点告知开证行,取得开证行授权后再行议付或者承兑。其前提是受益人同意或要求这样做,并承担有关费用。这种方法通常称为"电提",可在金额较大、不符点较明显时运用。使用电提应注意以下问题:① 单证不符点若很复杂,很难在电传中详细说明时不用电提。② 进口商接受不符点,并不表示开证行已同意付款,须等到单据送达开证行、进口商赎单、议付行收到正式贷记通知时,才能最终确定。③ 开证行回电若含糊不清,极易引起误会,则议付行不可付款或承兑,应改为托收支付。

(4) 致函开证行授权议付。如货款金额较小,虽然不符点问题较大,但估计国外进口商仍会接受单据。在这种情况下,议付行可将不符点列在议付通知书上,征求开证行同意后付款,又称"表提"。

(5) 托收。若不符点甚为严重,开证行拒付的可能性较大,议付行可能建议出口商改用托收方式办理。

(6) 照常议付。尽管有不符点,但议付行从实践经验中得知这些仅是微不足道的,开证行会照旧付款,这时议付行可照常议付。

(7) 不予受理,将单据退回受益人。对于不能更正的不符点,如货物迟装,品质、包装与来证规定不符等,虽然在受益人装货前已经征得进口商同意,但来证未经开证行做出相应修改。这样的不符点,开证行完全可以拒付,而进口商又可能不遵守其诺言。对于这种不符单据,议付行可能不予受理,退回给受益人。

2. 开证行对单证不符的处理

开证行收到议付行寄来的单据也同样进行审核,若有不符点,可能拒付。但开证行拒付时必须做到:① 在信用证有效期内做出拒付决定,且要在自收到单据的第2天起计算的5个银行工作日内进行;② 拒付要以电讯方式通知,如不能用电讯,应以其他快捷的方式通知议付行;③ 拒付通知要注明凭以拒付的所有不符点的具体内容;④ 通知不符点时,要说明是退回单据还是暂为代管听候处理。开证行若忽略了上述几点,很可能会丧失拒付的权利或使拒付失效。

(四) 出口商对不符单据的补救

1. 审核不符点是否成立

开证行提出单据不符而拒付必须满足上述四个条件。因此,出口企业的业务员,在遭到开证行拒付时,应再次认真根据信用证条款、《UCP600》和ISBP审核开证行所提的不符点,判断其是否成立,并判断开证行拒付的条件是否满足。

2. 不符点成立的处理与补救

(1) 若不符点成立且条件允许,应尽快补交、修改单据。

(2) 若不符点成立且无法补交单据,应尽快与开证申请人洽商。开证行拒付并不意味着开证申请人拒付,如果开证申请人最终放弃不符点,尽管开证行不受开证申请人决定的约束,但一般情况下也会配合开证申请人付款。因此,此时出口商应积极说服开证申请人接受不符点并付款赎单,或采取降价方式,使开证申请人能付款赎单,先完成此笔交易。

(3) 若不符点成立且开证申请人拒绝接受单据,则应尽快在进口国另寻买主。但这种救济方式的前提是受益人掌握全套正本提单,若1/3正本提单已寄给开证申请人,则有可能进口商已凭提单提货,出口商会面临钱货两空的局面。

(4) 如果受益人无法在进口国另寻买主,就只有退单、退货了。但要仔细核算运回货物的费用,若运回费用高于货物价值,就任目的港海关处置算了。

(五) 银行审单的标准

《UCP600》中第14条审核单据的标准规定:

(1) 自其收到提交的单据的翌日起算,应各自拥有最多不超过5个银行工作日的时间以决定交单是否相符。

(2) 单据中内容的描述不必与信用证、信用证对该项单据的描述以及国际标准银行实务完全一致,但不得与该项单据中的内容、其他规定的单据或信用证相矛盾。

(3) 除商业发票外,其他单据中的货物、服务或行为描述若有规定,可使用统称,但不得与信用证规定的描述相矛盾。

(4) 如果信用证要求提交运输单据、保险单据和商业发票以外的单据,但未规定该单据由何人出具或单据的内容,那么,只要所提交单据的内容能满足其功能需要且与信用证不相矛盾,银行将对所提交的单据予以接受。

(5) 对信用证中未要求提交的单据,银行将不予置理。如果收到此类单据,可以退还交单人。

(6) 如果信用证中包含某些条件而未规定需提交与之相符的单据,银行将认为未列明此条件,并对此不予置理。

(7) 单据的出单日期可以早于信用证开立日期,但不得迟于信用证规定的交单日期。

(8) 当受益人和申请人的地址显示在任何规定的单据上时,不必与信用证或其他规定单据中显示的地址相同,但必须与信用证中述及的各自地址处于同一国家内。用于联系的资料(电传、电话、电子邮箱及类似方式)如作为受益人和申请人地址的组成部分将不被理会。

(9) 显示在任何单据中的货物的托运人或发货人不必是信用证的受益人。

二、T/T 结算方式下的交单收汇

如果是装运前的 T/T 结算方式,出口商在装运前已全部收到进口商电汇的合同款项,在装运后就直接将所有单据寄给进口商,或指示船公司把提单电放给进口商即可。

如果是装运后凭提单传真件的 T/T 结算方式,出口商在装运后,把提单传真给进口商,等进口商把合同款项电汇到出口商银行账户后,再将包括提单在内的所有单据寄给进口商。

三、托收结算方式下的交单收汇

选择托收结算方式时,出口商装运货物后,应及时将有关托收单据交托收行办理托收。所交单据的种类、内容、交单时间和条件由出口商根据合同和进口商的情况决定。交单时,出口商应向托收行提供明确的托收委托书。托收委托书内容及样式如下:

中国银行 BANK OF CHINA

托收委托书
COLLECTION ORDER

致：＿＿＿＿＿＿　　　　日期：＿＿＿＿＿＿

托收行(Remitting Bank)： BANK OF CHINA SHANGHAI BRANCH	代收行(Collecting Bank)： 名称： 地址：
委托人(Principal)：	付款人(Drawee)： 名称： 地址： 电话：

付款交单 D/P(　　)承兑交单 D/A(　　) 无偿交单 FREE OF PAYMENT(　　)	期限/到期日：
发票号码/票据编号：	国外费用承担人：□ 付款人　□ 委托人
金额：	国内费用承担人：□ 付款人　□ 委托人

单据种类	汇票	发票	提单	空运单	保险单	装箱单	重量单	产地证	FORM A	检验证	公司证明	船证明			
份数															

特别指示：

1. 邮寄方式：□ 快邮 □ 普邮
2. 托收如遇拒付，是否须代收行作成拒绝证书(PROTEST)：□ 是 □ 否
3. 货物抵港时是否代办存仓保险：□ 是 □ 否
4. 如付款人拒付费用及/或利息，是否可以放弃：□ 是 □ 否
5. ＿＿＿＿＿＿＿＿＿＿＿＿＿＿＿＿
6. ＿＿＿＿＿＿＿＿＿＿＿＿＿＿＿＿

付款指示：　　　　核销单编号：＿＿＿＿＿＿

请将收汇款原币(　　)人民币(　　)划入我司下列账户：

开户行：＿＿＿＿＿＿＿＿　　账号：＿＿＿＿＿＿＿＿

联系人姓名：＿＿＿＿＿＿

电话：＿＿＿＿＿＿ 传真：＿＿＿＿＿＿　　　　**公司签章**

值得注意的是，托收行没有审核单据的义务，只是根据委托人的指示和《URC522》办理，不能擅自超越、修改、疏漏、延误委托人指示；代收行是接受托收行的委托，向付款人办理收款并交单的银行，如果进口商没有付款或承兑，在未得到出口商授权的情况下擅自交单将承担责任。

实训练习

一、请认真阅读下列贸易合同，并根据合同内容及后面的补充资料制作履行合同过程中的相关单据

SALES CONTRACT

CONTRACT NO.: ST06155

DATE: 2006.10.12

THE SELLER: SHANGHAI TOY IMPORT AND EXPORT CORPORATION
530 ZHONGSHAN ROAD SHANGHIA CHINA
TEL: 021-87008889 FAX: 021-87008888

THE BUYER: YAMADA TRADE CO., LTD.
310-224 SKURAMAJI OSAKA JAPAN

THIS SALES CONTRACT IS MADE BY AND BETWEEN THE SELLER AND THE BUYER, WHEREBY THE SELLER AGREES TO SELL AND THE BUYER AGREES TO BUY THE UNDER-MENTIONED GOODS ACCORDING TO THE TERMS AND CONDITIONS STIPULATED BELOW:

(1) 货号、品名及规格 NAME OF COMMODITY AND SPECIFICATIONS	(2) 数量 QUANTITY	(3) 单位 UNIT	(4) 单价 UNIT PRICE CIF OSAKA	(5) 金额 AMOUNT
PLUSH TOYS				
NO. X11T (DOG)	11 000 PCS	USD 0.4/PC	USD 4 400.00	
NO. H12X (CAT)	12 000 PCS	USD 0.5/PC	USD 6 000.00	
NO. H13Y(PANDA)	13 000 PCS	USD 0.3/PC	USD 3 900.00	
NO. H14Y (BLACK BEAR)	13 000 PCS	USD 0.3/PC	USD 3 900.00	
TOTAL AMOUNT				USD 18 200.00

(6) PACKING:

NO. X11T PACKED IN A CARTON OF 110 PCS EACH

NO. H12X, NO. H13Y & NO. H14Y PACKED IN A CARTON OF 100 PCS EACH

G. W. 22KGS/CTN, N. W. 20KGS/CTN, MEAS 0.15M^3/CTN

PACKED IN TWO 40′ CONTAINERS (NO. TEXU 227777, NO. TEXU 227778)

(7) DELIVER FROM SHANGHAI TO OSAKA

(8) SHIPPING MARKS: AT SELLER'S OPTION

(9) TIME OF SHIPMENT: BEFORE NOV. 30, 2006, ALLOWING PARTIAL SHIPMENT, TRANSHIPMENT NOT ALLOWED

(10) TERMS OF PAYMENT: 30% BY T/T IN ADVANCE, 70% BY D/P AT SIGHT

(11) INSURANCE: TO BE EFFECTED BY THE SELLER FOR 110% OF FULL INVOICE VALUE COVERING ALL RISKS AS PER PICC DATE 1/1/1981.

(12) ARBITRATION: ALL DISPUTE ARISING FROM THE EXECUTION OF OR IN CONNECTION WITH THIS CONTRACT SHALL BE SETTLED AMICABLE BY NEGOTIATION. IN CASE OF SETTLEMENT CAN BE REACHED THROUGH NEGOTIATION THE CASE SHALL THEN BE SUBMITTED TO CHINA INTERNATIONAL ECONOMIC & TRADE ARBITRATION COMMITTEE. IN SHENZHEN (OR IN BEIJING) FOR ARBITRATION IN ACT WITH ITS SURE OF PROCEDURES. THE ARBITRAL AWARD IS FINAL AND BINDING UPON BOTH PARTIES FOR SETTING THE DISPUTE. THE FEE, FOR ARBITRATION SHALL BE BORNE BY THE LOSING PARTY UNLESS OTHERWISE AWARDED.

ADDITIONAL INFORMATION:

(1) VESSEL: FENDA V. 183H

(2) B/L NO.: COSU 66089666

(3) DATE OF B/L: 2006.11.20

(4) H.S. CODE: 9503.9000

(5) 申请单位注册号:866742Q

(6) CERTIFICATE NO.: 500511266

(7) INSURANCE FEE: USD 840

(8) FREIGHT FEE: USD 910

(9) 报检委托书编号:W188886

(10) 非木质证书编号:SH 061099

(11) INVOICE NO.: WJ06178

(12) 报关委托书编号:AT061122

二、请认真阅读下列贸易合同，并根据合同内容及后面的补充资料制作履行合同过程中的相关单据

SALES CONTRACT

CONTRACT NO.: MT061011

DATE: 2006.10.1

THE SELLER: SHANGHAI TOY IMPORT & EXPORT CORPORATION
530 ZHONGSHAN ROAD SHANGHIA CHINA
TEL: 021-87008889 FAX: 021-87008888

THE BUYER: MARUZAWA IMPORT & EXPORT CORPORATION
456 IKADA MACH OSAKA JAPAN
TEL: 128-76969 FAX: 128-76969

THIS SALES CONTRACT IS MADE BY AND BETWEEN THE SELLER AND THE BUYER, WHEREBY THE SELLER AGREES TO SELL AND THE BUYER AGREES TO BUY THE UNDER-MENTIONED GOODS ACCORDING TO THE TERMS AND CONDITIONS STIPULATED BELOW:

(1) 货号、品名及规格 NAME OF COMMODITY AND SPECIFICATIONS	(2) 数量 QUANTITY	(3) 单位 UNIT	(4) 单价 UNIT PRICE CIF OSAKA	(5) 金额 AMOUNT
100% COTTON PRINTER T-SHIRT				
NO. XT	11 000	PCS	USD 5.00/PC	USD 55 000.00
NO. HX	12 000	PCS	USD 6.00/PC	USD 72 000.00
NO. HY	13 000	PCS	USD 7.00/PC	USD 91 000.00
TOTAL AMOUNT				USD 218 000.00

(6) PACKING:

NO. XT, NO. HY PACKED IN A CARTON OF 50 PCS EACH

NO. HX PACKED IN A CARTON OF 60 PCS EACH

G. W. 22KGS/CTN, N. W. 20 KGS/CTN, MEAS 0.15M^3/CTN

PACKED IN TWO 40′ CONTAINERS (NO. TEXU 2277885, NO. TEXU 2277886)

(7) DELIVER FROM SHANGHAI TO OSAKA

(8) SHIPPING MARKS: AT SELLER'S OPTION

(9) TIME OF SHIPMENT: NO LATER THAN NOV. 30, 2006, ALLOWING PARTIAL SHIPMENT, TRANSHIPMENT NOT ALLOWED

(10) TERMS OF PAYMENT: BY D/P 60 DAYS AFTER SIGHT

(11) INSURANCE: TO BE EFFECTED BY THE SELLER FOR 110% OF FULL INVOICE VALUE COVERING ALL RISKS AS PER PICC DATE 1/1/1981.

(12) ARBITRATION: ALL DISPUTE ARISING FROM THE EXECUTION OF OR IN CONNECTION WITH THIS CONTRACT SHALL BE SETTLED AMICABLE BY NEGOTIATION. IN CASE OF SETTLEMENT CAN BE REACHED THROUGH NEGOTIATION THE CASE SHALL THEN BE SUBMITTED TO CHINA INTERNATIONAL ECONOMIC & TRADE ARBITRATION COMMITTEE. IN SHENZHEN (OR IN BEIJING) FOR ARBITRATION IN ACT WITH ITS SURE OF PROCEDURES. THE ARBITRAL AWARD IS FINAL AND BINDING UPON BOTH PARTIES FOR SETTING THE DISPUTE. THE FEE,FOR ARBITRATION SHALL BE BORNE BY THE LOSING PARTY UNLESS OTHERWISE AWARDED.

ADDITIONAL INFORMATION:

(13) VESSEL:GOLDEN GATE BRIDGE V.10W

(14) B/L NO.:COSU 96666608

(15) DATE OF B/L:2006.11.10

(16) H.S. CODE:8302.1000

(17) 人民币账号:RMB068875

(18) 外币账号:WB069872

(19) 报检委托书编号:W1666336

(20) 非木质证书编号:SH 061099

(21) INVOICE NO:TS06188

(22) 报关委托书编号:AT061124

三、案例分析

我方B公司对新加坡A公司出口一批货物。2010年3月5日由I银行开来装船期为2011年3月23日、有效期为2011年4月3日的信用证,在单据条款中要求提供"FULL SET OF CLEAN ON BOARD OCEAN BILL OF LADING AND ONE COPY OF NON—NEGOTIABLE B/L... AND GENERALIZED SYSTEM OF PREFERENCES CERTIFICATE OF ORIGIN FORM A" "ALL DOCUMENTS EXCEPT DRAFT AND INVOICE MUST NOT SHOW THE CREDIT NUMBER AND INVOICE NUMBER"。

B公司制单人员在装船前缮制GSP原产地证书时,发现信用证要求所有单据不能表示发票号,而GSP原产地证书格式A却要求填写发票号和日期。B公司立即与当地商检机构联系,商检机构坚决不同意出具发票号留空不填的GSP原产地证书,其理由是联合国贸发大会对于填写GSP原产地证书格式A的有关规定,要求此栏目不得留空不填。B公司立即发传真给新加坡进口商A公司,提出:“你信用证要求一切单据除发票和汇票外,不得表示发票号和信用证号,但是你又要求我提供GSP原产地证书,该证书按照联合国贸发大会规定必须填写发票号,故你信用证与上述规定有抵触,而且我地出证当局也不同意接受此条款。请你修改信用证为ALL DOCUMENTS EXCEPT DRAFT, INVOICE AND GENERALIZED SYSTEM OF PREFERENCES CERTIFICATE OF ORIGIN FORM A MUST NOT SHOW THE CREDIT NUMBER AND INVOICE NUMBER。”新加坡A公司电复:“请立即装船,信用证正在申请办理修改中。”B公司随即安排3月22日装船,装船后一周仍未见其修改信用证开到,有效期将至。联系新加坡A公司,却称已经办理信用证修改。4月3日,B公司只好出具保函向中国N银行办理担保议付。

B公司向中国N银行提交的提单中船名标明:“INTENDED VESSEL‘FREESEA’”,但是在“已装船”批注中填有经承运人加注实际已装船的船名和装船日期,并有承运人签章。

单据寄到国外后,开证行I银行提出单证不符,暂代保管单据。不符点有二:“其一,GSP原产地证书格式A第10栏表示了发票号,与我信用证的规定不符;其二,正本提单上承运人加注了实际装船的船名和日期,但是在副本提单上却无此批注,开证申请人不同意接受。”

B公司接到N银行送来的I银行拒付通知后感到奇怪,对于GSP原产地证书的发票号一事,早已向新加坡进口商提出,对方不但同意,而且还办理了信用证修改,为何还提出单证不符?

B公司立即通过N银行向I银行提出:

对于********号信用证项下单据的不符点一事:

(1) GSP原产地证书表示了发票号系根据联合国贸发大会的规定。只要稍有这方面的常识,就不应该提出异议。同时,开证申请人不但同意此不符点,而且已经修改了信用证,为何还存在单证不符?

(2) 对于提单的“预期船名”,我方在提单上已经由承运人批注了实际装船的船名和装船日期,并有承运人签章。根据《UCP500》第23条a款II项中规定:“……当提单中含有‘预期船’字样或类似有关限制船只的词语时,装上具名船只必须由提单上的装船批注来证实。该项装船批注除注明货物已经装船的日期外,还应该包括实际装货的船名,即使实际装船的船只就是‘预期船’,亦是如此。”故我所提供的提单已符合《UCP500》规定,构成“已装船”的要求,提单正本是有效文件。至于提单副本,其属于不生效的参考文件,承运人不可能在副本提单上加注和签章。因此,我提供的提单已构成“已装船”的提单,已经单证相符。

根据上述情况,你方应该接受单据,按时付款。

I银行收到B公司的申辩后又提出反驳意见:

(1) 对于GSP原产地证书不表示发票号的条款问题,我行并未修改信用证,经查对我申请人也未有申请过修改的情况。根据《UCP500》第13条规定,银行对单据审核的唯一标准就是以单据表面上是否与信用证条款相符,并不考虑什么联合国贸发大会的规定。原产地证书上标明了发票号,就是表面上单证不符。

(2) 正本提单上有承运人批注内容,而副本也应该有该批注的内容。虽然承运人可以对提单副本不进行签章，但其各面内容均应与提单正本内容完全一样齐全。正本有，而副本没有，即构成单单不符。

根据上述情况，申请人A公司无法接受该单据。请速告对单据的处理意见。

最后，买卖双方经过反复交涉，又由于当时货物价格趋涨，A公司才决定付款。付款时间比正常收汇拖延了3个月，B公司损失利息14 000美元。

请问：

(1) 请列出信用证类型、适用惯例、开证行、通知行、议付行、申请人、受益人。

(2) B公司为何遭到拒付？

(3) 从本案例中能吸取哪些经验教训？

参 考 文 献

[1] 田运银:《国际贸易单证精讲(第3版)》,中国海关出版社,2010。

[2] 缪东玲:《国际贸易单证操作与解析》,电子工业出版社,2011。

[3] 章安平:《外贸单证操作》,高等教育出版社,2011。

[4] 丁行政:《国际贸易单证实务:求解迫在眉睫的单证实务难题》,中国海关出版社,2010。

[5] 龚玉和、齐朝阳:《外贸单证解惑280例》,中国海关出版社,2009。

[6] 袁永友、柏望生:《进出口单证实务案例评析》,中国海关出版社,2006。

附件1 检验证书

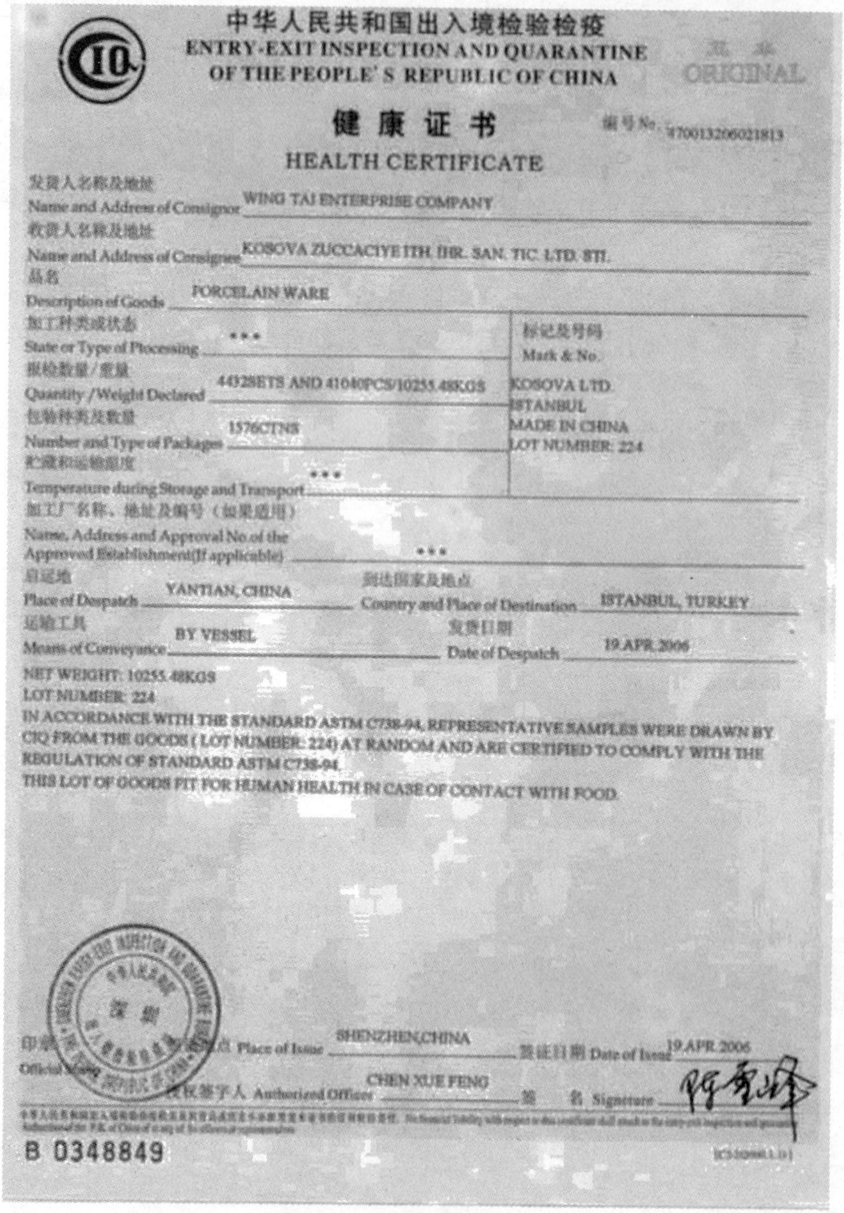

中华人民共和国出入境检验检疫
ENTRY-EXIT INSPECTION AND QUARANTINE
OF THE PEOPLE'S REPUBLIC OF CHINA

正 本
ORIGINAL

健 康 证 书
HEALTH CERTIFICATE

编号No.: 470013206021813

发货人名称及地址
Name and Address of Consignor: WING TAI ENTERPRISE COMPANY

收货人名称及地址
Name and Address of Consignee: KOSOVA ZUCCACIYE ITH. IHR. SAN. TIC. LTD. STI.

品名
Description of Goods: PORCELAIN WARE

加工种类或状态
State or Type of Processing: ***

报检数量/重量
Quantity / Weight Declared: 4432SETS AND 41040PCS/10255.48KGS

包装种类及数量
Number and Type of Packages: 1576CTNS

贮藏和运输温度
Temperature during Storage and Transport: ***

标记及号码
Mark & No.
KOSOVA LTD.
ISTANBUL
MADE IN CHINA
LOT NUMBER: 224

加工厂名称、地址及编号（如果适用）
Name, Address and Approval No. of the Approved Establishment(If applicable): ***

启运地
Place of Despatch: YANTIAN, CHINA

到达国家及地点
Country and Place of Destination: ISTANBUL, TURKEY

运输工具
Means of Conveyance: BY VESSEL

发货日期
Date of Despatch: 19.APR.2006

NET WEIGHT: 10255.48KGS
LOT NUMBER: 224
IN ACCORDANCE WITH THE STANDARD ASTM C738-94, REPRESENTATIVE SAMPLES WERE DRAWN BY CIQ FROM THE GOODS (LOT NUMBER: 224) AT RANDOM AND ARE CERTIFIED TO COMPLY WITH THE REGULATION OF STANDARD ASTM C738-94.
THIS LOT OF GOODS FIT FOR HUMAN HEALTH IN CASE OF CONTACT WITH FOOD.

印章 Official Stamp　签证地点 Place of Issue: SHENZHEN,CHINA　签证日期 Date of Issue: 19.APR.2006

授权签字人 Authorized Officer: CHEN XUE FENG　签 名 Signature:

B 0348849

附件2 提 单

Shipper
/6550590121
ZIBO HENGZHOU ALUMINIUM PLASTIC PACKING
MATERIAI CO LTD
145 ZHENGTONG ROAD, DEVELOPING AREA

B/L (DOC) NO.
TAOMAA07809

GPSLB/L

GREAT PROGRESS SHIPPING CO.,LTD
BILL OF LADING

WELCOME VIST OUR WEB HTTP: //WWW.GP-SHIPPING.CN
EMALL TO US: OP@GP-SHIPPING.CN IF ANY QUESTION

RECEIVED the goods in apparent good order and condition as specified below unless otherwise stated herein
The Carrier, in accordance with the provisinons contained in this document,
1) undertakes to perform or to procure the performance of the entire transport from the place at which the goods are taken in charge to the place desingnated for delivery in this document, and
2) assumes liability as prescribed in this document for such transport. One of the Bills of Lading must be surrendered duly indorsed in exchange for the goods or delivery order.
IN WITNESS where of the number of original Bills of Lading stated above have been signed, one of which being accomplished, the other(s)to be void.

Consignee
TO ORDER

Notify Party
(1)STATE BANK OF BIKANER AND JAIPUR, ASHOK NAGAR BRANCH, CHENNAI 600 083
(2)MEC INTERNATIONAL PRIVATE LIMITED OLD NO. 37, NEW NO. 6, ARCOT ROAD VADAPALANI CHENNAI-600 026 INDIA

Pre-Carriageby	Place of receipt
Ocean vessel: DOLORES　Voy.No. 706W	Port of loading: QINGDAO, CHINA
Port of discharge: CHENNAI PORT	Place of delivery: CHENNAI PORT

Container No.	Seal No. Marks&Numbers	No.of Containers or pkgs	Kind of packages; description of goods	Gross weight	Measurement
	N/M ECMU1794427/0257993	47 WOODEN CASES	ALUMINIUM FOIL DOC. CREDIT NUMBER: 1028607IM0000034 ITS DATE: 070927 WE EVIDENCE THAT CURRENT SHIPMENT OF ALUMINIUM FOIL AS STATED ABOVE. FRERGHT PREPAID 1X20' GP(FCL) CY-CY ABLE SHIPPING AGENCIES INDIA PVT. LTD. SWAMI VIVEKANAND CHS, "C" WING, 7TH FLOOR, 703/704, M. A. ROAD, SION KOLIWADA, MUMBAI-400 022. (INDIA) TEL +91) 22 65804501/2/3/4/5/6 FAX +91) 22 24037905	17500.00KGS	25.000CBM

FREIGHT PREPAID

SHIPPED ON BOARD
05 NOV 2007

ORIGINAL

Particulars furnished by shipper or shipper's agent

* Total number of Containers or other Packages of units received by the Carrier(in words): SAY: FORTY SEVEN WOODEN CASES ONLY.

Freight and charges	Revenue tons	Rate	Per	Prepaid at	Collect
For and on behalf of GREAT PROGRESS SHIPPING CO., LTD 劉 超 (Authorized signature)			For and on behalf of GREAT PROGRESS SHIPPING CO., LTD 劉 超 (Authorized signature)		

Exchange rate	Prepaid	Payable at: QINGDAO	Place and date of issue: QINGDAO 05/11/07
	Total prepaid in national currency	NO.of original B(s)L: THREE	GREAT PROGRESS SHIPPING CO., LTD

Date　　LADEN ON BOARD THE VESSEL

5320937

附件3　集装箱配舱回单

MAERSK LINE

BOOKING CONFIRMATION

Booking No.: **566158921**　　打印时间：　2012-04-23 10:34 UTC

订舱人:	QINGDAO JET MARINE LOGISTICS CO LTD	交接方式:	CY/CY
联系人:	MAERSK MAERSK	收货地:	Qingdao,Shandong,China
订舱人参考号:		交货地:	Luanda,Angola
合约号:	429733	客人提供货物描述:	GARLIC TEMP:-2℃ HUMI:65% VENT:15CB M/H **
合约客户:	SHANGOLA LDA	受理订舱分公司	Maersk China Shipping (Qingdao)
参考号:	23400013217		

We thank you for your booking and enclose your booking details as follows :-
为避免混淆，现解释我司相关订舱文件区别如下。本文件种类请参见右上角英文标题。
BOOKING CONFIRMATION - 订舱确认单，兹证明我公司已确认客户订舱。
BOOKING AMENDMENT - 订舱确认单更改件，兹证明原订舱确认单的内容已作修改。
BOOKING ACKNOWLEDGEMENT - 订舱单回执，谨证明我司已收到客户的订舱单，但订舱尚未确认，相关信息请以订舱确认单为准。
BOOKING CANCELLATION - 订舱取消单，兹证明客户订舱单已被取消。

您的马士基客服: (SPC Team) 电话: 0532-80951000 邮箱：prncsespc@maersk.com

提箱场地:　青岛捷丰国际储运有限公司
操　作:　请输入Booking number在捷丰的网站上查询，网址：http://www.sdsmart.cn/
箱　管:　张金凯 0532-80659825/15969839583
箱　管:　李继帅 0532-86058648/13730986983
*请严格按照箱体标示的有效载荷安排装箱，超出箱体载重量的集装箱，整票将不予装载
*自2012年起，除了某些特殊情况，熏蒸货物将被算作危险品，请务必按照相关规定申报。

船名/航次:　CMA CGM MEDEA()/846W
船舶劳氏编码:
航线:　AE11
挂靠码头:　前湾码头(QQCT)3期 (青岛前湾保税港区一期), 关区代码: 4258
开港时间:　2012-05-04 22:00 (集装箱开始入港时间)
截载时间:　2012-05-06 12:00 (请在此时间前完成集装箱入港及海关放行)
加载申请截止时间:　2012-05-04 16:00
样单截至时间:　2012-05-05 01:00 (需要申报欧盟舱单的货物，请严格按照此时间提交提单样本)

危险品申请截止时间:　2012-05-06 17:00
MDGF提交截至时间:　2012-05-04 12:00
如为自有箱(Shipper Owned Container)请务必提交<进港动态表>, 提交截至时间:同MDGF提交截至时间
以上单据提交不及时将导致货物不能及时上船或在运输过程中延迟

样单接收方式：请发送电子样单，如发送邮件或者传真将加收手动制单费300RMB每票。
Email:cgdgscidx@maersk.com/ Fax:0532-83104710

集装箱信息

数量	尺寸/箱型/高度　(英尺.英寸)	是否可折叠	替代箱型	货物总重量	包装数量/种类	货物体积
1	40 REEF 9 6			28900.001 KGS	2800 PACKAGE	56.0000

预期运输计划

出发	到达	运输方式	船名	航次	预计出发日期	预计到达日期
Qingdao Qianwan Container Co Ltd	Busan new port terminal Co.ltd	MVS	CMA CGM MEDEA	846W	2012-05-08	2012-05-10
Busan new port terminal Co.ltd	Walvis Bay Terminal	MVS	MAERSK CUNENE	1205	2012-05-15	2012-06-12
Walvis Bay Terminal	Luanda Terminal	MVS	TINGLEV MAERSK	1208	2012-06-18	2012-06-22

This document is subject to following:
- This booking and carriage are subject to the terms, conditions and provisions of the governing Maersk Line Combined Transport Bill of Lading. These terms, conditions and provisions are available upon request from the carrier or his representatives and are furthermore accessible on the Maersk Line website HYPERLINK "http://www.maerskline.com" under "My Maersk Line".
- The shipment is subject to tariff rates unless a correct and applicable service contract number is available
- The carrier's right to substitute the named and/or performing vessel(s) with another vessel or vessels at any time.
- Arrival, berthing, departure and transit times are estimated and given without guarantee and subject to change without prior notice
- All dates/times are given as reasonable estimates only and subject to change without prior notice.
Shipments destined for or carried/transhipped via the USA:
- This document is given subject to the customer providing the correct cargo description in accordance with U.S. law, including U.S. Customs requirements as described in Customs Rules and Regulations, 19 CFR Parts 4, 113 and 178 of October 31, 2002

Page 1/2

附件4　提　　单

MAERSK LINE

BILL OF LADING FOR OCEAN TRANSPORT OR MULTIMODAL TRANSPORT

SCAC: MAEU

B/L No. 566158921

Shipper JINING ZHONGWANG IMPORT & EXPORT CO.,LTD. ADD: ECONOMIC DEVELOPMENT ZONE, JINXIANG, SHANDONG, CHINA. TEL:0537-8814333*	Booking No. 566158921 Export references Svc Contract 429733 Onward inland routing (Not part of Carriage as defined in clause 1. For account and risk of Merchant)
Consignee (negotiable only if consigned "to order", "to order of" a named Person or "to order of bearer") SHANGOLA -DE DOMINGAS LEITE FERREIRA DE CEITA ADD:RUA 21 DE JANEIRO NO.21, LUANDA ANGOLA TEL:00244-924687599/924687577**	Notify Party (see clause 22) SAME AS CONSIGNEE
Vessel (see clause 1 + 19): CMA CGM MEDEA Voyage No.: 846W	Place of Receipt. Applicable only when document used as Multimodal Transport B/L. (see clause 1)
Port of Loading: QINGDAO,CHINA Port of Discharge: Luanda,Angola	Place of Delivery. Applicable only when document used as Multimodal Transport B/L. (see clause 1)

PARTICULARS FURNISHED BY SHIPPER

Kind of Packages; Description of goods; Marks and Numbers; Container No./Seal No.	Weight	Measurement
1 Container Said to Contain 2800 PACKAGES GARLIC 4.5CM UP 10/KG/CTN 2000CTNS GARLIC 4.5CM UP 10KG/BAG 800BAGS TEMPERATURE :-2'C *FAX:0537--8036333 **FAX:00244-222-442682 N/M MNBU0082614 ML-CN4192965 40 REEF 9'6 2800 PACKAGES 28900.000 KGS 56.0000 CBM Temperature: -2.0 C SHIPPER'S LOAD, STOW, WEIGHT AND COUNT FREIGHT PREPAID Goods shipped in refrigerated container(s) set at shipper's requested carriage temperature as per above DESTINATION AGENT: MAERSK (ANGOLA), LDA. RUA MAJOR KANHANGULO NO 290 R/C	28900.000 KGS	56.0000 CBM

Above particulars as declared by Shipper, but without responsibility of or representation by Carrier (see clause 14)

Freight & Charges	Rate	Unit	Currency	Prepaid	Collect

Carrier's Receipt (see clause 1 and 14). Total number of containers or packages received by Carrier. 1 container	Place of Issue of B/L Qingdao	SHIPPED, as far as ascertained by reasonable means of checking, in apparent good order and condition unless otherwise stated herein, the total number or quantity of Containers or other packages or units indicated in the box entitled "Carrier's Receipt" for carriage from the Port of Loading (or the Place of Receipt, if mentioned above) to the Port of Discharge (or the Place of Delivery, if mentioned above), such carriage being always subject to the terms, rights, defences, provisions, conditions, exceptions, limitations, and liberties hereof (INCLUDING ALL THOSE TERMS AND CONDITIONS ON THE REVERSE HEREOF NUMBERED 1-26 AND THOSE TERMS AND CONDITIONS CONTAINED IN THE CARRIER'S APPLICABLE TARIFF) and the Merchant's attention is drawn in particular to the Carrier's liberties in respect of on deck stowage (see clause 18) and the carrying vessel (see clause 19). Where the bill of lading is non-negotiable the Carrier may give delivery of the Goods to the named consignee upon reasonable proof of identity and without requiring surrender of an original bill of lading. Where the bill of lading is negotiable, the Merchant is obliged to surrender one original, duly endorsed, in exchange for the Goods. The Carrier accepts a duty of reasonable care to check that any such document which the Merchant surrenders as a bill of lading is genuine and original. If the Carrier complies with this duty, it will be entitled to deliver the Goods against what it reasonably believes to be a genuine and original bill of lading, such delivery discharging the Carrier's delivery obligations. In accepting this bill of lading, any local customs or privileges to the contrary notwithstanding, the Merchant agrees to be bound by all Terms and Conditions stated herein whether written, printed, stamped or incorporated on the face or reverse side hereof, as fully as if they were all signed by the Merchant. IN WITNESS WHEREOF the number of original bills of Lading stated on this side have been signed and wherever one original bill of lading has been surrendered any others shall be void.
Number & Sequence of Original B(s)/L THREE/3	Date of Issue of B/L	
Declared Value (see clause 7.3)	Shipped on Board Date (Local Time)	

Signed for the Carrier A.P. Møller - Maersk A/S trading as Maersk Line

As Agent(s) for the Carrier

This transport document has one or more numbered pages

B/L: 566158921 Page: 2

LARGO DO AMBIENTE LUANDA
ANGOLA
PHONE:+244 222 393 503
+244 222 396 709
CUSTOMER SERVICE:
IMPORT: +244 914 747 297
EXPORT: +244 914 747 296
FAX:+244 22 2399388
EMAIL:
INFORMATION (ANGSAL@MAERSK.COM)
MANAGEMENT (ANGLINMNG@MAERSK.COM)
OPENING HOURS:
MON-FRI 08:00-17:00

CY/CY

Freight & Charges	Rate	Unit	Currency	Prepaid	Collect

附件5 产 地 证

ORIGINAL

1. Exporter
JINING ZHONGWANG IMPORT& EXPORT CO.,LTD
ECONOMIC DEVELOPMENT ZONE, JINXIANG
COUNTY, SHANDONG, CHINA

Certificate No. **CCPIT 113972672**

12C370880103/00043

CERTIFICATE OF ORIGIN
OF
THE PEOPLE' S REPUBLIC OF CHINA

2. Consignee
SHANGOLA - DE DOMINGAS LEITE PERREIRA DE CEITA
ADD:RUA 21 DE JANEIRO N° . 21, LUANDA ANGOLA
TEL: 00244-924687599 / 924687577
FAX: 00244-222-442682

3. Means of transport and route
FROM QINGDAO, CHINA TO LUANDA, ANGOLA BY SEA

4. Country / region of destination
ANGOLA

5. For certifying authority use only
CHINA COUNCIL FOR THE PROMOTION OF INTERNATIONAL TRADE IS CHINA CHAMBER OF INTERNATIONAL COMMERCE

6. Marks and numbers	7. Number and kind of packages; description of goods	8. H.S.Code	9. Quantity G. WEIGHT	10. Number and date of invoices
N/M	ONE THOUSAND SIX HUNDRED AND THIRTY (1630) CARTONS OF 10.5' PLATE	69.11	33741KGS	LW-20120013 APR 11, 2012
	FOUR HUNDRED AND TWO (402) CARTONS OF 7' BOWL	69.11	8259KGS	
	**			

11. Declaration by the exporter
The undersigned hereby declares that the above details and statements are correct, that all the goods were produced in China and that they comply with the Rules of Origin of the People's Republic of China.

JINING, CHINA APR. 13, 2012

熊圆娜

Place and date, signature and stamp of authorized signatory

12. Certification
It is hereby certified that the declaration by the exporter is correct.

中国国际贸易促进委员会 单据证明专用章 (鲁8) CHINA COUNCIL FOR THE PROMOTION OF INTERNATIONAL TRADE (SHAN DONG)

JINING, CHINA APR. 13, 2012

杨澍

Place and date, signature and stamp of certifying authority

附件6 换证凭条

出境货物换证凭条

转单号	410000212002253T 8973		报检号	410000212002219	
报检单位	河南顺通报验服务有限公司				
品名	炻瓷餐具				
合同号	LW-20120006			HS编码	6911101000
数(重)量	67800件	包装件数	2200纸箱	金额	29684美元

评定意见：

贵单位报检的该批货物，经我局检验检疫，已合格。请执此单到黄岛局本部办理出境验证业务。本单有效期截止于2012年04月02日。

河南局本部2012年02月03日

附件 7　换证凭单

09:17 04/19/'07　LI XIAO ZHI　02225790253　PAGE:01/01

中华人民共和国出入境检验检疫
出境货物换证凭单

类别：　预验　　　　编号　R650000206010388-6

发货人	新疆[redacted]食品有限公司		标记及号码
收货人	***		N/M
品名	颗粒番茄		
H.S.编码	2002101000		
报检数/重量	-4080 罐/18360-千克		
包装种类及数量	马口铁罐-4080-		
申报总值	人民币-82620-元		
产地	新疆	生产单位(注册号)	6500/01024
生产日期	2006 年 08 月 21 日	生产批号	Y57-61109
包装性能检验结果单号	410400306000034	合同/信用证号	***/***
		运输工具名称及号码	*** /***
输往国家或地区	***	集装箱规格及数量	*** /***
发货日期	***	检验依据	[illegible]

检验检疫结果

上述商品按 SN/T0400 标准扦取代表性样品，并用 Q/XTSH014-2005 标准进行检验，结果如下：
内容物：色泽、气滋味、组织、形态均正常，无恶性杂质。
可溶性固形物（20℃，折光计）：5.1%；
番茄红素：8.4 毫克/100 克；
总酸（以无水柠檬酸计%）：0.34；
固形物含量（占每罐净重）：73%；
霉菌计数（%视野）：6。
微生物：符合商业无菌要求。
重金属（每千克制品中）：
锡<200 毫克，　铜<10 毫克，　铅<1 毫克，　总砷<0.5 毫克。
重量已鉴定。外木质托盘，聚缩膜包装，每罐净重 4000 克。
本批商品在生产加工过程中未加入任何添加剂，经检验无放射性污染，符合输入国或地区的植物检疫要求。
评定结果：品质符合 Q/XTSH014-2005 标准要求，适合人类食用。

签字：于　　　日期：2006 年 12 月 31 日

（印章：检验检疫专用章）

本单有效期	截止于 2007 年 05 月 15 日
备注	***

分批出境核销栏

日期	出境数/重量	结存数/重量	核销人	日期	出境数/重量	结存数/重量	核销人
	4080	0					

说明：1. 货物出境时，经口岸检验检疫机关查验货证相符，且符合检验检疫要求的予以签发通关单或换发检验检疫证书；2. 本单不作为国内贸易的品质或其它证明；3. 涂改无效。

① 办理换证　　[5-3(2001.1.1)·1]

B 0346872

附件8 航空运单

999 | | 999-

Shipper's Name and Address | Shipper's Account Number

NOT NEGOTIABLE 中国民航 CAAC

AIR WAYBILL (AIR CONSIGNMENT NOTE,

ISSUED BY: THE CIVIL AVIATION ADMINISTRATION OF CHINA

BEIJING CHINA

Copies 1, 2 and 3 of this Air Waybill are originals and have the same validity

Consignee's Name and Address | Consignee's Account Number

It is agreed that the goods described herein are accepted in apparent good order and condition (except as noted) for carriage SUBJECT TO THE CONDITIONS OF CONTRACT ON THE REVERSE HEREOF. THE SHIPPER'S ATTENTION IS DRAWN TO THE NOTICE CONCERNING CARRIER'S LIMITATION OF LIABILITY. Shipper may increase such limitation of liability by declaring a higher value for carriage and paying a supplemental charge if required.

ISSUING CARRIER MAINTAINS CARGO ACCIDENT LIABILITY INSURANCE

Issuing Carrier's Agent Name and City

Accounting Information

Agent's IATA Code | Account No.

Airport of Departure (Addr. of First Carrier) and Requested Routing

to	By First Carrier	Routing and Destination	to	by	to	by	Currrency	CHGS Code	WT/VAL PPD	WT/VAL COLL	Other PPD	Other COLL	Declared Value for Carriage	Declared Value for Carriage

Airport Destination | Flight/Date | For Carrier Use only | Flight/Date | Amount of Insurance

INSURANCE if carrier offers insurance, and such insurance is requested in accordance with conditions on reverse here of, indicate amount to be insured infigure in box marked amount of insurance.

Handling Information

(for USA only) Those commodities licensed by U.S. for ultimate destination......... Diversion contrary to U.S. law is prohibiteel

No. of Pieces RCP	Gross Weight	Kg lb	Rate Class Commodity Item No.	Chargeable Weight	Rate / Charge	Total	Nature and Quantity of Goods (incl. Dimensions or Volume)

Prepaid | Weight Charge | Collect

Other Charge

Valuation Charge

Tax

Total Other Charges Due Agent

Shipper certifies that the particulars on the face hereof are correct and that insofar as any part of the consignment contains dangerous goods, such part is properly described by name and is in proper condition for carriage by air according to the applicable Dangerous Goods Regulations.

Total Other Charges Due Carrier

....

Signature of Shipper or his Agent

Total Prepaid | Total Collect

Currency Conversion Rates | CC Charges in Dest. Currency

....

Executed on (date) at (place) Signature of Issuing Carrier or its Agent

For Carriers Use only at Destination | Charges at Destination | Total Collect Charges

999-

教师反馈及教辅申请表

北京大学出版社本着"教材优先、学术为本"的出版宗旨，竭诚为广大高等院校师生服务。为更有针对性地提供服务，请您认真填写以下表格并经系主任签字盖章后寄回，我们将按照您填写的联系方式免费向您提供相应教辅资料，以及在本书内容更新后及时与您联系邮寄样书等事宜。

书名		书号	978-7-301-	作者	
您的姓名				职称职务	
校/院/系					
您所讲授的课程名称					
每学期学生人数	______人_____年级			学时	
您准备何时用此书授课					
您的联系地址					
邮政编码			联系电话（必填）		
E-mail（必填）			QQ		
您对本书的建议：				系主任签字 盖章	

我们的联系方式：

北京大学出版社经济与管理图书事业部

北京市海淀区成府路 205 号，100871

联系人：徐冰

电话： 010-62767312 / 62757146

传真： 010-62556201

电子邮件：em_pup@126.com　　em@pup.cn

Q Q：5520 63295

新浪微博：@北京大学出版社经管图书

网址： http://www.pup.cn